Meinen geliebten
Seelenfreunden
Barbara + Marcus
in liebevoller
Verbundenheit

DIE SCHÄTZE
BUDDHAS

VON SIDDHARTA GAUTAMA BIS HEUTE

DIE SCHÄTZE
BUDDHAS

VON SIDDHARTA GAUTAMA BIS HEUTE

TOM LOWENSTEIN

h.f.ullmann

Bildlegenden der Seiten 1-4:
Seite 1: Das *dharma*-Rad, ein beliebtes Motiv in der Malerei, der Architektur und der Bildhauerei des Buddhismus.
Seite 2: Stehender Buddha aus vergoldetem Teakholz im Ananda-Tempel (auch Ananda Phato oder Phaya genannt) in Bagan (Myanmar) mit einer *abhaya mudra* (Geste des Ängstebeseitigens).
Seite 3: Schmuckanhänger aus Tibet, der als "Mondesser" bezeichnet wird. Dieses Schmuckstück aus Gold, Türkis, Lapislazuli und Rubin wurde von Beamten getragen.

Anmerkungen:
Die Datierung wird mit den im Deutschen gebräuchlichen Abkürzungen v. Chr. (vor Christus) und n. Chr. (nach Christus) angegeben. Die Datierungen archäologischer und kultureller Perioden gelten nur annähernd. Alle Maße auf Karten und Diagrammen sind nur ungefähre Angaben. Erklärungen zu den Abbildungen der Seiten 1-4 finden sich auf Seite 224.

TREASURES OF THE BUDDHA
All Rights Reserved
Copyright © Duncan Baird Publishers 2006
Text Copyright © Tom Lowenstein (Introduction, chapter 1, 2 and 4) and
© Duncan Baird Publishers 2006 (chapters 3 and 5, written by Peter Bently)
Artwork Copyright © Duncan Baird Publishers 2006

For copyright of the Photographs see page 224, which is to be regarded as an extension of this copyright page

No part of this publication may be reproduced or utilized in any form or by any means electronic or mechanical, including photocopying, recording, or by any information storage and retrieval system now known or hereafter invented, without the prior written permission of the publisher.

Editor: Peter Bently
Designer: Rebecca Johns
Managing Editor: Christopher Westhorp
Managing Designer: Manisha Patel
Consultant: John Peacocke
Picture Researcher: Julia Ruxton
Commissioned Artwork: Peter Visscher and Sallie Alane Reason (map)

© 2008 für die deutsche Ausgabe:
Tandem Verlag GmbH
h.f.ullmann is an imprint of Tandem Verlag GmbH

Projektleitung: Ulrike Reihn-Hamburger
Übersetzung: Dr. Detlef Wilske
Satz: DPS Digital Publishing Service, Essen

Printed in Slovenia

ISBN 978-3-8331-4681-7

10 9 8 7 6 5 4 3 2 1
X IX VIII VII VI V IV III II I

www.ullmann-publishing.com

INHALT

EINLEITUNG: Die Kunst des Sehens		06
1	**URSPRÜNGE**	12
	BUDDHA: Der Erwachte	14
	Kunst und Architektur: Darstellung des Meisters. Der Buddha in der antiken indischen Kunst	22
	DHARMA: Die Lehre	26
	SANGHA: Die Gemeinde	32
2	**INDIEN UND ZENTRALASIEN**	38
	DIE ERSTEN BUDDHISTISCHEN LÄNDER: Buddhismus in Indien	40
	Kunst und Architektur: Schreine für das Dharma. Die indische Stupa	46
	DIE HERRLICHKEIT DER GUPTA: Die Hochzeit des indischen Buddhismus	50
	EINE VERLORENE BUDDHISTISCHE WELT: Das Dharma an der Seidenstraße	56
3	**SRI LANKA UND SÜDOSTASIEN**	60
	SRI LANKA: Insel des Dharma	62
	Kunst und Architektur: Die Kunst des Buches. Buddhistische Schriften	70

BURMA: Königreiche am Irrawaddy	72
KUNST UND ARCHITEKTUR: Die goldenen Schreine. Bagan	88
THAILAND: Prinzen der Sangha	82
KUNST UND ARCHITEKTUR: Farben der Erleuchtung. Thai-Malerei	88
KAMBODSCHA UND LAOS: Königreiche am Mekong	90
KUNST UND ARCHITEKTUR: Tempel des Gott-Königs. Angkor Thom	96
INDONESIEN UND MALAYSIA: Berge der Götter	100
KUNST UND ARCHITEKTUR: Der Anstieg des Buddha. Borobudur	102

④ **OSTASIEN** 106
CHINA: Der Weg des Buddha 108
KUNST UND ARCHITEKTUR: Schreine in der Oase. Dunhuang 114
Pfade zur Erlösung: Chinesische Schulen und Meister 118
KUNST UND ARCHITEKTUR: Grotten des Buddha des Unermesslichen Glanzes. Yungang und Longmen 132
KOREA: Die Harmonie der Ordnung 136

KUNST UND ARCHITEKTUR: Die Tempel der Drei Juwelen. Bulguksa und Seokguram 144
JAPAN: Die Verfeinerung des Pfades 146
KUNST UND ARCHITEKTUR: Visionen des Paradieses. Japanische Gärten 172
VIETNAM: Einheit in der Vielfalt 176

⑤ **DER HIMALAJA UND DIE MONGOLEI** 180
TIBET: Die Glocke und der Donnerkeil 182
KUNST UND ARCHITEKTUR: Der Berg des Geistes. Mandala 198
DIE UNGEBROCHENE TRADITION: Tibetischer Buddhismus außerhalb Tibets 202
NEPAL: Heimatland des Buddha 208

Glossar	214
Bibliografie	216
Register	218
Danksagung und Bildnachweis	224

EINLEITUNG

DIE KUNST DES SEHENS

GEGENÜBER

Karte des buddhistischen Asiens mit den Städten und anderen buddhistischen Stätten, die in diesem Buch genannt werden, darunter die bedeutenden Stätten, die mit dem Leben des Buddha verbunden werden: Lumbini (sein Geburtsort), Bodhgaya (Ort seiner Erleuchtung), Sarnath (hier lehrte er das erste Mal das Dharma) und Kusinara (sein Sterbeort, auch *parinirvana* „letztes Nirwana"). Die Karte zeigt auch historische Gebiete und Kulturen **(TIBET)** und die wichtigsten überregionalen Handelswege („Seidenstraße"), auf denen der Buddhismus von Indien nach Zentralasien, Westchina und schließlich in den Fernen Osten weitergegeben wurde. Die Weitergabe erfolgte auch auf dem Seewege, z. B. zwischen Südostasien und Indien, Sri Lanka und China.

Bei der außerordentlichen Verschiedenartigkeit der Kulturen, in denen der Buddhismus verwurzelt ist, ist die Kunst, die von dieser Religion in diesen Kulturen über die Jahrhunderte inspiriert wurde, sehr vielfältig. Der Buddhismus begann seine Geschichte als einzige unter den Weltreligionen mit einem Religionsführer, aber ohne einen Gott. Siddhartha Gautama, der historische Buddha oder der „Erwachte", der im späten 6. oder im 5. Jh. v. Chr. im heutigen Nepal geboren wurde, war ein charismatischer Anführer, der sich wie viele andere Denker im damaligen Indien nur wenig oder gar nicht für die Welt der Gottheiten und Geister interessierte, die damals Teil der weithin akzeptierten kulturellen und religiösen Umgebung waren. Er lehrte eine Reihe von spirituellen Wahrheiten, die er durch eine hart erkämpfte persönliche Erfahrung der Erleuchtung erkannt hat. Diese Erleuchtung führte den Buddha aus dem Kreislauf der Wiedergeburt (*samsara*) zur Erkenntnis des *nirvana*: ein außergewöhnlicher Zustand sowohl im Leben als auch im Tod ohne Leiden oder Makel.

Der frühe Buddhismus war aufgrund seiner humanistischen und abstrakten Natur – zudem waren der Buddha und seine Anhänger obdachlose wandernde Bettelmönche –, schwierig künstlerisch darzustellen. In den Jahrhunderten nach dem Tod des Buddha wurde das Überleben seiner Lehre jedoch durch die Errichtung von Klöstern, Tempeln und Reliquienhügeln (Stupas – sie kennzeichnen die Bestattungen buddhistischer Autoritäten) gesichert. Sie wurden gegen Ende des 3. Jhs. v. Chr. die ersten Stätten buddhistischer Andachtskunst. Diese Kunst ist zumeist – etwa in der Großen Stupa in Sanchi (s. S. 46–49) – großzügig mit Bildern indischer Naturkulte verziert, die gleichzeitig mit dem asketischen Denken des konservativen buddhistischen Mönchstums vorhanden waren.

DIE BUDDHAFIGUR

In dieser frühen Phase blieb die buddhistische Kunst in Indien eher indirekt, und auf den Buddha selbst wurde nur über Symbole wie seine Fußabdrücke (s. S. 22–25)

EINLEITUNG: DIE KUNST DES SEHENS   7

GEGENÜBER

Indische Sandsteinskulptur des Buddha aus dem 7. Jh. Er macht eine Handgeste *(mudra)*, die als *bhumiparsha mudra* oder „Berühren der Erde" bekannt ist – er ruft die Erde an, seine Erleuchtung zu bezeugen. Mudras sind ein wichtiges Element der buddhistischen Kunst, insbesondere in Darstellungen des Buddha selbst.

hingewiesen. Im 1. Jh. n. Chr. kamen erste repräsentative Buddhafiguren auf, erst im nordindischen Mathura und später in Gandhara (Peschawar-Tal, heute Pakistan). Die schönen und abgeklärten Buddha-Statuen aus den Werkstätten von Mathura aus der Guptazeit waren Bildnisse des perfektionierten Wesens, das der Buddha selbst repräsentierte. Er war ein Mensch, dessen Zustand sich dem Göttlichen näherte, dessen Gesicht aber das Versprechen an den Betrachter ausstrahlte, dass er dieselbe Möglichkeit der spirituellen Entwicklung habe.

Mit steigender Beliebtheit des Buddhismus im 1. und 2. Jh. wurden die Buddhafiguren immer mehr zu religiösen Objekten. Deshalb wurden neue Buddhafiguren mit bestimmten symbolischen Handgesten *(mudras)* angefertigt: *mudras* des „Lehrens", des „Ängste-Beseitigens" und des „Gefälligkeiten-Erweisens". In anderen Kulturen konnten Buddhafiguren mit *mudras* vom jeweiligen Betrachter als Ausdruck der Weisheit und des Mitfühlens des Buddha gelesen werden.

Die *mudras* wurden mit bestimmten Darstellungsgenres verbunden. Ein weit verbreitetes Genre zeigt den Buddha, wie er in seiner Erleuchtung meditiert. Solche Skulpturen zeigen, wie der Buddha die Erde berührt *(bhumisparsha mudra)* und damit die Erde anruft, die Glaubwürdigkeit seiner Errungenschaft zu bezeugen.

Heilige Wesen

Naturgeister und *nagas* (Schlangengötter) gehören zu den nichtmenschlichen Wesen, die buddhistische Bildhauer gerne darstellten. Spätestens im 4. Jh. zeigen Skulpturen aus Gandhara den Buddha umringt von anderen überirdischen Wesen: *bodhisattvas* („Erleuchtungswesen"; Halbgötter), Figuren, die in der Darstellung des Buddhismus eine immer größer werdende Rolle spielen sollten und die in der Tat in der chinesischen (wo die Erlöserfigur des Avalokiteshvara in weiblicher Form entstand) und tibetischen Kunst (wo viele eindrucksvolle *bodhisattva*-Bilder mit Bildern aus der indischen Mythologie und der indigenen tibetischen Volksreligion verschmolzen wurden) zentrale Bedeutung erlangten.

DAS MAHAYANA

Ein Thema betrifft in dieser Beziehung die Trennung zwischen zwei Strömungen des Buddhismus. Im 1. Jh. n. Chr. verbreiteten sich von Süd- und Nordwestindien neue Ideen in nahezu alle Gebiete, die das Dharma erreichte. Diejenigen, die diese andere Vision des Ziels der buddhistischen Praxis angenommen haben, nannten ihre Schule „Mahayana" (sansk. „Großes Fahrzeug"), was auf die buddhistische Metapher der „Fähre" anspielt, die alle Wesen über den Fluss des Leidens (*samsara*) zum „fernen Ufer" (*nirvana*) der Erlösung bringt. Die Mahayanisten beschrieben frühere Schulen des Buddhismus als „Hinayana" („Kleines Fahrzeug"), weil diese Schule der Auffassung sei, dass nur eine Minderheit spirituell Eingeweihter (*arhats*) ausersehen waren, dieses ferne Ufer zu erreichen.

Das Mahayana hatte sowohl einen volkstümlichen als auch einen verworrenen, spekulativen Charakter. Im volkstümlichen Mahayana wurde das Ideal des *arhat* durch das des *bodhisattva*, des „Erleuchteten", ersetzt. Im Gegensatz zu dem menschlichen und allgemein klösterlichen *arhat* war der *bodhisattva* ein Wesen der Vorstellung, eine erhabene, halbgöttliche Manifestation des buddhistischen Mitgefühls, die gelobt, nicht ins *nirvana* überzutreten, bis nicht alle anderen Wesen gerettet wären. Und während *arhats* in der Kunst vieler Kulturen dargestellt wurden, hat die Figur des *bodhisattva* die buddhistische Vorstellung geprägt. Und so wurde mit dem Mahayana der

OBEN
Ruwanweliseya-*dagoba* (2. Jh. v. Chr.) in der antiken Hauptstadt Sri Lankas Anuradhapura. Die srilankische *dagoba* ist einer der vielen Formen der Entwicklung der ursprünglichen indischen Stupa.

GEGENÜBER
Aizen, ein Gott in der Shingon-shu, einer tantrischen Sekte des Buddhismus. Obwohl der Buddhismus nicht im jüdisch-christlichen Sinne theistisch ist, nimmt er viele göttliche Wesen an, die häufig als Personifizierung von Eigenschaften wie Mitgefühl und Weisheit ihren Anfang nahmen. Lackiertes und bemaltes Holz, ca. 1400.

Buddhismus eine Religion der Erlösung, die versprach, die leidende Bevölkerung der wachsenden städtischen Zentren Indiens zu trösten. Dieses Erlösungsversprechen wurde in den Künsten ausgedrückt, und ob nun in Steinskulpturen, Gemälden oder der Tempelarchitektur: Die Schutzfunktion der Mahayana-Anschauung wurde durch die Existenz mitfühlender und weiser *bodhisattva*-Figuren äußerst mächtig gezeigt.

DAS THERAVADA

Neben dem Mahayana hat nur eine der frühen Schulen bis heute überlebt: das Theravada, die vorherrschende Form des Buddhismus in Sri Lanka und Südostasien (es ist unklar, ob die Mahayanisten diese Schule auch unter dem Begriff „Kleines Fahrzeug" einbanden – die Theravadisten jedoch lehnen diesen Begriff ab). Die Kunst dieser alten buddhistischen Kulturen gründet sich weniger auf Bilder des *bodhisattva* – auch wenn sich Elemente der Ikonografie des Mahayana in Theravada-Kulturen widerspiegeln – als vielmehr auf die Person des Buddha und solche Aspekte seiner Biografie, die sich die

monastische Disziplin zum Vorbild genommen hat. Meditierende und lehrende Buddhas herrschen bei den Skulpturen in Sri Lanka und Südostasien vor. Manchmal wurde auf Skulpturen und Tempelbauten Gold verwendet, um den Adelsstand des Dharma auszudrücken und die Großzügigkeit der Mäzene zu zeigen.

Dieses Buch soll den Leser durch alle bedeutsamen Phasen des Denkens und der Kunst des Buddhismus führen. Es spürt seiner Entwicklung durch die asiatischen Kulturen nach und gibt einen Überblick darüber, wie das Dharma interpretiert und wie die buddhistische Idee in unterschiedliche schöne künstlerische Formen übertragen wurde. Das erste Kapitel führt den Leser so in das Leben des Buddha ein, zeigt die Grundlagen seiner Lehre und die Arten, in denen der frühe Buddhismus mit der indischen Philosophie der Zeit in Beziehung stand. Das zweite Kapitel zeigt, wie sich der Buddhismus in Indien etablierte und sich nach Nordwesten und von dort über die Seidenstraße nach Zentralasien ausbreitete.

Die Verbreitung des Buddhismus nach Sri Lanka und Südostasien ist Thema des dritten Kapitels. Das vierte Kapitel geht näher auf die Ankunft des Buddhismus in China, Korea und von dort nach Japan ein. Schließlich wird der Leser im fünften Kapitel mit der außergewöhnlichen Transformation des indischen Buddhismus in den Kulturen von Tibet, anderer Himalaja-Gebiete und der Mongolei bekannt gemacht.

Erstes Kapitel
URSPRÜNGE
BUDDHA, DHARMA, SANGHA

GEGENÜBER
Die frühe buddhistische Kunst in Indien stellt den Buddha durch Symbole wie seine Fußabdrücke dar, wie auf dieser Kalksteinplatte aus der Großen Stupa in Amaravati (1. Jh. v. Chr.). Der Abdruck beider Füße enthält verschiedene Glück bringende Symbole: Swastiken, ein Rad, das die Lehre des Buddha, das Dharma, repräsentiert, und das „Drei-Juwelen"-Symbol für Buddha, Dharma und Sangha auf jeder Ferse.

BUDDHA: DER ERWACHTE
DAS LEBEN VON SIDDHARTHA GAUTAMA

GEGENÜBER
Marmorrelief aus dem 7. Jh. mit Spuren von Blattgold aus Lumbini, wo die Königin Mahayama den Buddha aus ihrer rechten Seite gebar. Sie selbst steht und greift nach einem Zweig des *shala*-Baums. Der künftige Buddha läuft unten triumphierend mit einem Glorienschein um den Kopf.

UNTEN
Mahayama (links, mit Helferinnen) träumt von der wunderbaren Geburt; Wahrsager, die den Traum deuten, stehen beim König (rechts). Schiefertafel aus der griechisch-indischen Kultur in Gandhara, ca. 1. Jh. v. Chr.

Von Buddha wissen wir aus der Geschichte und aus Legenden. Legenden gibt es aus den früheren Inkarnationen des Buddha (*Jataka*-Erzählungen) und über seine wunderbare Geburt, Berichte über sein Leben als Mensch, der Anteil hatte an der sozialen und philosophischen Welt im Indien des 6. und 5. Jhs. v. Chr. Manchmal verwirren sich natürlich auch Legende und Geschichte, und unser Verständnis der buddhistischen Geschichte wird durch diese Vielfalt der Quellen nur noch bereichert.

Der Buddha (der „Erwachte"), auch bekannt als Shakyamuni („der Weise [aus dem Volk] der Shakya"), wurde in Lumbini am Fuße des Himalaja als Siddhartha Gautama in die Familie eines Königs der Shakya geboren. Er ist 566 v. Chr. geboren, neuere archäologische Funde haben jedoch Gelehrte dazu gebracht, seine Geburt später zu datieren, auf ca. 483 v. Chr. Die Legende von der Geburt des Buddha ist mit vielen Heldensagen verwandt. Als seine Mutter, Mahayama, von einem weißen Elefanten in ihrem Schoß träumte, sagten Wahrsager die Geburt eines Kindes voraus, der ein *chakravartin*, „der das Rad des Gesetzes in Bewegung setzt", ist – entweder ein universeller Herrscher oder ein großer Lehrer, der sich von der Welt abkehrt.

VOM PRINZEN ZUM ENTSAGER
Aus Angst um seine Nachfolge wurde Siddhartha von seinem Vater im Palast in Kapilivashtu in ein Dasein in Luxus eingeschlossen, in der alle Zeichen menschlichen Leides fehlten. Er wurde mit seiner Cousine verheiratet. Aber höhere Mächte schritten ein. Als Siddhartha an vier aufeinander folgenden Tagen über das Schlossgelände ritt, zeigten die Götter dem Prinzen, die wussten, dass er über

RECHTS
Schieferreliefskulptur des Buddha mit vier seiner Schüler. Über diesen machen zwei göttliche Wesen eine Geste der Ehrerbietung (*namaskara* oder *anjali mudra*). Der in Lotosstellung auf einem mit Lotos verzierten Thron sitzende Buddha macht eine Ängste beseitigende Geste (*abhaya mudra*). Gandhara, 2. oder 3. Jh.

OBEN
Kopf des fastenden Buddha aus Gandhara. Nach allgemeiner Auffassung wurden in diesem nordwestlichen Gebiet des Subkontinents, vermutlich unter hellenistischem Einfluss, die frühesten Bilder vom Buddha als Mensch angefertigt. Dieses Exemplar (2. oder 3. Jh.) ist sogar nach der naturalistischen bildhauerischen Tradition von Gandhara ungewöhnlich.

den Sinn des Lebens nachdachte, die „Vier Zeichen": Leidensszenen, die den Prinzen dazu brachten, seinem privilegierten Leben zu entsagen und die Wahrheit zu suchen: einen verkrüppelten Greis, einen Fieberkranken, einen verwesenden Leichnam und schließlich einen Asketen.

Abgeschreckt von dem Leid und begeistert vom Gesicht des Heiligen verließ Siddhartha Frau und Kind und floh im Dunkel der Nacht aus dem Palast. Er rasierte seinen Kopf, zog die gelbe Kutte eines Bettelmönches über und suchte als Eremit spirituellen Frieden. Er lernte bei einem brahmanischen Meister das Meditieren. Da er mit seiner Suche noch unzufrieden war, schloss sich der künftige Buddha in einem Wildpark in Sarnath nahe Varanasi einer Gruppe von Asketen an, deren Ziel es war, schlechtes *karma* durch Selbstkasteiung zu vertreiben.

DAS ERWACHEN

Nach sechs enthaltsamen Jahren war Siddhartha fast verhungert und er beschloss, einen leichteren Weg zu gehen. Er aß etwas Reis und setzte sich unter eine Pappelfeige und begann zu meditieren. Nach 49 Tagen – und er verweigerte sich den Angriffen des Mara, des personifizierten Bösen, der Verkörperung der Versuchung – wurde er „erleuchtet" und verwandelte sich aus einem *bodhisattva* („der, der für die Erleuchtung ausersehen ist", „künftiger Buddha") in einen Buddha („der, der erwacht ist"). Überzeugt, dass er die Ursache des Leides erkannt hatte, hielt der nun 35-jährige Buddha seine „erste Lehrrede" an seine fünf früheren Gefährten in der Askese. Damit setzte er das Rad des Dharma in Gang. Für etwa die nächsten 40 Jahre wanderte er durch die Königreiche Kosala und Magadha in der Ganges-Ebene und verbreitete seine neue Lehre, das Dharma („Lehre" oder „Wahrheit"), an die wachsende Gemeinde seiner Anhänger, die Sangha.

LINKS

Goldenes Reliquiengefäß, Granate als Verzierung, aus einer Stupa in Bimaran in Afghanistan (antikes Gandhara). Eine Inschrift auf dem Schrein, in dem es gefunden wurde, besagt, dass es Reliquien des Buddha enthalten habe, der hier mit seinen Schülern abgebildet ist. Da das Gefäß auf etwa 50 n. Chr. datiert wird, handelt es sich um eines der ältesten Abbildungen des Buddha als Mensch.

OBEN

Goldenes Amulett aus dem 2. Jh. aus der Stupa in Ahin Posh, Gandhara (Dschalalabad, Afghanistan) mit grünen Serpentin- und roten Granateinlagen. Aufbewahrt wurde es in einem Schrein und enthielt Reliquien und zwei Münzen, von denen eine die Prägung eines stehenden Buddha und die griechische Inschrift *Boddo* (Buddha) enthielt.

Die Biografie des Buddha wird in folkloristisch-naturalistischen Geschichten erzählt, die ein lebendiges Bild der antiken indischen Gesellschaft vermitteln. Einige Legenden konzentrieren sich auf das Vollbringen von Wundern, was Buddha zwar zuweilen praktizierte, aber wovon er seiner Anhängerschaft abriet. Eine Geschichte beschreibt, wie der Buddha den Groll von Devadatta, eines Cousins, hervorrief, nachdem er seine ganze Familie bekehrt hatte. Als Devadatta jedoch einen gefährlichen Elefanten von der Leine ließ, kniete dieser sich vor dem Meister hin. Eine andere Geschichte nimmt den Buddha mit in den „Himmel der 33 Götter", wo er seiner verstorbenen Mutter seine Lehre predigt und zur Erde auf einer juwelengeschmückten Leiter zurückkehrt (s. auch S. 30 und 37). Buddhistische Legenden verfügen über viele Götter, die in wichtigen Momenten im Leben des Buddha auftauchen, seiner Geburt beiwohnen, seine Handlungen unterstützen oder ihn vor Gefahren wie der großen Schlangengottheit Muchalinda beschützen, die auf Bildern über dem meditierenden Buddha emporragend dargestellt wird.

Aber ebenso überzeugend sind die Momente in seiner Biografie, wenn er als einfacher Mann gezeigt wird. Er schläft, steht auf, wäscht sich, kleidet sich an, isst und bittet um Almosen. Er diskutiert mit Brahmanen und anderen Lehrern. Er schwimmt mühelos im Ganges. Er isst gemeinsam mit Laienanhängern wie der Kurtisane Ambapali oder dem Schmied Chunda.

Im Alter verglich er seinen Körper mit einem alten Karren, der durch zerfaserte Riemen zusammengehalten wird. Als er mit etwa 80 Jahren nach einer Lebensmittelvergiftung – er hatte bei Chunda gegessen – heftige Leibschmerzen bekam, wurden seine letzten Stunden von spiritueller Ruhe begleitet. Die Sangha betrauert trotz ihrer philosophischen Verpflichtung, Fassung zu bewahren, den Verlust ihres großen Lehrers. Sein treuer Jünger Ananda lehnte ergriffen an einem Türpfosten und weinte verwirrt.

RECHTS

Liegender Buddha in Grotte 26 im Grottenkomplex Ajanta im heutigen Maharashtra, Indien (s. 2. Kap.). Diese Grotte enthält einen reich verzierten Schreinsaal (*chaitya*) und zwei Klosterwohnstätten (*vihara*). Dieses Relief ist 7 m lang und zeigt den Buddha zum Zeitpunkt seines Todes und Übergangs ins „finale *nirvana*" (*parinirvana*). Kopf und Körper des Buddha wurden im Gupta-Stil gemeißelt, der den Gleichmut eines Menschen nahelegt, dessen perfekte Innenleben durch eine harmonische physische Schönheit ausgedrückt wird. Unter dem Buddha sind trauernde Anhänger dargestellt.

DER BUDDHA IN DER ANTIKEN INDISCHEN KUNST
DARSTELLUNG DES MEISTERS

GEGENÜBER
Östliches Tor *(torana)* aus dem 1. Jh. zur Großen Stupa in Sanchi, die vom indischen Herrscher Ashoka im 3. Jh. v. Chr. errichtet wurde. Diese *torana* ist verziert mit Elefanten sowie einem außergewöhnlichen *yakshi* (Naturgottheit), der sich an der rechten unteren Konsole herauslehnt.

UNTEN
Die behauene Kalksteinplatte aus Sanchi zeigt ein Rad des Dharmas *(Dharmachakra)* und vier buddhistische Anhänger. Das Rad repräsentiert auch den Buddha, denn als Mensch wurde er erst im 1. Jh. v. Chr. dargestellt.

Die ältesten bildlichen Darstellungen des Buddha stammen aus dem 2. und 1. Jh. v. Chr. Die früheste spezifisch buddhistische Kunst ist auf behauenen Kalksteinplatten in den Stupas in Bharhut und Sanchi zu finden (s. S. 46–49). Neben zahlreichen dekorativen Motiven feiern diese Reliefs sowohl das eigentliche Leben des Buddha als auch seine früheren Inkarnationen.

Die Zeit, zu der der Buddha als Mensch dargestellt werden sollte, musste jedoch erst kommen. Die frühesten Bilder zeigen die Person des Buddha und Episoden aus seinem Leben durch abstrakte Symbole. Markante, die in Bildnissen in Stupas erhalten sind, zeigen die Gegenwart des Buddha, seine Geburt, seine Erleuchtung, die Lehrrede, die er zuerst in Sarnath hielt, und seinen Tod. Zwei zentrale Zeichen stehen für die Gegenwart des Buddha: zum einen ein leerer Thron, der auf die königliche Herkunft des Buddha wie auf seine Entsagung desselben anspielt, zum anderen stilisierte Fußabdrücke *(Buddhapada)* wie die in den Stupas von Sanchi und Amaravati. Räder symbolisieren die Lehre des Buddha, das Dharma.

Diese ikonografische Reihe enthält auch zwei Bäume. Der *shala*-Baum, an den sich die Mutter des Buddha lehnt, spielt auf seine Geburt an, der *bo*- oder *bodhi*-Baum – die Pappelfeige, unter der der meditierende Buddha saß – symbolisiert die Erleuchtung *(bodhi)*. Kleine Stupa-Gewölbe, die häufig auch Stupas selbst verzieren, sind Symbol für den Tod des Buddha und seinen Übergang ins *nirvana*.

Ein weiteres Bild verweist auf die hohe Kaste des Buddha und seine spirituelle Vorrangstellung. Vor seiner Geburt wurde vorhergesagt, dass er möglicherweise ein „universeller Herrscher" *(chakravartin)* werden könnte. Deshalb gibt es auch frühe *chakravartin*-Figuren, die von solchen Symbolen wie dem königlichen Rad und Schirm umgeben sind, während Elefanten in Stupas auf die herrschaftliche Macht und die Empfängnis des Buddha verweisen. Ausgeglichen werden sie von Lotosblumen, die auf die Reinheit und die Ruhe des Buddha und des Dharma verweisen.

OBEN, LINKS AND RECHTS
Die Große Stupa in Bharhut im heutigen Andra Pradesh wurde im 3. Jh. v. Chr. vom Herrscher Ashoka gebaut, aber viele Verzierungen wurden erst in der Shunga-Dynastie im folgenden Jh. zugefügt. Diese Medaillons wurden in Geländer der Stupa eingesetzt. Das erste (links) zeigt den Bodhi-Baum, unter dem Vipassi, der 19. vorzeitige Buddha, die Erleuchtung fand. Die zweite (Mitte) ist eine fantastische Kreuzung aus einem Elefanten und einem Fisch, die dem *makara*, einem mythologischen Seemonster, ähnlich sieht.

Neben solchen Symbolbildern sind nichtmenschliche frühere Inkarnationen des Buddha, wie sie in den *Jataka*-Geschichten erzählt werden, dargestellt. 16 Reliefs des Buddha als mythischer Elefant, der seine Stoßzähne opfert, sind als Illustration eines *Jatakas* auf einen Balken des Südtors von Sanchi gedrängt.

DER BUDDHA ALS MENSCH

Die ersten Darstellungen des Buddha als Mensch entstanden fast gleichzeitig im nordindischen Mathura und in Gandhara im 1. Jh. v. Chr. In Mathura gibt es oft naturalistische stehende oder sitzende Buddhas, die formal den Darstellungen von Naturgeistern früherer Kulturen ähnlich waren. Die Bildsprache in Gandhara war von griechischen Künstlern beeinflusst, die ab dem frühen 4. Jh. v. Chr. Alexander dem Großen in den Nordwesten Indiens folgten. Diese waren auch lebendig, aber oft auch hölzern. Sie hatten europäische Züge und trugen griechisch-römische Kleidung. Die *Jataka*-Erzählungen blieben beliebte Sujets, aber auf den Bildern wurde immer öfter Buddha als Mensch dargestellt. Es entstand auch ein

biografisches Genre, das z. B. zeigt, wie der *bo-dhisattva* durch seine Askese vor der Erleuchtung ausgezehrt ist (s. S. 16), oder dramatische Kompositionen des sterbenden Buddha, der von seiner Sangha umringt ist (s. S. 19–21).

Rein indische Kunst entstand in Mathura im 2. und 3. Jh. n. Chr. Die geschaffenen Buddhas waren in einer neuen Art schön. Diese Figuren – zumeist mit einer lotosblütenförmigen Aureole –, die zweifellos vom Anwachsen des Mahayana inspiriert wurden, waren sowohl unnahbar als auch mitfühlend, gefühlsmäßig lebendig und doch an ein abstraktes metaphysisches Ideal erinnernd.

Den Höhepunkt erreichte dieses Genre in der Gupta-Periode (ca. 320–480), des „Goldenen Zeitalters" der indischen Kunst (s. S. 50–55). Ästhetisch haben die Buddhas dieser Zeit eine sinnliche Perfektion erlangt, aber die Gupta-Buddhas strahlen wie die riesigen *bo-dhisattvas* aus derselben Zeit, die an die Grottenwände von Ajanta gemalt wurden, inneres spirituelles Leben aus. Sie meditieren, lehren und beruhigen gleichzeitig. Das war schließlich die Form des Buddha, die die psychologische Bedeutung seiner Lehre exemplifiziert hat.

OBEN

Das dritte Medaillon ist mit Lotosblüten und Weinreben verziert. Der Lotos symbolisiert die Reinheit und die Erleuchtung des Buddha und der Wein die indigenen Naturkulte, die neben dem frühen Buddhismus verbreitet waren. Die Stupa von Bharhut steht nicht mehr, ebenso ist die meiste indische buddhistische Kunst und Architektur nicht mehr vorhanden. Diese Medaillons sind jedoch im Indischen Museum in Kalkutta ausgestellt.

DHARMA: DIE LEHRE
DER PFAD ZUM NIRWANA

GEGENÜBER
Der Buddha predigt das *Lotos-Sutra*, eine der zentralen Schriften des Mahayana-Buddhismus, auf dem Adlergipfel bei Rajagriha (heutiges Rajgir in Bihar, Indien). Der Berg wird durch die Felsen um den Buddha herum dargestellt. Neben ihm stehen seine Schüler und die *bodhisattvas* Avalokiteshvara und Mahasthamaprapta. Seidenstickerei auf Hanf aus dem 8. Jh. aus Grotte 17 in Dunhuang, China (s. S. 116–119).

RECHTS
Sandsteinrelief aus dem 5. Jh. aus Sarnath, wo der Buddha das erste Mal in einem Wildpark gelehrt hat. Das Relief zeigt Ereignisse aus seinem Leben: unten seine Geburt (links) und seine Erleuchtung (rechts), oben seine erste Lehrrede (links) und das finale *nirvana* (rechts) und dazwischen sein Abstieg aus dem Himmel der 33 Götter (s. S. 19), ein Affe, der dem Buddha in Vaishali Honig anbietet, ein Wunder in Shravasti und die Zähmung eines Elefanten in Rajgir.

In den 40 Jahren seines Wirkens war der Buddha einer der vielen andersgläubigen Lehrer, die die orthodoxe brahmanische Lehre mit Gottesanbetung und Opferungen in Frage stellten. Aber eigentlich teilten alle indischen religiösen und philosophischen Traditionen eine überwältigende religiöse Anschauung: Alle Wesen einschließlich der Götter befanden sich im endlosen Kreislauf der Wiedergeburt (*samsara*), die immer wieder ertragen werden muss. Die Lehre des Buddha legte eine detaillierte Strategie (Dharma) dar, wie man dem *samsara* entfliehen und schließlich die glückliche Nichtexistenz des *nirvana* betreten kann: ein Zustand der Vernichtung, der dem „Auslöschen" der zur Wiedergeburt führenden Faktoren folgt. Der Buddha selbst hat die Sinnlichkeit wie auch die Entsagung erlebt. Nachdem er vom Reis gegessen hatte und sich unter die Pappelfeige setzen konnte, führte ihn seine Meditation auf einen „Mittleren Pfad" zwischen den Extremen.

DIE VIER EDLEN WAHRHEITEN UND DIE DASEINSFAKTOREN

Der Mittlere Pfad, so proklamierte der Buddha, wurde durch die Annahme der fundamentalen Einsicht in seine Erfahrung der Erleuchtung erlangt. Das waren die Vier Edlen Wahrheiten, die besagen, dass das Leben von dem *duhkha* oder dem „Leiden" bestimmt wird (zu verstehen als „Unbefriedigtheit", nicht einfach nur als extremer Schmerz), dass das Leiden durch die Gier hervorgerufen wird, dass es möglich

OBEN
Detail eines chinesischen Seidengemäldes aus dem 9. Jh. aus Dunhuang. Dargestellt sind die Ausritte des jungen Prinzen Siddhartha, auf denen er zum ersten Mal menschliches Leid erblickt. Oben sieht er einen alten Mann, unten einen kranken.

ist, diese Gier auszulöschen, und dass es einen Achtfachen Pfad (oder „Mittleren Pfad") zu diesem Auslöschen gibt. Die Acht Faktoren des Pfades – rechte Anschauung, rechte Gesinnung, rechte Rede, rechtes Handeln, rechter Lebenserwerb, rechtes Streben, rechte Achtsamkeit und rechte Sammlung – bilden das Herz der Anschauung, Ethik und Meditationspraxis des Buddhismus. Die Betonung auf das „Rechte" – der Terminus in der Pali-Sprache bedeutet „angemessen" – verweist auf die „gute Führung", das Vermeiden von Extremen.

Diese Formulierung des Dharma wurde durch zwei Beschreibungen der Daseinsfaktoren erweitert. Leben, so proklamierte der Buddha, werde durch drei Merkmale *(trilakshana)* bestimmt: Leid *(duhkha)*, Wandel *(anitya)* und Nicht-Ich *(anatman)*. Um eine Erleuchtung zu erlangen, die der des Buddha gleichkommt, musste man diese Daseinsfaktoren persönlich durch Meditation erfahren. (Das Dharma, so sagte der Buddha, wird durch das „Komm und versuche" bestimmt.) Um diese tragischen Daseinsfaktoren voll zu verstehen und zu akzeptieren, wurde Gleichmut verlangt. Diese wiederum kann durch die Hingabe an den Achtfachen Pfad und insbesondere die „rechte Achtsamkeit" erlangt werden.

Während das Leid und der Wandel (der eine Komponente des Leides ist) ohne Weiteres beobachtet und damit verstanden werden können, bleibt das *anatman* der komplizierteste Aspekt des Buddhismus. Einerseits hat es die Trennung des Dharmas (das die Existenz einer Seele verneint) vom orthodoxen Denken im Indien des 6. Jhs. v. Chr. und seine Betonung der Selbstreinigung bestätigt. Andererseits verfocht es die Anschauung, dass die menschliche Identität durch keine psychophysikalischen Eigenschaften – Personennamen, Charakter oder Kastenzugehörigkeit – bestimmt werden kann: Kategorien, die der Buddha als ungerecht und irreal verworfen hat. Im Gegenteil: Der

Buddha beschrieb die Persönlichkeit als eine Reihe von Prozessen in einem Zustand des Wandels. Auch dies könnte durch die Entwicklung der Achtsamkeit *(sati)* verstanden werden.

DAS GESETZ DES KARMA

Die zweite Beschreibung des Buddha über sein Leben ist die Analyse des „bedingten Entstehens", das das *karma* bestimmte. *Karma* ist der Vorgang, durch den Aktionen sowohl zu Lebzeiten als auch in folgenden Leben Auswirkungen haben. Wenn etwa vorsätzliche negative Aktionen bis zu unserem Tode nicht durch positive ausgeglichen werden, muss eine Wiedergeburt erfolgen. Die Natur der Wiedergeburt ist bestimmt durch das Gleichgewicht positiver *(punya)* und negativer Aktionen *(papa)*. Wenn wir die Folgen des *karma* nicht verhindern, müssen wir endlose Reinkarnationen und Leiden ertragen.

Durch stufenweise Analyse trieb der Buddha dieses Konzept voran und offenbarte die „Kausalitätskette" als Reihe von Abhängigkeiten, in der das Leiden zunimmt. Die oberste Stufe ist die Unwissenheit. Auf der Grundlage dieser spirituellen und intellektuellen Dunkelheit entstehen Gier und Verlangen, eine Verhaftung in Ideen vom Selbst und damit Leiden und Unbefriedigtheit. Wurde spirituelles Wissen erlangt, wird Unwissenheit durch Verständnis ersetzt, die Kausalitätskette wird aufgehoben und es gibt keine Wiedergeburt mehr. Damit sind die Übel des Alters, der Krankheit und des Todes, die der junge Siddhartha in seiner Jugend im Palast erlebte, eliminiert.

OBEN

Tibetisches *mandala* aus dem 16. Jh. Ein *mandala* ist eine symbolische Darstellung des äußeren Kosmos, aber auch des inneren Kosmos der Psyche. Im Zentrum des *mandala* ist die esoterische tantrische Gottheit Kalachakra in sexueller Verbindung mit seiner „Partnerin der Weisheit"; dies repräsentiert die Vereinigung der Weisheit und des Mitgefühls in den Verehrern (s. auch S. 198–200).

GEGENÜBER

Vorder- und Rückseite einer vergoldeten Bronzestatue des großen Himmelsbuddhas Vairochana. Der Oberkörper ist mit Szenen des kosmischen Berges Meru und des Himmels von Trayastrimsha verziert, der Unterkörper mit Szenen aus der Hölle. Chinesische Sui-Dynastie (581–619).

MYTHOLOGIE UND KOSMOLOGIE

Während der Buddha Mittel für die rationale Behandlung existenziellen Leids bot, fand das profane Leben im buddhistischen Indien auf einer größeren Bühne als der Erde statt: in einem Kosmos, dessen Strukturen in Mythen beschrieben war, die von Brahmanen und den meisten Sekten gemeinsam genutzt wurden. Die kosmische Geografie wandelte sich über die Jahrhunderte und war auch in verschiedenen Gebieten jeweils anders. Aber viele ihrer Züge bildeten in der frühen hindu-buddhistischen Periode einen Rahmen, der die späteren buddhistischen Kulturen in ganz Asien anregte.

Das spezifischste indische Element in der Kosmologie des 6. Jhs. lag in der Geografie der Erde, die nach damaliger Auffassung aus sieben Kontinenten bestand, von denen einer – Jambudvipa, „Rosenapfelbaum-Insel" – Indien selbst war. In der Mitte dieser Insel erhebt sich der Berg Meru, die Achse des Universums, auf dessen Gipfel die *devas* (Gottheiten) wohnten, und um den herum täglich der Sonnengott Surya kreiste. Ebenso wie die Brahmanen hatten die frühen Buddhisten die 33 Himmel auf ihrer kosmischen Karte. Dort wohnten die Götter und die Tugendhaften, die eine vorteilhafte Wiedergeburt erlebten. Nach buddhistischer Legende nutzte Buddha den Berg Meru als Trittstein, um einen dieser Himmel, Trayastrimsha (den Himmel der 33 Götter) zu besuchen. Dort lehrte er seiner Mutter, die dort lebte, das Dharma (s. S. 37).

Unter der Erde gab es 16 Höllen (*niraya*, „Pfad nach unten"). Die „Reiche der Wiedergeburt" sind im tibetischen Lebensrad, das auf die hinduistische wie auf die buddhistische Ikonografie zurückgreift, farbenfroh illustriert. Sowohl für Buddhisten als auch für Brahmanisten bedingt das Gesetz des *karma* die künftige Existenz aller Wesen. Aber für Buddhisten war alles Leben, in der Gegenwart wie in der Zukunft, unbeständig. Selbst die Götter waren sterblich, und ihre Leben waren zu luxuriös, um alle *karma*-Reste zu vernichten. So war es für einen deva unwahrscheinlich, *nirvana* zu erreichen. Die ideale Wiedergeburt war im menschlichen Reich, weil nur ein Mensch dem leidvollen Daseinskreislauf des *samsara* entfliehen konnte.

SANGHA: DIE GEMEINDE
DIE GEMEINSCHAFT DES DHARMA

Die ersten Konvertiten des Buddha waren die fünf Asketen, mit denen er vorher fastete, und sie bildeten das Herz seiner neuen Gemeinde (Sangha). Nach der Legende stießen kurz darauf weitere 60 junge Asketen dazu, und die Sangha wuchs zu einer großen Gruppe von Mönchen, die den Buddha begleiteten oder einzeln reisten, um weitere Menschen zu bekehren. Viele verzichteten auf Entbehrungen zugunsten des „Mittleren Pfades", des vom Buddha begründeten humaneren Systems der Meditation und des Lehrens. Aber diese *bhikshus* („Bettler") blieben zölibatäre umherziehende Wanderprediger. Jeder Mönch besaß nur ein gelbes Gewand und eine Schale, mit der er in den schnell wachsenden Städten um Nahrung bettelte.

Das extreme Wetter in der Monsunperiode beschränkte die Reisezeit, und während der drei Regenmonate wohnte die Sangha auf Grundstücken, die ihnen von reichen Mäzenen zur Verfügung gestellt wurden. Die Pali-Schriften (s. S. 63) lokalisieren eine Reihe von wichtigen Lehrtexten (*sutras*) an diesen Orten, zu denen Händler, Könige und Laienunterstützer reisten, um den Meister zu hören. Die primitiven Hütten, in denen der Buddha und seine Sangha wohnten, wurden später buddhistische Klöster (*viharas*).

MÖNCHE UND LAIEN

Da eine vollständige Erlösung nur als Möglichkeit für zölibatäre, kontemplative *bhikshus* betrachtet wurde, gaben die Wohlhabenden Grundstücke, Nahrung und Behausung, um „Verdienste" (*punya*) zu erlangen, die „Schwachstellen" (*papa*) auffressen und zu einer günstigen Wiedergeburt führen würden.

GEGENÜBER
Scheibe aus Kalkstein aus einem Geländer in einer Stupa aus dem 3. Jh. v. Chr. in Amaravati im heutigen Andra Pradesh, Indien. Buddhistische Anhänger bewundern darauf Reliquien von Buddha, die in einem stupaähnlichen Schrein in der Bildmitte befinden.

URSPRÜNGE

LINKS
Sitzender Buddha an einem Eingang zur *vatadage* (runder Reliquienschrein) in Mandalagiri in Madirigiriya, Sri Lanka. Die Reliquie wurde in einer kleinen Stupa im Zentrum aufbewahrt, die von frei stehenden Säulen umgeben ist. In Sri Lanka hatten die Sangha enge Beziehungen zum Herrscher (s. S. 62). Dieses Modell wurde in anderen Gebieten wie in Burma und Thailand übernommen

Die Sangha und die spirituellen Schüler stammten größtenteils aus höheren Kasten, aber der Buddha war gegen die Kasteneinteilung, und auch gewöhnliche Menschen wurden als fähig zu moralischem Fortschritt angesehen, der zu einer Wiedergeburt im Himmel führt. Innerhalb der Sangha selbst war die Erlösung, das Erreichen des *nirvana*, gekennzeichnet durch das Erlangen des Status eines *arhat* („der Würdige") durch Meditation der Vier Wahrheiten. Führende Mönche wie Kashyapa, Sariputta und Ananda sollen alle den erleuchteten Status erreicht haben. Andere wurden gemäß dem Grad ihres Verständnisses in Bezug auf die begrenzte Zahl von Wiedergeburten beschrieben, die sie zu ertragen hätten, bevor sie *nirvana* erreichen würden.

DIE SANGHA NACH DEM BUDDHA

Umringt von seinen Mönchen und von Adligen, die auf Reliquien von seinem Scheiterhaufen hofften, starb der Buddha, wie er geboren wurde, unter einem *shala*-Baum. „Alle zusammengesetzten Dinge sind von Natur aus vergänglich. Arbeitet mit Fleiß an eurer Erlösung." Mit diesen letzten Worten ging er ins *nirvana* über. Diese Ermahnung fasste prägnant die Beziehung der Sangha zu einer unbeständigen Welt zusammen, in der man trotzdem die maximalen spirituellen Bemühungen aufbieten muss.

Der Buddha schrieb vor, dass seine Reliquien in Stupas überführt werden sollen (s. S. 46–49), die u. a. die Stätten seiner Geburt, seiner Erleuchtung, seiner ersten

SANGHA: DIE GEMEINDE

RECHTS
Die Sangha grüßt den Buddha, als er vom Himmel der 33 Götter zurückkehrt. Nach dieser beliebten buddhistischen Legende (s. S. 30) stieg der Buddha auf einer juwelenbesetzten Leiter zur Erde nieder. Schiefertafel aus Gandhara, 3.–5. Jh

UNTEN
Steingutfigur eines *arhat* (chin.: *luohan*), eines erleuchteten Schülers des Buddha, aus Nordchina. Liao-Dynastie (907–1125). Der tiefsinnige Ausdruck der Figur widerspiegelt das Ideal der individuellen spirituellen Leistung, wofür die *arhats* sehr verehrt wurden.

Lehrrede und seines Todes markieren sollen. Dies führte zu seiner Erhöhung zu halbgöttlichem Kultstatus. Der Sangha schrieb er vor, dass sie sich in führerlose Gemeinden aufteilen sollten. Zwangsläufig entwickelten die verschiedenen Mönchsgruppen ihren eigenen Charakter. Um dem Prozess der Abgrenzung entgegenzuwirken, wurden eine buddhistische Konzile einberufen, auf denen die Schüler des Buddha seine Lehrtexte *(sutras)* und monastische Regeln *(vinaya)* rezitierten.

TEILUNGEN DER SANGHA

Meinungsverschiedenheiten in den Gemeinden, die sich in den folgenden zwei Jahrhunderten noch verstärkten, führten zu einer ersten großen Teilung in der Sangha: in die Sthavira (Älteste, Pali Thera) und die Mahasangika (Große Versammlung). Bis zum Ende des Jahrtausends haben sich diese in ca. 18 Schulen aufgeteilt. Die meisten erhaltenen Pali-Texte gehen auf die Sthavira- oder Theravada-Schule zurück, die sich in Sri Lanka etablierte. Im 1. Jh. entstand dann ein weiterer Riss, als das Mahayana in Erscheinung trat, eine Bewegung, in der viele erhabene und tiefsinnige *sutras* entstanden. Diese, so sagten die Mahayanisten, stellten esoterischere Lehren dar, die der Buddha versteckte.

In Wirklichkeit teilten, wie jüngst Forscher festgestellt haben, das Mahayana und seine Vorgängerschulen viele Ideen und bewohnten oft dieselben *viharas*. In jeder Schule des Buddhismus konnte die Sangha eine Reihe von eindeutig widersprüchlichen Anschauungen vertreten. So war die vielfältige und umfassende Struktur der indischen Religion schon immer.

SANGHA: DIE GEMEINDE   37

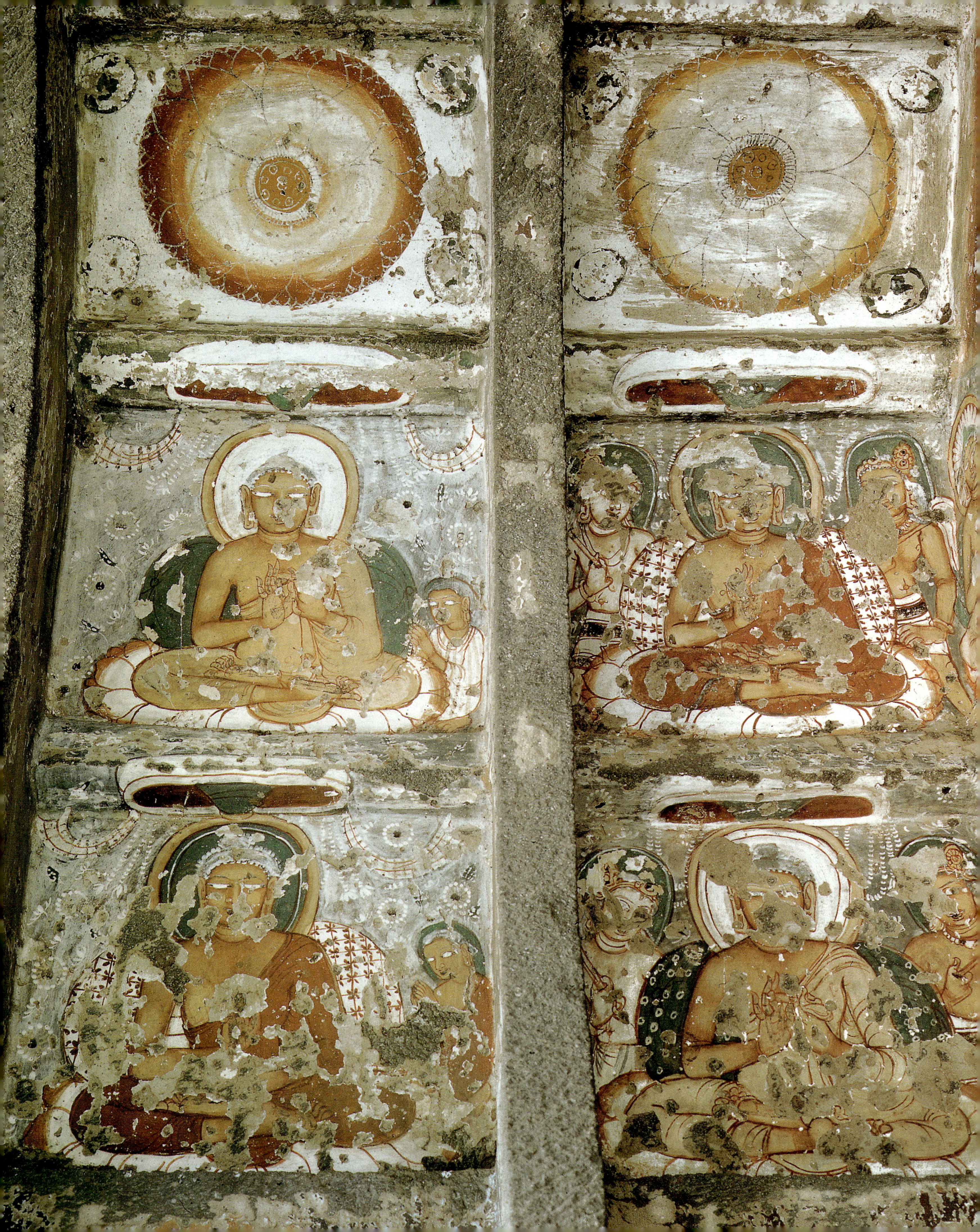

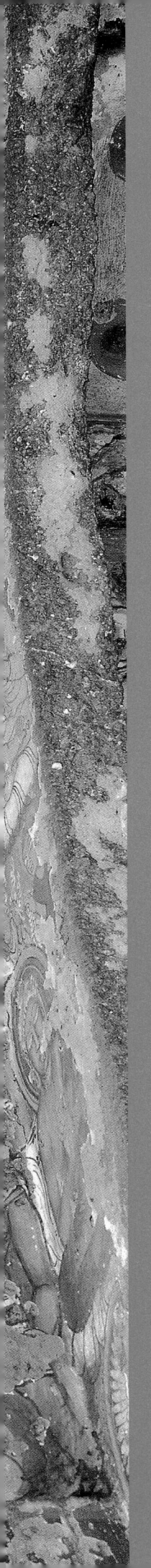

Zweites Kapitel

INDIEN UND ZENTRALASIEN

DIE BLÜTE DES DHARMA

GEGENÜBER
Gemälde mit sitzenden Buddhas aus Grotte 10, dem ältesten der reich verzierten aus dem Felsen geschlagenen buddhistischen Schreine und Klöster im südwestindischen Ajanta. Die Gemälde und Skulpturen in Ajanta, die hauptsächlich auf die Zeit zwischen dem 2. und 1. vorchristlichen bis zum 5. und 6. nachchristlichen Jh. zu datieren sind, haben nicht nur die indische Kunst, sondern auch die buddhistischen Traditionen Ostasiens beeinflusst (s. S. 50–51).

DIE ERSTEN BUDDHISTISCHEN LÄNDER

BUDDHISMUS IN INDIEN

GEGENÜBER
Detail eines stehenden *bodhisattva* aus Gandhara, 2.–3. Jh. Der *bodhisattva*-Kult hatte seinen frühesten Ausdruck in der Bildhauerei in Gandhara. Hier spielen das fürstliche Gewand und der Schmuck auf einen hohen sozialen und spirituellen Status an, während die Gesichtszüge und der Schnurrbart von der griechisch-römischen Ästhetik zeugen, die dem Feldzug Alexanders des Großen folgte.

Ein Paradoxon in der Geschichte des indischen Buddhismus ist die Verbindung zwischen dem obdachlosen Siddhartha und seiner Lehre vom „Nicht-Ich" und den Ideen des Königtums. Nach der Legende war es dem Buddha vorbestimmt, ein *chakravartin* zu werden, entweder ein universeller Herrscher oder ein spiritueller Anführer. Der Prinz der Shakya, der mit den 32 Malen des *mahapurusha* („großer Mann") geboren wurde, wählte den Weg der Entsagung (s. 1. Kap.). Jedoch akzeptierte der Buddha, wie frühe Texte andeuten, das Mäzenatentum von Händlern und Königen und bestimmte, dass seine Reliquien unter den Herrschern der acht Königreiche verteilt werden. Die Stupas, die diese Reliquien aufbewahrten, kopierten die indischen Königsgräber, traditionelle Symbole irdischer Macht.

Der Buddhismus hätte natürlich ohne Protektion und hierarchische Mönchsstrukturen nicht überleben können. Elitemönche hatten in der frühen Sangha Autorität, und es gab eine deutliche Trennung zwischen Mönchen, die das *nirvana* erlangen konnten, und Laien („Hausväter"), denen dies nicht möglich war. Einige Schulen wie Theravada beschrieben Stufen auf dem Weg zur Erleuchtung und schufen damit neue Hierarchiegrade.

OSTEN TRIFFT WESTEN: GANDHARA

Die Verbreitung des Buddhismus hing in gewissem Ausmaß von einzelnen Herrschern und dem Temperament der Gesellschaften ab, das sich in bestimmten Reichen entwickelte. Vor allem Reiche zwischen ca. 330 v. Chr. und ca. 600 n. Chr. – Gandhara, Maurya und Gupta – beeinflussten die Verbreitung des Buddhismus und die Entwicklung seiner Kunst und seiner Ideen. Das früheste Reich entstand in der Region von Gandhara, nachdem Alexander der Große 327/326 v. Chr. Nordwestindien in Besitz nahm. Die Kulturen von Gandhara, heute Provinz im Nordwesten Pakistans, blühten in den vier Jahrhunderten um die Zeitenwende. Aufgrund seiner Lage zwischen Indien, dem heutigen Afghanistan und Zentralasien

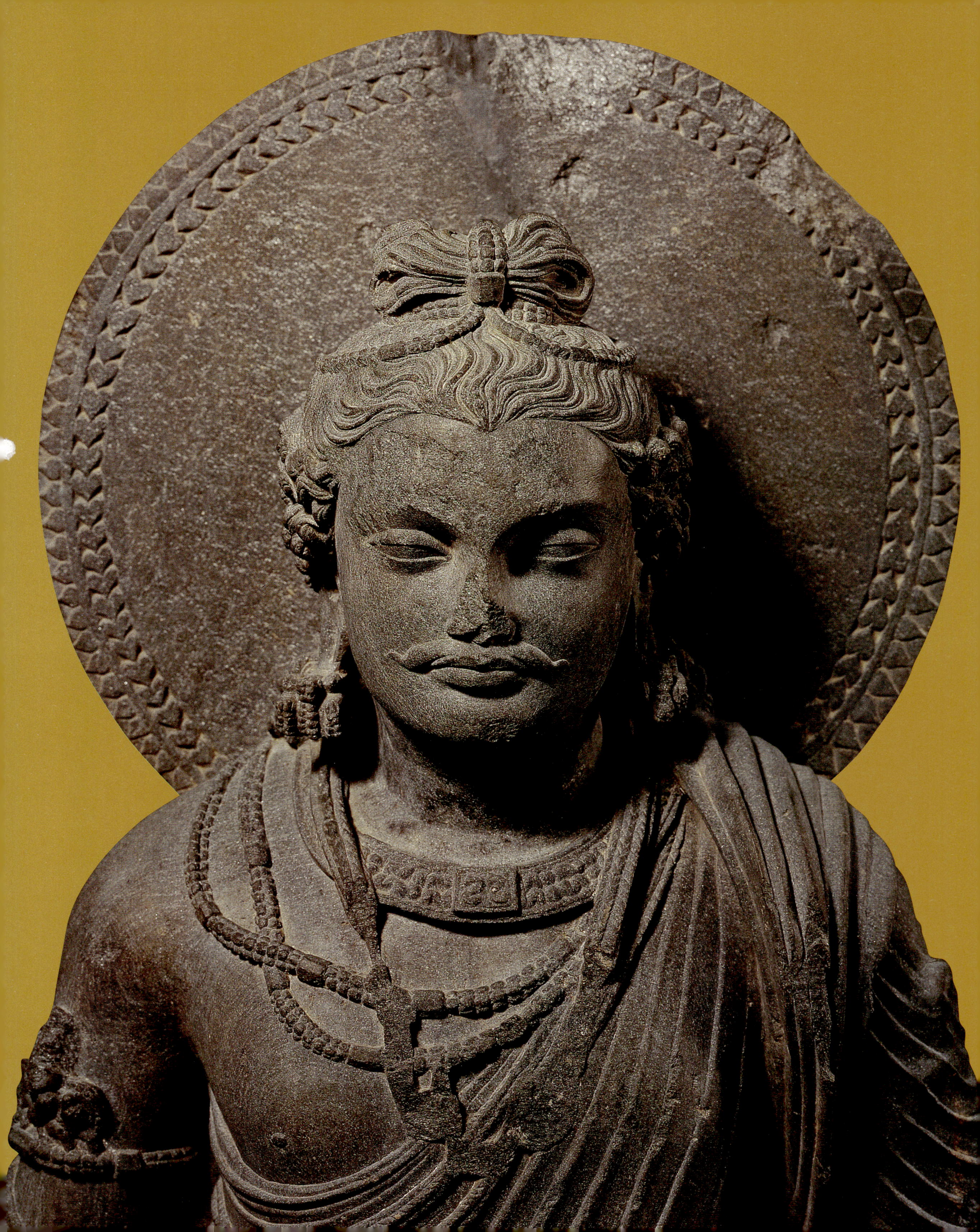

LINKS
Reliquienschrein aus Schiefer in der Form einer Stupa, 52 cm hoch, die Reliquien eines buddhistischen Heiligen oder Ältesten enthielt. Unten ist ein meditierender Buddha dargestellt, dem von Dienern zugefächelt wird.

war Gandhara das Ziel von Angriffen von Reichen in Ost und West; später war es dem politischen und kulturellen Druck der Inder, Griechen und Perser ausgesetzt. Nach der Eroberung der Region durch Alexander wurde sie von baktrischen Griechen und Persern kolonisiert. Die gemischte Bevölkerung in Gandhara übte verschiedene Religionen aus, und der Buddhismus – der etwa 250 v. Chr. von Missionaren des Maurya-Herrschers Ashoka eingeführt wurde – existierte neben dem Hinduismus, dem Zoroastrismus und später dem Christentum.

Zahlreiche Stupa-Ruinen und Edikte, die Ashoka an Säulen, Felsen und Grottenwänden angebracht hatte, zeugen von der starken Präsenz und dem hohen Status des Buddhismus in Gandhara, aber bis vor kurzem war nur wenig über den Buddhismus in dieser Region bekannt. Inschriften in der Gandhara-Sprache und in der Kharoshthi-Schrift beweisen, dass es Klöster gegeben haben muss. Eine Gandhara-Version des *Dhammapada* aus dem Theravada-Kanon, die im zentralasiatischen Hotan gefunden wurde, und die *Fragen des Königs Milinda*, ein Werk, das eine Unterhaltung zwischen einem Mönch und dem griechischen König Menandros (Milinda) aus dem 2. Jh. n. Chr. wiedergibt, zeugen auch von der großen Bedeutung des Buddhismus in dieser Region. Museumsbesucher kennen Steinreliefs im indo-griechischen Stil, in denen etwas hölzerne, aber naturalistische Figuren mit europäischen Zügen und griechischen Gewändern dargestellt sind. Bildhauer aus Gandhara fertigten auch Friese mit Szenen

42 INDIEN UND ZENTRALASIEN

aus dem Leben des Buddha, seiner Familie und seiner Begleiter her: Diese und viele andere schöne Buddhafiguren waren vermutlich die ersten, die Siddhartha als Mensch darstellten (s. S. 20). Einige dieser Figuren zeigen den Buddha in zentralen Phasen seines Lebens, wobei er oftmals mit lockigem Haar wie ein Europäer und einem Schnurrbart dargestellt wurde (s. S. 40).

Unser Wissen über den Buddhismus in Gandhara wurde 1994 spektakulär erweitert, als eine Sammlung von 29 Birkenrindenmanuskripten aus dem 1. Jh. n. Chr. entdeckt wurde. Während diese Manuskripte immer noch entschlüsselt werden, wurde aber deutlich, dass die meisten ursprünglichen literarischen Werke des indischen Buddhismus – *sutras* (Lehrreden des Buddha), *vinaya* (Lehrtexte über monastische Disziplin) und *abhidharma* (fortgeschrittene philosophische Abhandlungen), zusammen bekannt als *Tripitaka* („Drei

OBEN

Diese Tafel aus Gandhara zeigt eine Szene aus dem früheren Leben des Buddha als König von Shibi. Der König rettet eine Taube vor einem Falken und bietet dem Falken seinen eigenen Körper als Ersatz an. Hier wird das Fleisch aus dem Körper des Königs herausgeschnitten, während Diener mit Waagen warten. Es stellt sich heraus, dass beide Vögel Götter sind, die den König wiederherstellen und ihm für seine Großzügigkeit Wohltaten erweisen.

Körbe") – in einer anderen Sprache als Pali und in einer ganz anderen Region zusammengetragen und aufgeschrieben wurden. Ähnliche Manuskripte wie das *Dhammapada* aus Gandhara fanden ihren Weg nach Zentralasien und China, aber trotz der Entdeckung der Kharoshthi-Inschriften bei Ausgrabungen an der Seidenstraße konnten keine vergleichbar großen Manuskriptfunde gemacht werden.

DIE ERHABENHEIT DER MAURYA

Das zweite Reich, in dem der Buddhismus eine bedeutende Entwicklung erfuhr, war das der Maurya. Ihr Zentrum war am Ganges und es reichte im Osten bis nach Bengalen und im Süden bis zum Dekkan-Plateau. Das Gebiet (um 320 v. Chr. gegründet) wurde vom ersten Maurya-Herrscher Chandragupta weit nach Westen erweitert und nach einem blutigen Krieg gegen Kalinga 265 v. Chr. von seinem berühmten Enkel Ashoka (reg. 274–236 v. Chr.) nach Südosten (heutiges Orissa) erweitert. Ashoka, der nach dem Blutbad des Kalinga-Feldzugs Reue empfand, errichtete eine Säule mit einer Inschrift, die vermutlich sein erstes „Felsen-Edikt" war: „Der von den Göttern Geliebte", so bezeichnete Ashoka sich selbst, „bezwang die Kalingas acht Jahre nach seiner Krönung. Einhundertfünfzigtausend wurden vertrieben, einhunderttausend getötet … Jetzt empfand Ashoka eine starke Hinwendung zum Dharma." Die Inschrift erklärt weiterhin, dass Ashoka von weiteren Gräueltaten absehen möchte.

Danach verfolgte Ashoka eine Politik, von der er hoffte, dass sie ihn mit dem mythologischen, mitfühlenden und gerechten *chakravartin* identifizieren würde. Ashoka war ohne Frage ein ethischer, wenn nicht philosophischer Buddhist. Seine Erklärungen deuten darauf hin, dass er Toleranz und soziales Mitgefühl förderte. Er unterstützte ursprünglich die nicht-buddhistische Ajivika-Bewegung und erklärte: „Man sollte andere Sekten akzeptieren … Eintracht ist zu empfehlen, sodass Männer die Prinzipien des anderen hören." Auf einer anderen Säule kündigte er an, „hohe Beamte für die Gerechtigkeit" zum Nutzen und für das Glück der Völker zu installieren. Gemäß einem späteren Edikt wollte er

RECHTS
Löwenkapitell einer Sandsteinsäule, die vom Herrscher Ashoka in Sarnath, der Stätte der ersten Lehrrede des Buddha, im 3. Jh. v. Chr. errichtet wurde. Der Löwe stellt die Erhabenheit des Buddha dar (der auch als „Löwe des Clans der Shakya" bezeichnet wurde), und die vier brüllenden Löwen symbolisieren die Verbreitung des Dharma in die vier Himmelrichtungen.

„Bengalische Feigenbäume als Schatten für wilde Tiere anpflanzen, Brunnen graben und alle 15 km Gasthäuser bauen". „Ich habe dies getan", erklärte der Herrscher, „damit mein Volk mit dem Dharma übereinstimmen möge".

Das Maurya-Reich zerbrach bald nach Ashokas Tod. Aber genauso, wie er seine Ideale in Übereinstimmung mit der Lehre des Buddha verwirklichte, hinterließ er der Welt ein bedeutendes Erbe mit buddhistischen Monumenten. Dazu gehört die Große Stupa in Sanchi (s. S. 21, 46–49) und angeblich Tausende anderer Stupas. Zwei seiner erhaltenen Inschriftensäulen sind große Kunstwerke. Die besterhaltene Ashoka-Säule, die von einem einzelnen Löwen gekrönt wird, stammt aus dem Jahre 243 v. Chr. und steht noch heute in Lauriya Nandangarh in Nepal, während die bedeutendste in Sarnath an der Stätte der ersten Lehrrede des Buddha errichtet worden war. Das ist die berühmte Säule, die von vier Löwen über dem „Rad des Dharma" – das der Buddha in Sarnath in Bewegung gesetzt haben soll – gekrönt wird. Die Löwen stellen das „Löwengebrüll" der Erleuchtung des Buddha dar. Das Rad von Ashoka und der Löwe wurden von der modernen indischen Republik als Staatsembleme angenommen.

DIE INDISCHE STUPA

SCHREINE FÜR DAS DHARMA

GEGENÜBER
Votivstupas in Nalanda (nahe Patna in Bihar, Indien), dem großen buddhistischen Lehrzentrum, das vom 6. bis zum 11. Jh. blühte. Die meisten wurden in der traditionellen indischen Form erbaut, die größere zentrale Stupa aber hat einen ungewöhnlichen zweistöckigen quadratischen Unterbau und einen achteckigen Überbau sowie zahlreiche Nischen, in denen Skulpturen des Buddha und von *bodhisattvas* stehen. Im Hintergrund stehen die Überreste eines der großen Ziegeltempel von Nalanda.

Einige Jahrhunderte nach dem Tod des Buddha waren die wichtigsten von Buddhisten geschaffenen Heiligtümer Reliquienschreine oder Stupas, die nicht als Kunstwerke gebaut wurden, sondern als Pilgerzeichen und als Denkmäler für den Buddha und buddhistische Älteste. Die frühesten Stupas sind zerstört. Die erhaltenen verfügen über eine massive Kuppel, unter der sich eine Reliquienkammer mit einem Knochen, einem Gewand oder einer Schale eines buddhistischen Heiligen oder einer kurzen religiösen Inschrift befindet. Das verborgene Objekt diente als Verweis auf das Dharma, während die Stupa selbst ein Zeichen für den Buddha und sein *nirvana* war: eine Erinnerung an eine heilige Person wie an die buddhistische Religion und Philosophie.

Die Form der Stupa mit ihren sich abwechselnden quadratischen und runden Teilen hat kosmologische Bedeutung. Über einer quadratischen oder runden Basis erhebt sich die Kuppel *(anda)*; diese symbolisieren Erde und Himmel und gemeinsam das Universum. Im Inneren befindet sich der unsichtbare „Weltberg", der Erde und Himmel verbindet, während sich über der Kuppel eine quadratische Plattform *(harmika)* erhebt, die den Himmel der 33 Götter darstellt, die der Buddha besucht haben soll (s. S. 37). Die aus der *harmika* wachsende Spitze repräsentiert die Weltenachse, und die Spitze überragen Schirme (Emblem eines hohen Status in Indien), die die göttlichen Kräfte symbolisieren.

Die Kuppel hatte für gewöhnlich ein Steingeländer mit Reliefs religiöser Symbole und von Szenen aus dem Leben des Buddha, die auf die Laien zielten – das schmucklose Geländer in Sanchi scheint hier eine Ausnahme zu sein. Zum Wandelgang um die Kuppel gelangt man durch vier Tore. Die Gläubigen gingen in Uhrzeigerrichtung meditierend an den Reliefs am Geländer vorbei. Eine Pilgerreise zur Stupa wurde somit mit einer Pilgerreise um sie herum fortgesetzt.

DIE GROSSE STUPA IN SANCHI

Die Große Stupa in Sanchi mit ihren vier Toren *(toranas)* mit detailreich ausgeführten Reliefs ist ein Meisterwerk früher indischer Kunst und eines der großen Monumente der Welt. Sie

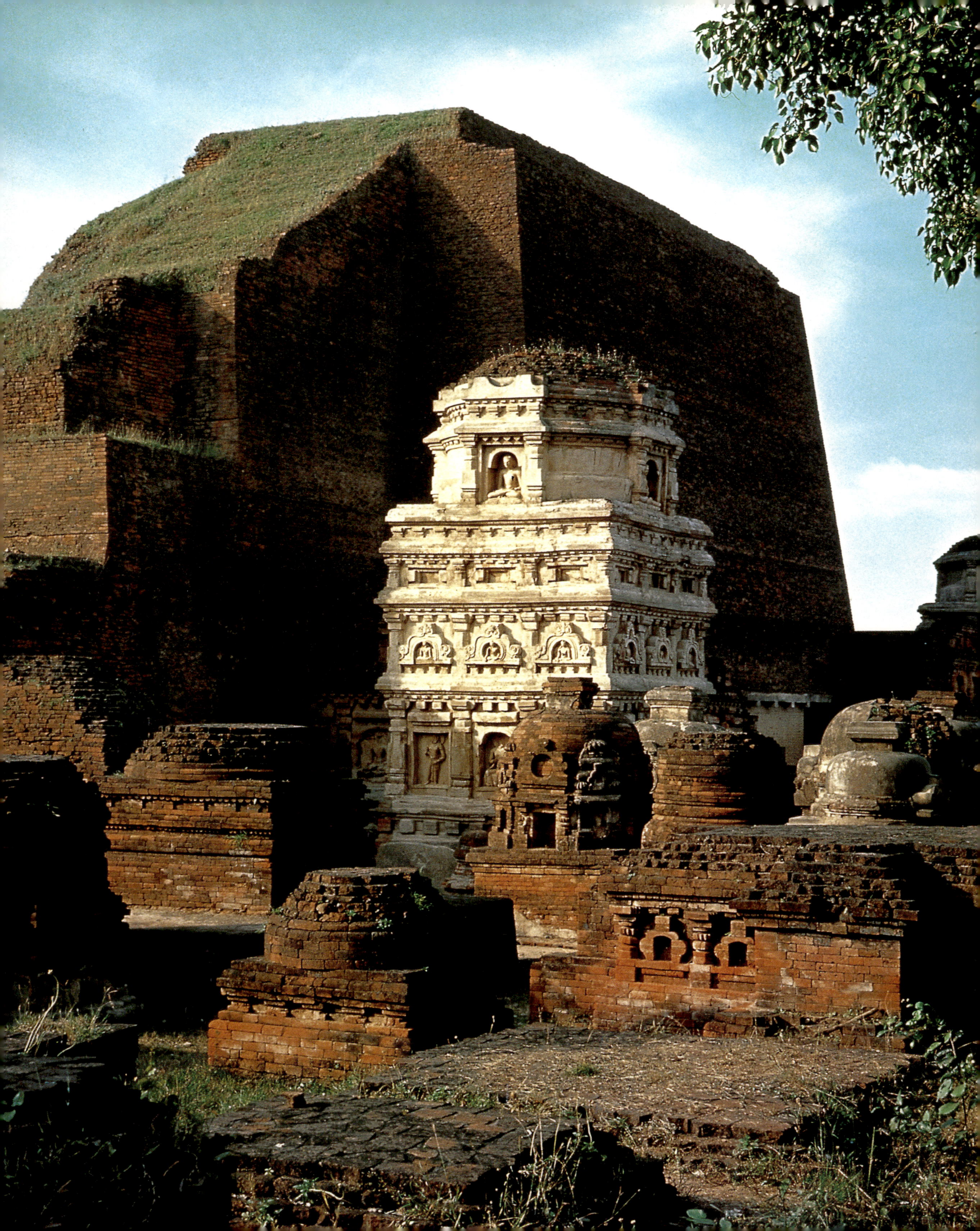

OBEN
Diese Kalksteintafel zeigt Anhänger des Buddha, die am *bodhi*-Baum beten, unter dem der Buddha die Erleuchtung erlangt hat. Dieses frühe Beispiel einer buddhistischen Schnitzerei stammt aus der Zeit, bevor der Buddha als Mensch dargestellt wurde: Er wird durch einen leeren Thron und Fußabdrücke mit dem Rad des Dharma darauf symbolisiert. Aus der Großen Stupa in Amaravati, Andra Pradesh, Indien, 1. Jh. v. Chr.

wurde von Ashoka errichtet, wie eine Darstellung des Herrschers bei einem Besuch des *bodhi*-Baums in Bodhgaya auf dem Westtor und Embleme des Löwen und des Pfaus der Maurya auf zwei Torbalken bezeugen, und im 1. Jh. v. Chr. in der Andhra-Dynastie vollendet.

Die nicht verzierte Oberfläche der Stupa steht in krassem Gegensatz zur Vielfalt der Formen auf den Toren, durch die der Besucher schreiten muss: Die Kuppel dient als Erinnerung an die erhabene und unteilbare Tatsache des *nirvana* des Buddha, während der Überfluss an symbolischen Figuren auf den *toranas* auf die blühende Natur sowie die anderen Volksreligionen neben dem Buddhismus verweist. Die eloquentesten Darstellungen dieser Naturkulte sind die weiblichen Gottheiten *(yakshis)* im nördlichen und östlichen Tor, insbesondere die hoch erotische, an einem Mangobaum lehnende *yakshi*, deren Sinnlichkeit in der Hindugöttin Lakshmi und Wasser sprühenden Elefanten auf einer

48 INDIEN UND ZENTRALASIEN

Tafel im nördlichen *torana* wiederholt wird. Ähnliche Motive und Bilder sind auf den Überresten der etwas früher entstandenen, aber nicht vollendeten Großen Stupa in Bharhut zu sehen und sind gleichzeitig Teil des reichen indischen Erbes des Buddhismus.

  Aber Sanchi wird von Bildnissen eines reineren Buddhismus dominiert, die die *Jataka*-Geschichten aus den früheren Leben des Buddha, religiöse Szenen, die Räder, Füße und *bodhi*-Bäume illustrieren, die zu dieser Zeit für die Symbolisierung der Gegenwart des Buddha verwendet wurden (s. auch S. 20–23). Die Tore wurden vermutlich von verschiedenen Mäzenen gestiftet und präsentieren damit auch eine wunderschöne ästhetische Vielfalt. Im Kontrast zu den frei und luftig ausgeführten *yakshis* sind auf den Kalkstein-Querbalken dicht gedrängte Szenen mit starker Dramatik und feinen Details dargestellt.

OBEN
Die Große Stupa in Sanchi mit der Kuppel und dem nicht verzierten Geländer des Wandelganges, auf dem sich die Pilger in Uhrzeigerrichtung bewegten. Zwei der monumentalen Tore *(toranas)* mit ihrer komplizierten und dichten Verzierung sind links zu sehen (s. auch S. 23). Errichtet von Herrscher Ashoka, vollendet im 1. Jh. v. Chr.

SCHREINE FÜR DAS DHARMA: DIE INDISCHE STUPA

DIE HERRLICHKEIT DER GUPTA
DIE HOCHZEIT DES INDISCHEN BUDDHISMUS

GEGENÜBER

Avalokiteshvara, der *bodhisattva* des Mitgefühls, wird auf diesem berühmten Wandgemälde aus Grotte 1 in Ajanta, Maharashtra, gezeigt. Der *bodhisattva* wird mit einer Krone und Schmuck in einer Haltung der stillen Aufmerksamkeit gegenüber den Leidenden der Menschheit dargestellt. Der Lotos *(padma)* in seiner rechten hand verweist auf seine Bezeichnung *padmapani* („Lotosträger"). Spätere Gupta-Dynastie, spätes 6. bis frühes 7. Jh.

Die großartigsten Beispiele der buddhistischen Kunst Indiens wurden während der Gupta-Dynastie (320–ca. 600) geschaffen. Sie wurde nach ihrem Begründer, König Chandragupta I., benannt, und die drei Jahrhunderte, die seiner Herrschaft folgten, gelten als das Goldene Zeitalter der nordindischen Kultur. Wie die europäische Renaissance war dies eine Periode, in der die Künste florierten. Es gab eine Reihe von Gupta-Prinzen, die selbst Künstler oder Gelehrte waren. Während der Gupta-Dynastie erreichten das Drama und die Poesie in Sanskrit ihren Höhepunkt. Das kann man an den Werken des indischen Shakespeare Kalidasa sowie an der Vollendung der großen Volksepen *Mahabharata* und *Ramayana* sehen. Die Gupta erlebten auch eine Hochzeit des Tempelbaus bei Hindus und Buddhisten, auch wenn heute viele dieser Bauten nicht mehr existieren. Zu den erhaltenen Beispielen gehören die aufwändig in Felsen gemeißelte *chaitya*-Halle (Schrein) mit ihrer detailreichen Fassade in Grotte 19 in Ajanta (s. unten) und der restaurierte neunstöckige Ziegelturm in Bodhgaya. Der chinesische Reisende Xuanzang (s. S. 111) beschrieb einen ähnlich beeindruckenden Tempel in Nalanda (s. S. 47), dem großen buddhistischen Lernzentrum in Nordostindien, aber davon ist nichts erhalten.

MALEREI UND SKULPTUREN BEI DEN GUPTA

Die grafische Kunst der Gupta wird durch die Wandgemälde und die Skulpturen in Ajanta und Ellora (heute Prov. Maharashtra) sehr denkwürdig dargestellt. Ajanta, das sich bei einer abgelegenen Schlucht an einer Flussbiegung befindet, besteht aus 30 Grotten, die für Mönchsbehausungen und *chaitya*-Hallen aus dem Felsen gemeißelt wurden. Die zwei riesigen *bodhisattvas* in Grotte 1 haben, wie der Kunsthistoriker A. K. Coomaraswamy meint, eine Perfektion erlangt, „in der das innere und äußere Leben unteilbar sind". Diese überlebensgroßen, aber gewichtslosen Figuren vermitteln eine visuelle Manifestation des Mitgefühls und der Entfernung der *bodhisattvas*, die wie durch die *sutras* des Mahayana hervorgerufen werden. Die Versuchung liegt nahe, sich vorzustellen, dass die Künstler der Gupta an das *Herz-Sutra* dachten, das beschreibt, wie der *bodhisattva* Avalokiteshvara „in tiefer transzen-

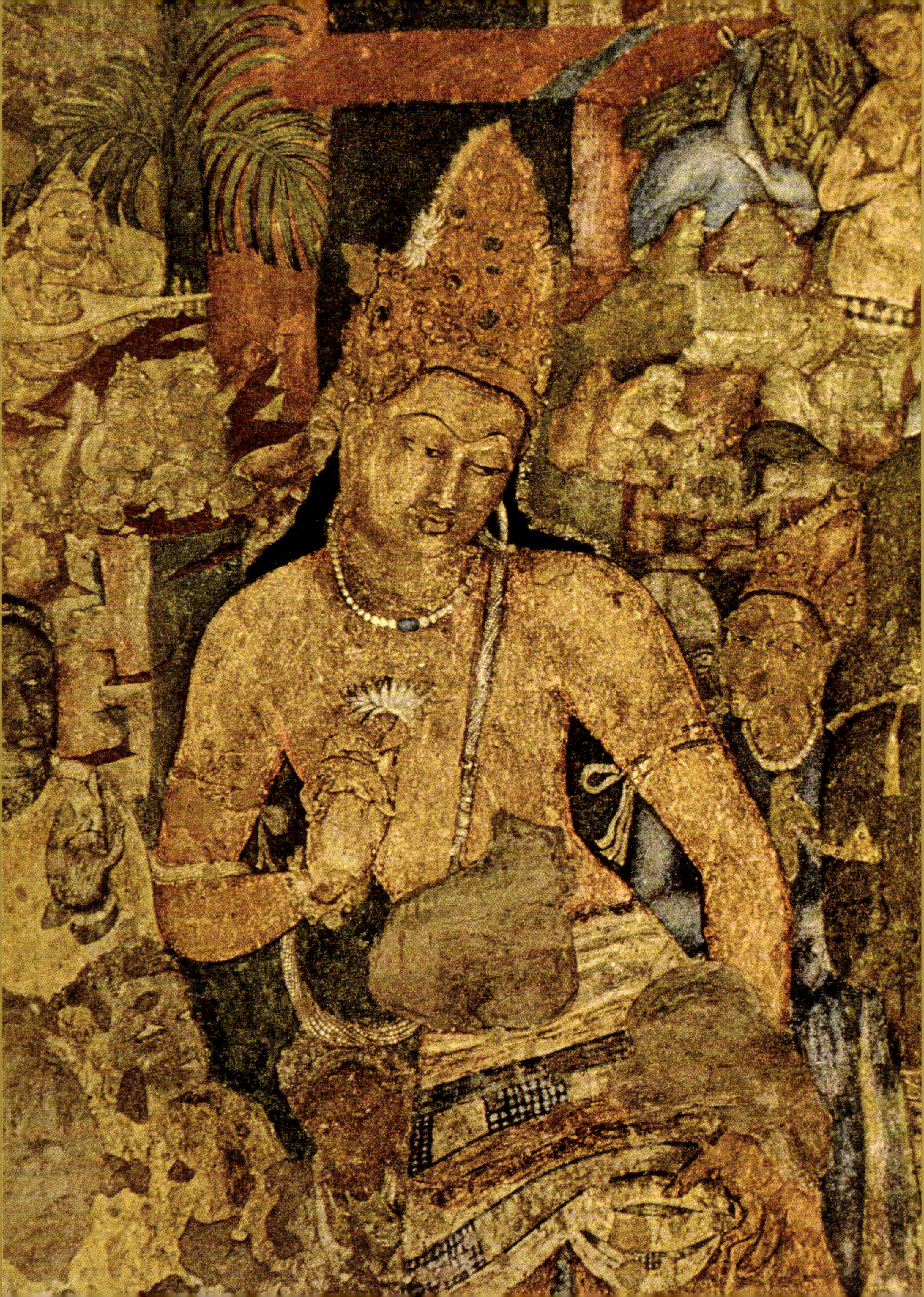

RECHTS

Der große Pyramidenturm erhebt sich 55 m über dem Mahabodhi-Tempel („Große Erleuchtung") in Bodhgaya nahe Patna in der heutigen Provinz Bihar. Der Tempel wurde in der späten Gupta-Dynastie nahe der Stelle errichtet, an der er vor dem Erlangen der Erleuchtung meditierte. Die heutige Konstruktion bewahrt im Wesentlichen ihre ursprüngliche Form, obgleich seit dem späten 19. Jh. viel restauriert wurde. Der Turm, eine der vier großen Pilgerstätten, die mit dem Leben des Buddha zusammenhängen, war auch eines der einflussreichsten buddhistischen Monumente, die heilige Bauten überall in der buddhistischen Welt inspirierten. Die Bekrönung mit ihrer Schirmspitze stammt als Motiv aus der Architektur der Stupas.

RECHTS

Diese Sandsteinfigur aus der Hochzeit der Gupta (5. Jh.) ist eines der besten Meisterwerke klassischer indischer Schnitzerei. Der Buddha sitzt in Lotosposition und macht die *dharmachakramudra*, die Geste, die das „Rad des Dharma" in Gang setzt und seine Lehre des Mittleren Pfades symbolisiert.

denter Weisheit strömt", der aber mit tiefem Verständnis und Mitgefühl auf das irdische Leben herunterblickt.

Die vielleicht großartigsten Kreationen der Gupta sind die frei stehenden buddhistischen Skulpturen. Einige Forscher sind der Meinung, dass diese Leistungen nur möglich wurden, nachdem die indischen Steinarbeiter die naturalistische griechisch-römische Darstellung aus Gandhara angepasst hatten. Sicher haben wir wie bei den gemalten *bodhisattvas* in Ajanta auch hier den Höhepunkt der klassischen Phase der indischen Fantasie, wie Coomaraswamy meint: „gleichzeitig gleichmütig und energetisch, spirituell und sinnlich", Fantasie, in der sich „die Energie aus der Form nach außen ausbreitet". Ob der humanistische Darstellungsimpuls aus Gandhara stammt oder nicht: Der Buddha der Gupta – wie auch bei singhalesischen, indonesischen und kambodschanischen Steinarbeitern – ist human und großartig, eine Annäherung des Irdischen und des Göttlichen, die vielleicht nie von Künstlern welcher Tradition auch immer übertroffen wurde.

DER AUFSTIEG DES MAHAYANA

Die künstlerischen Errungenschaften der Gupta waren Ausdruck zweier Strömungen. Einerseits gab es die Inspiration der Maler und Bildhauer, die die besten Elemente früherer Traditionen in die Verwirklichung einer „nationalen Kunst" einbrachten. Andererseits gab es neue Ideen, die den Buddhismus ausweiteten. Diese Ideen waren im Mahayana (s. Einleitung) enthalten, das viele Formen mit einen weit reichenden Einfluss annahm – einige waren populär, andere akademisch und verworren –, als es sich nach Ostasien, Indonesien und Tibet ausbreitete.

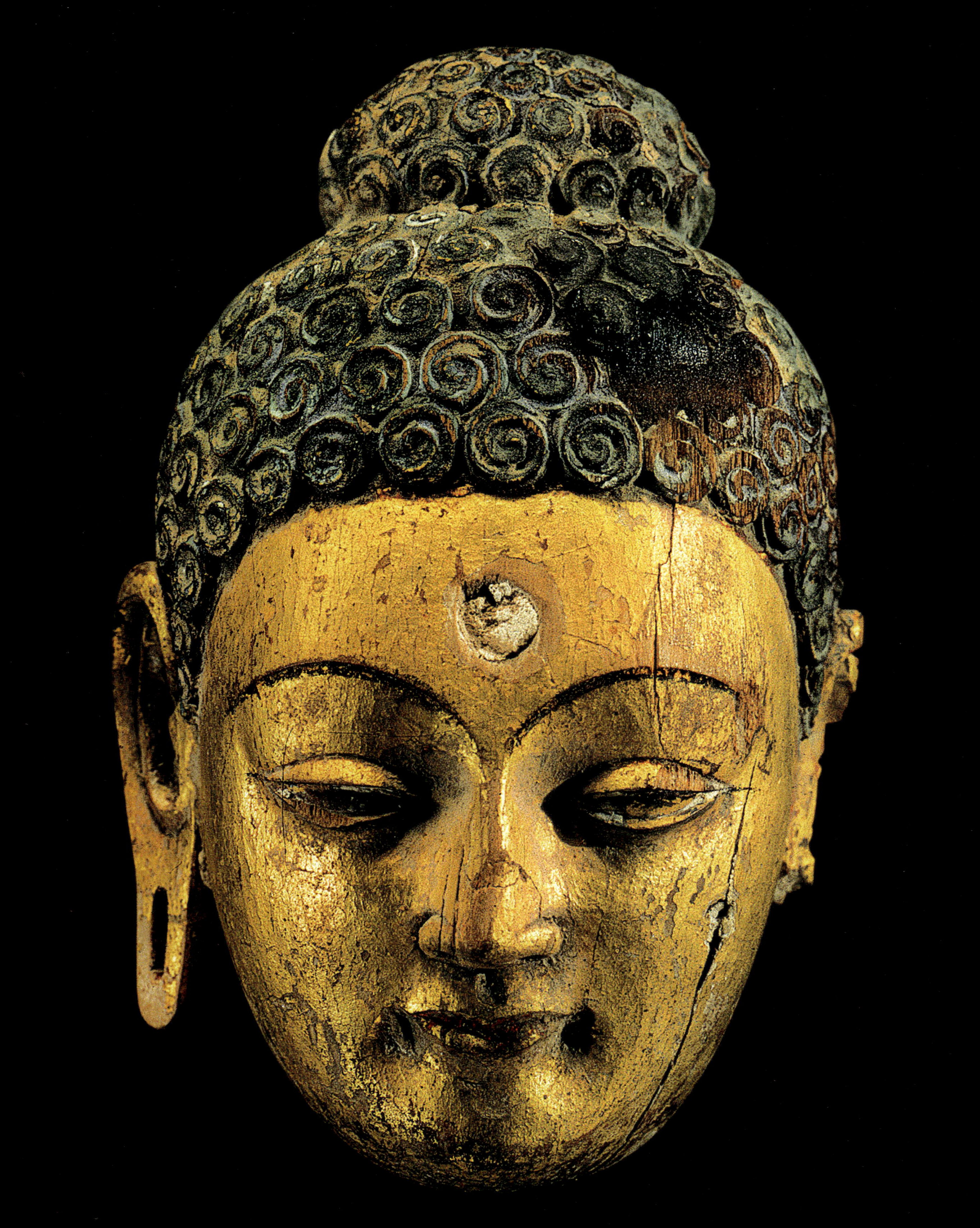

Experten glauben, dass sich das Mahayana („Großes Fahrzeug") in Süd- oder Nordwestindien entwickelt hatte und eher durch Diskussionen denn in Auseinandersetzung mit buddhistischen Traditionen entstand, die das Mahayana Hinayana („Kleines Fahrzeug") nennt. Alle Mahayana-Texte entstanden nach dem Tod des Buddha, aber einige Mahayanisten behaupteten, dass sie Lehren darstellten, die der Buddha zurückgehalten hatte, die aber von *naga*-Gottheiten (Schlangen) in einem Höllenkönigreich aufbewahrt wurden. Einige dieser *sutras* sind sehr poetisch: so das *Sutra des Reinen Landes (Sukhavativyuha-Sutra)*, ein Sanskrit-Werk, das ein westliches Paradies oder „reines Land" ausruft, das allen Treuen offen steht. Dieses *sutra* war am engsten mit chinesischen und japanischen Heilssekten des Reinen Landes verknüpft (s. 4. Kap.). Ein anderes sehr einflussreiches Werk war das *Lotos-Sutra (Saddharmapundarika-Sutra)*, das ein mitfühlendes Dharma lehrte.

An den Mahayana-Klöstern im Süden und Nordwesten und an der buddhistischen Universität in Nalanda im heutigen Staat Bihar entstand ein strengeres und spekulativeres Dharma aus den Schriften von Philosophen wie Nagarjuna, Vasubhandu und Asanga. Diese untersuchten viele der mächtigen und fundierten Lehren, die mit den Ideen des Selbst und der „Leere" verbunden waren, die im frühen Buddhismus dargelegt, aber nicht voll entwickelt wurden. Nalanda selbst war für über 600 Jahre bis zu seinem Niedergang im 12. Jh. das größte Zentrum buddhistischen Lernens. Zu den frühen Mahayana-Texten, die in den ersten Jahrhunderten n. Chr. in den größeren indischen Klöstern verfasst wurden, gehört die umfangreiche Literatur der *Prajnaparamita* („vollkommene" oder „transzendente Weisheit"). Das kurze *Herz-Sutra* (s. S. 155) ist eine Zusammenfassung davon.

Obwohl der indische Buddhismus dem Druck der hinduistischen Erweckungsbewegung und den islamischen Angriffen zwischen dem 6. und dem 12. Jh. nicht standhielt und große Bibliotheken wie die in Nalanda zerstört wurden, begann das Mahayana in China, Korea, Japan und Tibet ein neues Leben. Während diese vitale neue Bewegung also in ihrer Heimat nur ein kurzes Dasein führte, schulden ihr alle Schulen des Fernen Ostens und des tibetischen Buddhismus ihre Existenz.

GEGENÜBER

Die Gesichtszüge und der gleichmütige, kontemplative Ausdruck dieses 13 cm großen vergoldeten Holzbuddha aus Zentralasien widerspiegelt die Bildhauerei in der indischen Gupta-Dynastie. Das dichte gelockte Haar mit einem Haarknoten, die langen Ohrläppchen und die runde *urna* auf der Stirn, die einst einen Edelstein hielt, stammen auch aus der indischen Bildhauertradition. Aus Tumshuk (heute Prov. Xinjiang, China) im nördlichen Teil der Seidenstraße, 5.–6. Jh.

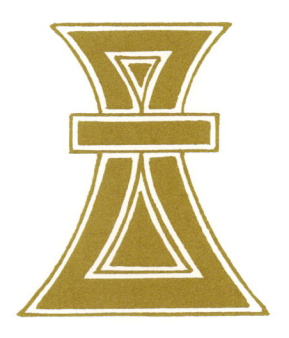

VERLORENE SCHÄTZE

DAS DHARMA AN DER SEIDENSTRASSE

UNTEN
Buddhistische Mönche, Kopisten, auf einem Wandgemälde aus dem 8. Jh., gesammelt von Sir Aurel Stein in einem Kloster an der Seidenstraße in Karashahr. Die Mönche schreiben in einer Grotte mit Pinseln auf bearbeiteten Palmblättern. Ihre Gesichter zeigen die Integration des indischen und des zentralasiatischen Stils, die typisch für die Malerei an der Seidenstraße war.

Wenn man von der Geschichte des Buddhismus im riesigen zentralasiatischen Gebiet, das Gandhara und Westchina trennt, spricht, ist das die Geschichte sowohl des Reisens auf der Seidenstraße als auch die der Niederlassung in wichtigen Städten und Klöstern wie Kashgar, Kucha, Turfan und Hotan. Aber das größte Terrain, durch das Händler und Mönche nach Dunhuang in Westchina (s. S. 114–117) und zurück reisen mussten, waren wilde Landschaften mit Bergen, schwierigen Pässen und nicht zuletzt den steinigen Wüsten Gobi und Taklamakan – eine schwierige Reise von mehr als 5.000 km.

Es muss aber noch etwas hinzugefügt werden: die häufig wechselnden Stammesvölker von Jäger- und Hirtennomaden sowie arabische, tibetische, uigurische, chinesische und Turkherrscher mit ihren häufig wechselnden Allianzen und unvorhergesehenen Haltungen gegenüber Wanderpredigern und ihrem Eigentum. Bis zum 11. Jh. aber machten neue Seerouten von Indien und dem Nahen Osten nach China solche heldenhaften Überlandreisen überflüssig, viele Reisende überlebten, wurden reich und nahmen nicht zuletzt Ideen und Religionen in die entferntesten Gebiete der Erde mit.

BUDDHISTISCHE MISSIONEN

Der Buddhismus war nicht die einzige Religion, die auf den trockenen Pfaden der Seidenstraße nördlich

INDIEN UND ZENTRALASIEN

RECHTS
Dieser mit 53 m Höhe einst größte Buddha der Welt aus Sandstein stand bis 2001 im afghanischen Tal von Bamiyan. Der zwischen dem 2. und 5. Jh. geschaffene Buddha war ursprünglich mehrfarbig und mit Gold bemalt und mit Schmuck verziert.

und südlich des Tarimbeckens (s. S. 7) reiste. Christen, Juden, Manichäer und Muslime folgten auch diesem Weg. Religiöse Überzeugungen wurden von vorbeiziehenden Händlern verbreitet, die selbst zu anderen Religionen konvertiert wurden. Im Falle des Buddhismus jedoch fiel die Aufgabe der Bekehrung nicht den Kaufleuten, sondern den Missionaren aus Indien, Gandhara und Sogdien zu, die die buddhistischen Texte und Lehren über die gleichen einsamen Handelsrouten transportierten und in vielen zentralasiatischen Oasenstädten Gemeinden gründeten. Damit schufen sie Zentren der Gelehrsamkeit und der Verehrung und die ersten Populationen buddhistischer Konvertiten außerhalb der Grenzen des indischen Subkontinents.

Die Verbreitung des Buddhismus von Gandhara, über diese Region bis nach China begann vermutlich schon kurz vor der Zeitenwende. Die ersten buddhistischen Missionare kamen aus den Sekten der Dharmaguptaka und der Sarvastivada aus der Bergregion von Sogdien nördlich von Gandhara während Priester aus den Gebieten des heutigen Afghanistan und Kaschmir zur gleichen Zeit wohl Mahayana-Literatur in buddhistische Zentren wie Hotan brachten. Das Ergebnis dieser kleinen, aber konstanten Wanderung von Missionaren und Pilgern war vielfältig: Einerseits verbreiteten sie Ideen, die sich schließlich zu den fernöstlichen buddhistischen Sekten wie Chan und Zen entwickelten. Andererseits

GEGENÜBER

Eine Göttin und ein himmlischer Musiker, Teil eines Wandgemäldes aus dem Jahre 600 aus einem Grottentempel in Kizil, jetzt in einem Berliner Museum. Kizil, das etwa 57 km nordwestlich von Kucha in der heutigen Provinz Xinjiang liegt, war vom 3. bis zum 8. Jh. ein führendes Zentrum des Buddhismus im Norden der Taklamakan. Viele der 240 Grotten sind mit Wandgemälden in blauer und grüner Palette gemalt, die die Kunst der Region Kucha auszeichnet.

schufen sie über die Jahrhunderte eine ausgeprägte zentralasiatische Form des Buddhismus, von der bedeutsame, aber oft nicht interpretierbare Spuren erhalten sind.

Archäologische Expeditionen in der Region begannen im frühen 20. Jh. mit dem Gelehrten Sir Aurel Stein und sie werden bis heute fortgesetzt. Diese Reisen haben viel vom Wissen einer buddhistischen Welt zurückerobert, deren materielles Leben unter einem doppelten Druck zerfiel: zum einen das extreme Klima, zum anderen die sich verändernden politischen und demografischen Bedingungen, insbesondere die Ankunft des Islam gegen Ende des 1. Jts. Obwohl die Wüste ganze Städte und Klöster ausgelöscht hat, sind durch das trockene Klima Tausende Manuskripte und Inschriften sowohl in heiliger als auch in der Volkssprache erhalten: von Briefen über Militärdokumente und Handelsinventare bis zu hoch komplexen buddhistischen *sutras*. Heute enthüllen diese Dokumente ein dramatisches Panorama des Lebens und des Denkens, das in seiner Vielfalt fasziniert und sagenhaft ist.

BUDDHISTISCHE KUNST ZENTRALASIENS

Wie in Dunhuang reichlich zu sehen ist, hat sich die Kunst in Zentralasien aus Stilen entwickelt, die die Künstler aus Indien und Gandhara nach Osten mitgebracht haben. Die eindrucksvollsten Überreste auf der südlichen Route sind Gemälde und Skulpturen in Hotan in einem lockerer gewordenen Stil aus Gandhara, während Fresken aus dem 9. Jh. in den „Tausend-Buddha-Höhlen von Bäzäklik" etwas von der feierlichen Gelassenheit bewahren, die sowohl Gupta als auch Gandhara eigen war. Die riesigen Figuren von Buddha Vairochana und Buddha Shakyamuni, die in die Felsen des etwa 240 km von Kabul entfernten Bamiyan gemeißelt wurden, waren bis vor kurzem die am in den Ländern an der Seidenstraße (s. S. 57) besten erhaltenen Exemplare des Hingabe des Mahayana. Diese beiden Buddhas, die schon der chinesische Mönch Xuanzang in seinem Bericht seiner Pilgerreise im Jahre 630 beschrieb, wurden im März 2001 durch ein intolerantes Regime zerstört. Obwohl es Pläne für ihre Wiederherstellung gibt, bedeutet die Zerstörung der ursprünglichen Skulpturen einen unermesslichen kulturellen Verlust.

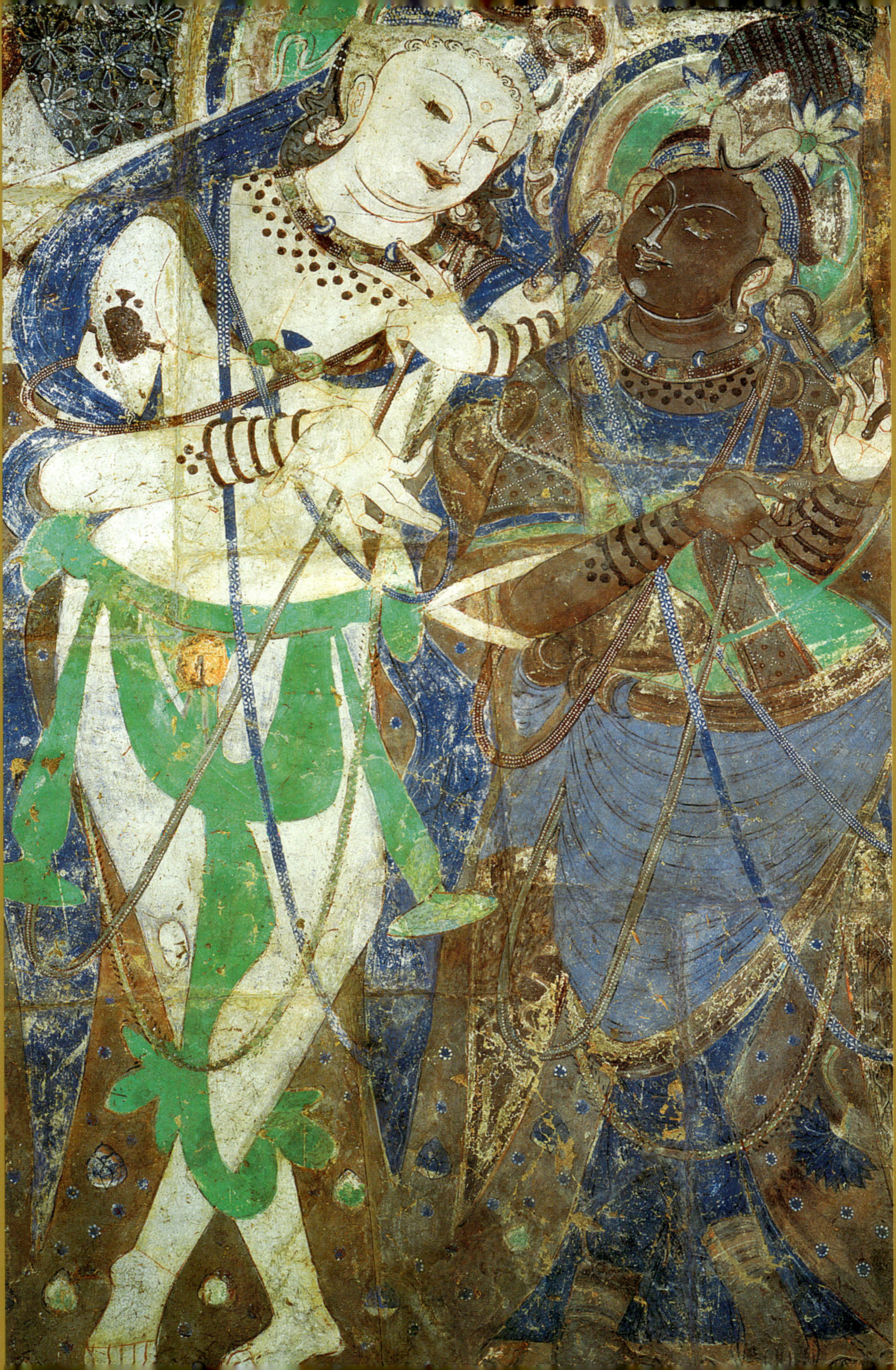

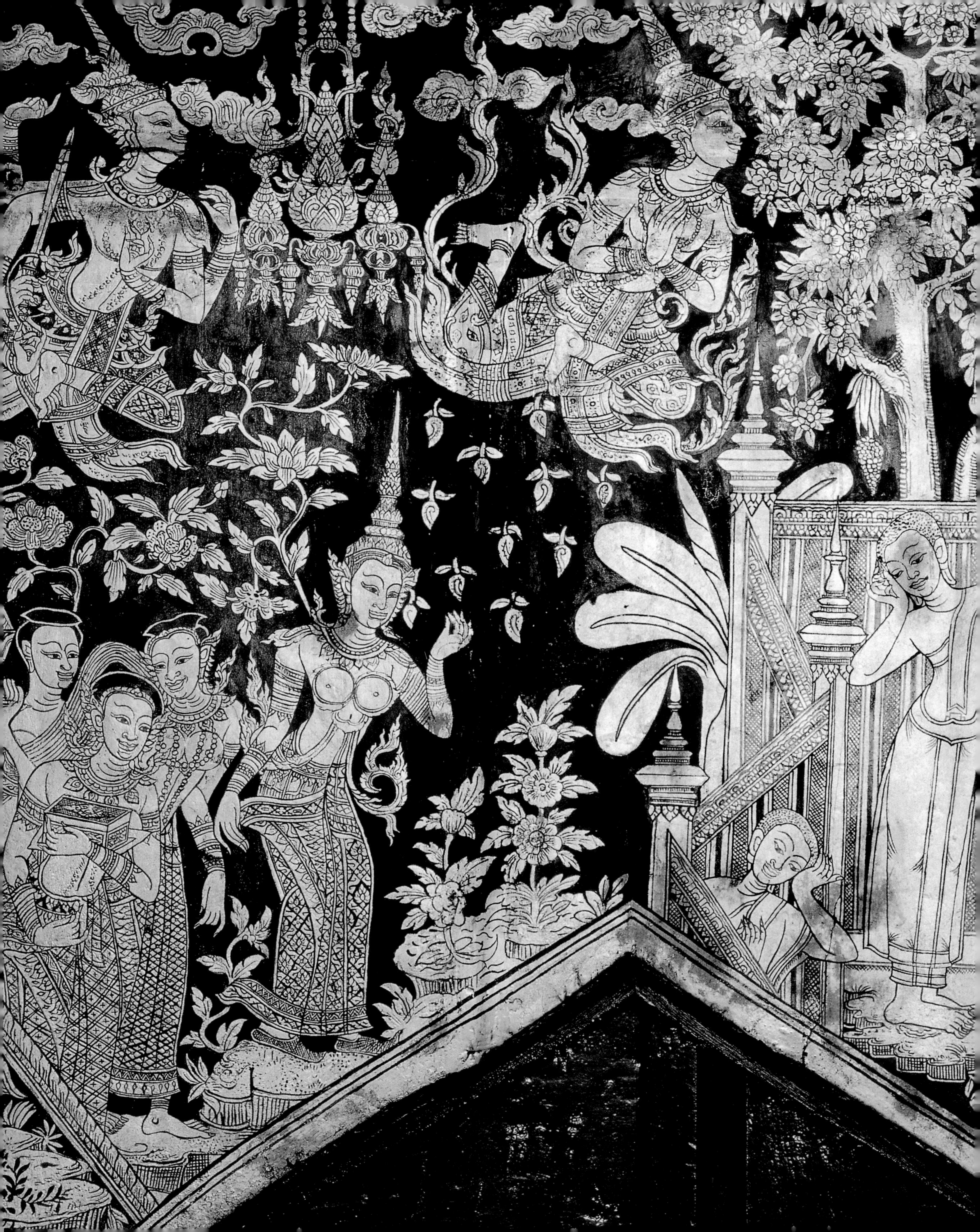

Drittes Kapitel

SRI LANKA UND SÜDOSTASIEN

DIE SÜDLICHE TRADITION

GEGENÜBER
Detail einer Tafel mit Schwarzgoldlack-Malerei im Lack-Pavillon im Suan-Pakkad-Palast in Bangkok, Thailand. Es zeigt, wie der Buddha von einer Prinzessin (links), seinem Schüler Ananda (rechts) und Gottheiten betrauert wird. Datiert auf die Herrschaft von König Narai („der Große", 1656–1688). Die Holztafeln gehörten ursprünglich zu einem Gebäude in Ayutthaya.

SRI LANKA

INSEL DES DHARMA

RECHTS
Vergoldete Bronzefigur des meditierenden Buddha, ca. 800. Er ist 33,5 cm hoch und trägt Spuren roter Farbe. Gefunden wurde er im Veragala-Sirisangabo-*vihara* (Kloster) in Ällaväva nahe der antiken Hauptstadt Anuradhapura. Der gleichzeitig gezügelte und sinnliche Stil ist typisch für die Buddha-Bilder in Sri Lanka.

Der Buddhismus kam im 3. Jh. v. Chr. als Teil der Missionstätigkeit von Ashoka der Maurya (s. S. 42–44) von Indien nach Sri Lanka. Er soll seinen Sohn Mahinda auf die Insel geschickt haben, um dessen König Devanampiyatissa zum Buddhismus zu bekehren. Dieses Ereignis wird noch heute in Sri Lanka auf dem Poson-Festival begangen. Es findet im Mai oder Juni bei Vollmond statt und lockt Pilger aus dem ganzen Land nach Anuradhapura, der antiken Hauptstadt, und nach Mihintale, der ältesten buddhistischen Stätte von Sri Lanka, 13 km von dem Ort entfernt, an dem Mahinda zuerst das Dharma lehrte.

Anuradhapura wurde zum Mittelpunkt der Sangha von Sri Lanka, die sich bis zum 3. Jh. n. Chr. in drei Schulen geteilt hatte. Jede Schule hatte ihr eigenes Kloster in der Hauptstadt: der Mahavihara („Großes Kloster"), der von Mahinda gegründet wurde (3. Jh. v. Chr.), der Abhayaghirivihara (1. Jh. n. Chr.) und der Jetavana (3. Jh. n. Chr.). Diese Teilung sollte nicht als absolute Abspaltung begriffen werden. Trotzdem gibt es Unterschiede zwischen ihnen: So sind offensichtlich Abhayaghirivihara und Jetavana empfänglich für die Mahayana-Ideen. Das lässt sich durch Belege für den Kult des Avalokiteshvara (Lokeshvara) und Tara, *bodhisattvas* des Mitgefühls, erkennen.

DIE TEXTE ZU PAPIER BRINGEN

Als Mahinda in Sri Lanka ankam, gab es noch keine buddhistischen Schriften. Zu dieser Zeit wurden die Lehren des Buddha auswendig ge-lernt und

RECHTS
Diese hervorragende Figur stellt die *bodhisattva* Tara, das weibliche Gegenstück zu Avalokiteshvara, dar. Ihre rechte Hand verkörpert die Geste des Gebens. Die Königin, die vermutlich einst mit Juwelen verziert war, ist ein weiteres Zeugnis für das Mahayana in Sri Lanka. Vergoldete Bronze, in einem Stück gegossen. 8. Jh.

mündlich weitergegeben. Das Dharma wurde erst im 1. Jh. v. Chr. aufgeschrieben: 500 *arhats* aus Sri Lanka sollen sich in Aluvihara versammelt haben, um alle Lehren des Buddha und die Kommentare dazu in der Sprache Pali aufzuschreiben. Die Entscheidung, die Lehren zu verschriftlichen, wurde vermutlich aus zwei Gründen getroffen: Einerseits gab es den Druck der kriegsbedingten sozialen Zerrüttung, andererseits den Wunsch des Mahavihara, seine Ansprüche auf Orthodoxie angesichts der Lehrenrivalität in der Sangha aufrechtzuerhalten. Der Pali-Kanon und die Tradition der schriftlichen Kommentare in Sri Lanka wurden Standard für das Theravada (s. S. 10), und zwar bis heute. Dies gelang dank der Bemühungen des großen indischen Gelehrten Buddhaghosa, der die singhalesischen Kommentare im 4. Jh. verglich, ins Pali übersetzte und sie dem Mahavihara übergab.

DER STAAT UND DIE SANGHA

Von Anfang an – mit der Bekehrung eines Königs durch den Sohn eines anderen – war der Buddhismus in Sri Lanka eng mit dem Königtum verbunden, und die enge Beziehung der Sangha mit dem Staat charakterisiert auch andere Länder wie Burma und Thailand. In diesen Länder wurde die königliche Protektion zu einem Schlüsselfaktor bei der Bewahrung und Erweiterung buddhistischer Einrichtungen und ein Mittel, durch das die einander folgenden Herrscher den wichtigen buddhistischen Prinzipien der Spende *(dana)* und der Großzügigkeit *(shila)* Ausdruck verliehen. Das erklärt die eindrucksvollen Monumente in der alten Hauptstadt Anuradhapura und im nahe gelegenen Mihintale, wo Mahinda zuerst eine Lehrrede an König Devanampiyatissa hielt. Die Bauten in der späteren Hauptstadt Polonnaruwa (ab dem 9. Jh.), die einen hinduistischen und

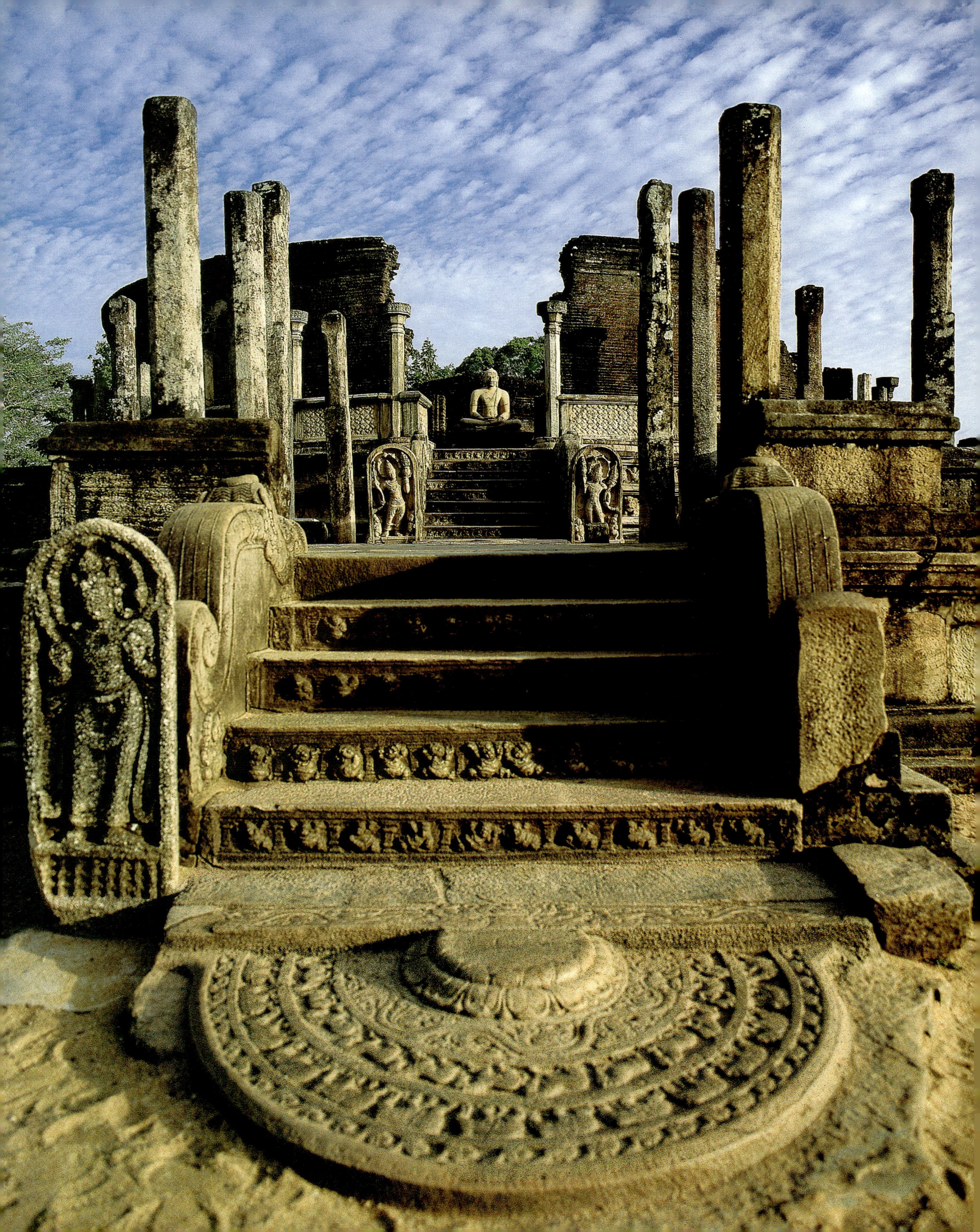

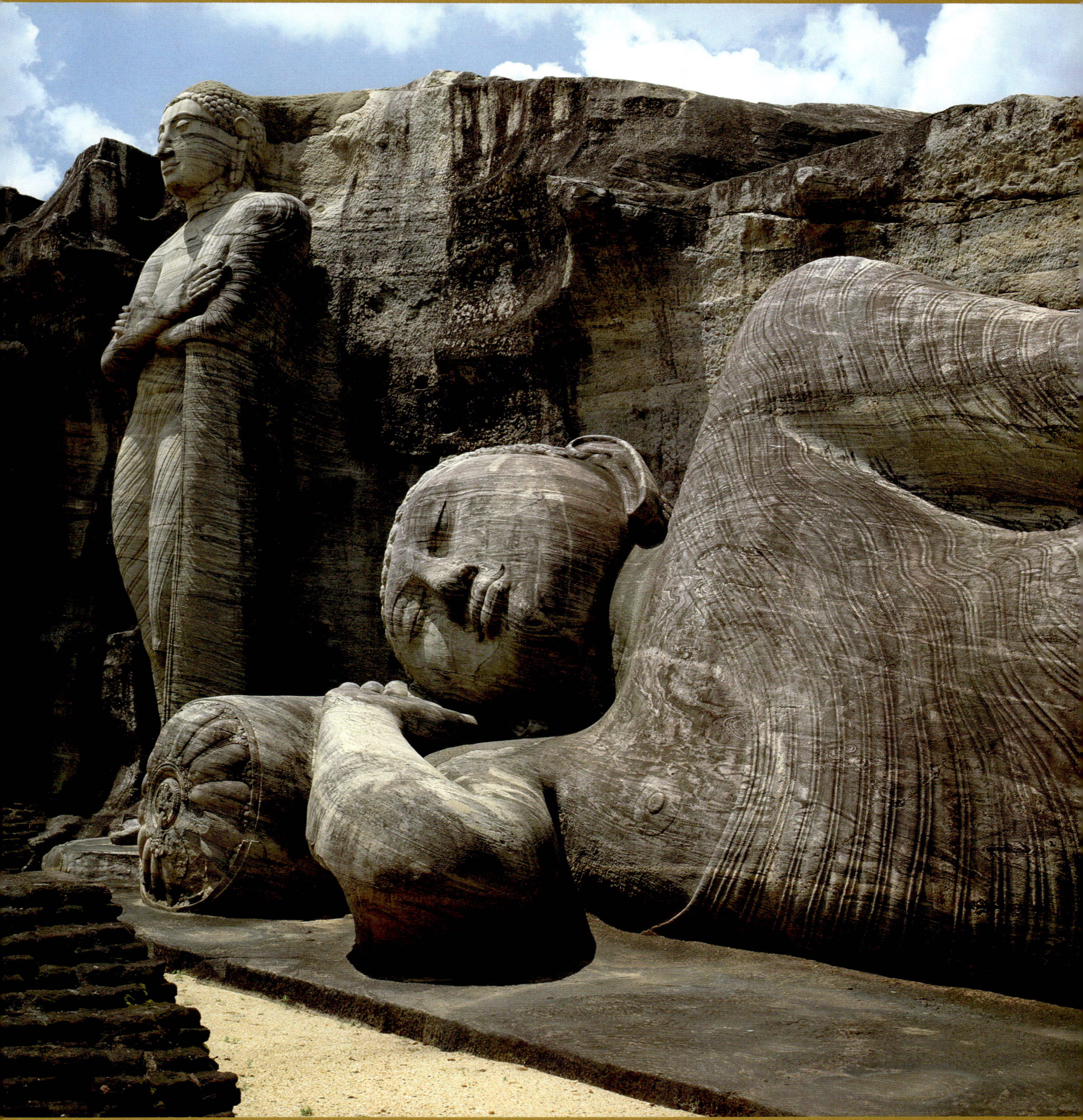

SEITE 64
Reliquienschrein (*vatadage*) in Polonnaruwa, der mittelalterlichen Hauptstadt von Sri Lanka. In diesem jetzt dachlosen Rundbau befand sich eine Stupa, die früher vermutlich die berühmte Zahnreliquie des Buddha enthalten hat. Der Schrein wird umgeben von Terrassen mit frei stehenden Säulen (s. auch S. 34–35).

SEITE 65
Liegender Buddha in Gal Vihara, Polonnaruwa. Die 14 m lange Figur stellt die letzten Momente des Buddha vor dem Übertritt ins *parinirvana* dar. Der links stehende Buddha ist 7 m hoch. Beide werden auf das 12. Jh. datiert.

GEGENÜBER, OBEN
Ein Wandgemälde aus dem 18. Jh. aus Dambulla stellt den Gleichmut des sterbenden Buddha dar, während seine Anhänger mit Trauer oder Gleichmut reagieren, je nach dem Niveau ihres spirituellen Fortschritts.

GEGENÜBER, UNTEN
Die Felsenfestung in Sigiriya aus dem 5. Jh.n. Chr. ist eine Kombination aus unbezwingbarer Feste und Mönchsrefugium. Ihre Galerie von Felsengemälden zeigt u. a. diese Jungfrauen mit Blumen.

Mahayana-Einfluss zeigen, sind sogar noch aufwändiger (s. Bilder der heutigen Ruinen, S. 64–65).

Alle drei Schulen in Sri Lanka wurden auf königliche Veranlassung gegründet, aber im 12. Jh. vereinigte König Parakramabahu I. die Schulen unter der Führung des Mahavihara als Teil einer großen Reform der Sangha. Die Umbrüche dieser Zeit führten auch zum Ende der weiblichen Nonnenlinie der Sangha und zur dauerhaften Verlegung der königlichen Hauptstadt von Anuradhapura nach Polonnaruwa.

Das 9. bis 12. Jh. war die Hochzeit der buddhistischen Zivilisation von Sri Lanka: Die Sangha war eine privilegierte Gruppe, deren Oberhäupter mit den herrschenden Eliten eng verbunden waren. Kriege und Überfälle von Südindien führten jedoch zum Niedergang der Sangha und zur Besetzung eines großen Teils der Insel durch Portugal (1505–1658), Holland (1658–1796) und England (1796–1948). Zeitweise musste die Sangha in dieser langen Periode die anderen Theravada-Staaten um Hilfe zur Weiterführung der Linie ihrer höheren Ordination bitten.

Nach dem Fall des unabhängigen Königreiches Kandy an die Briten geriet Sri Lanka 1815 völlig unter ausländische Kontrolle. Die staatliche Unterstützung der Sangha wurde durch die Gleichgültigkeit und offene Feindseligkeit der Kolonialbehörden dem Buddhismus gegenüber ersetzt. Begleitet wurde dies durch die Ankunft christlicher Missionare. Ab dem späten 19. Jh. jedoch regten am Buddhismus interessierte Menschen aus dem Westen und ein singhalesischer buddhistischer Nationalismus eine Wiederbelebung in der Sangha an, die dann bis zur Erlangung der Unabhängigkeit 1948 wieder florierte.

BUDDHARELIQIEN
Ein starker Aspekt der Lehre und der Kunst des Theravada ist die beispielhafte Figur des historischen Buddha wie auch seiner früheren Inkar-nationen, wie sie in den *Jataka*-Geschichten erzählt werden. Monumentale Buddha-Figuren sind charakteristisch für

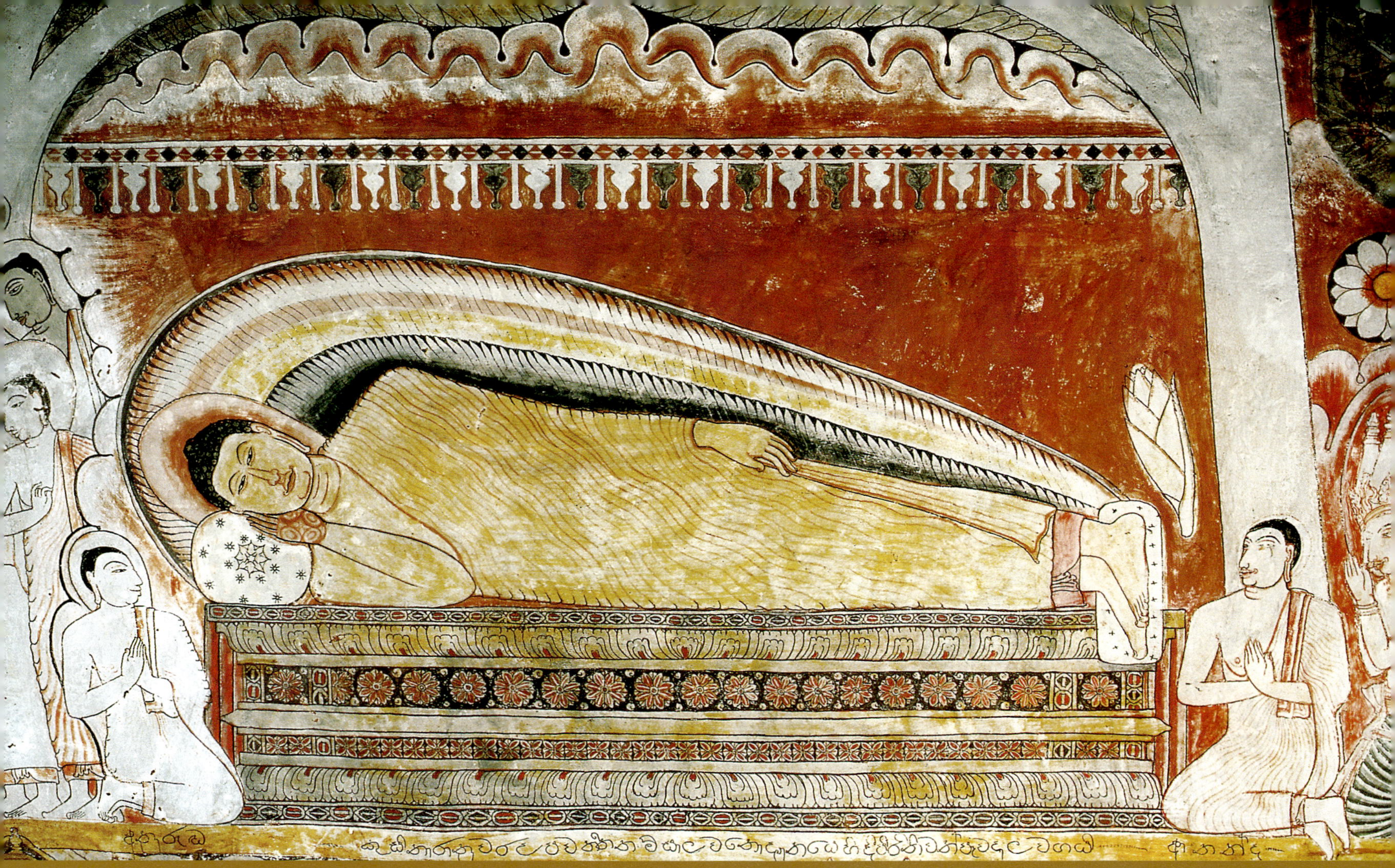

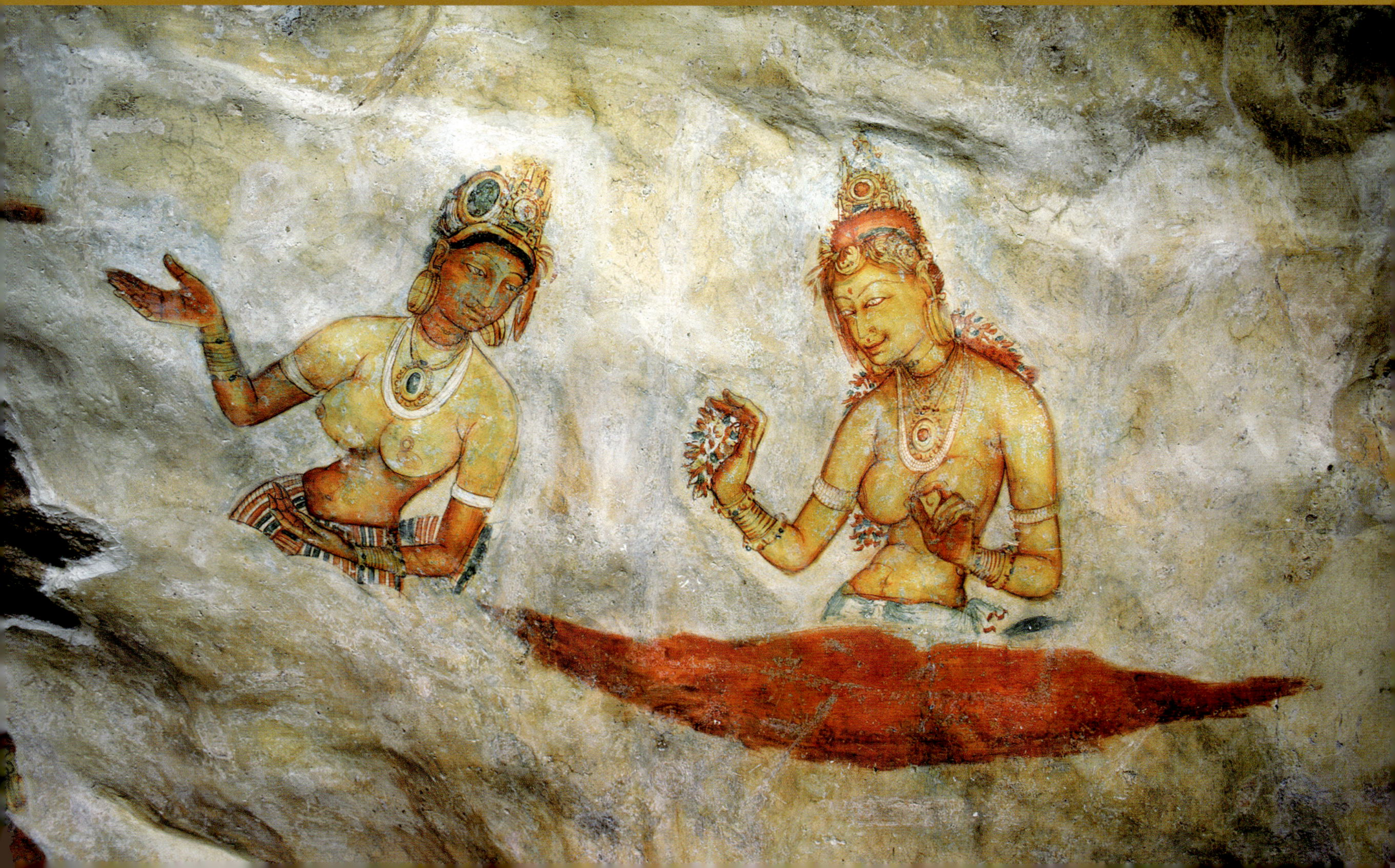

Sri Lanka, so die Statuen, die aus einem riesigen Granitblock in Polonnaruwa (s. S. 65) gehauen wurden, und andere gewaltige Skulpturen in Aukana und an anderen Orten.

Die zentrale Bedeutung des persönlichen Beispiels des Buddha wird in der großen Hingabe an seine Reliquien widergespiegelt. Antike Chroniken behaupten, der Buddha habe drei Reisen nach Sri Lanka unternommen und an Orten Halt gemacht, die später durch Reliquienschreine geheiligt wurden: so in Mihintale und auf dem Berg Sri Pada (sansk.: „heiliger Fuß"), wo der Buddha angeblich einen Fußabdruck hinterlassen hat. Mahinda ließ im 3. Jh. v. Chr. Reliquien aus Indien holen, u. a. die Almosenschale und den rechten Schlüsselbeinknochen des Buddha. Später wurde eine Haarreliquie auf die Insel gebracht, der im 5. Jh. die berühmteste Reliquie, ein Zahn des Buddha, folgte. Der Zahn wird heute im Zahntempel in Kandy aufbewahrt und in täglichen Ritualen sowie einmal jährlich bei den Esala-Perahera-Prozessionen verehrt.

Reliquien waren in Stupas untergebracht, die wie in frühen indischen Stätten in einem Klosterkomplex standen. Die Stupa in Sri Lanka, die *dagoba*, hat in meist eine runde Kuppel auf einem quadrati-

68 SRI LANKA UND SÜDOSTASIEN

schen Unterbau und wird von einer konischen Spitze, die einen Schirm darstellt, gekrönt, die wiederum einen kleineren quadratischen Unterbau, die *harmika*, hat. Die Ruvan-velisaya-Stupa in Anuradhapura (3. Jh. v. Chr.) mag als gutes Beispiel dafür gelten. Eine bemerkenswerte Variante ist die *vatadage*. Hier wird die Stupa auf der obersten von mehreren Terrassen in einem überdachten Rundbau eingeschlossen. In Polonnaruwa und dem nahe gelegenen Madirigiriya (s. S. 34–35 und 64) hat die *vatadage* Eingänge, die in die vier Himmelsrichtungen zeigen. Am Fuße der Treppe zu jedem Eingang befindet sich ein „Mondstein", eine in der Architektur von Sri Lanka verbreitete halbrunde Reliefplatte, ganz oben ist ein sitzender Buddha.

Eine andere namhafte Variante der Stupa ist ein Bau in Anuradhapura, in dem sich der Sri Mahabodhi befindet, der verehrte Baum, der aus einem Zweig des ursprünglichen *bodhi*-Baums in Bodhgaya gewachsen ist. Diesen Zweig brachte Sanghamitta, die Schwester von Mahinda, 249 v. Chr. auf die Insel. Da es sich um einen lebendigen Baum handelt, friedet der flache Bau einfach das Stück Erde, auf dem der Baum steht, ein und ist oben offen.

GEGENÜBER
Vergoldeter Bronzebuddha aus dem 18. Jh. unter einem silbernen Zeremoniebogen (der auch in Südindien anzutreffen ist). Die rechte Hand hebt er zur *vitarka mudra*, der Geste der Unterweisung). Der Bogen wird vom Glück bringenden Löwenkopf gekrönt, der aus den Kiefern der mythischen *makaras* (Seemonster) erwachsen.

RECHTS
Elfenbeinfigur aus Kandy, der Hauptstadt des letzten Königreichs von Sri Lanka (1592–1815). Solche Arbeiten waren hoch geschätzt. Dieser Buddha aus dem 18. Jh. trägt ein eng plissiertes Gewand mit freier rechter Schulter. Die rechte Hand ist zur *vitarka mudra* erhoben. Die Handfläche ist mit Glück bringenden Zeichen verziert.

BUBBHISTISCHE SCHRIFTEN
DIE KUNST DES BUCHES

UNTEN
Teil eines Pali-Manuskripts in burmesischer Schrift auf einem versilberten Palmblatt mit schwarz lackierten Rändern. Es ist ein Text über das „In-Gang-Setzen des Rads des Dharma", der ersten Lehrrede des Buddha nach seiner Erleuchtung, mit der seine fundamentale Lehre begann, z. B. über die Vier Edlen Wahrheiten (s. S. 26–28). Die Verzierungen links und rechts stellen das „Rad des Dharma" dar, ein Symbol, das im frühen Buddhismus für den Buddha selbst stand. Burma, ca. 1800.

Nachdem im 1. Jh. v. Chr. der Pali-Kanon aufgeschrieben worden war (s. S. 63), wurde das Kopieren und Verbreiten buddhistischer Schriften eine bedeutende und verdienstvolle Tätigkeit. In den Gebieten des Mahayana wurde dafür ein beträchtlicher Eifer entwickelt, weil es ein großes Interesse daran gab, die Lehre so weit wie möglich zu verbreiten. Das älteste Medium, auf das geschrieben wurde, waren polierte Blätter der Talipot-Palme *(Corypha)*, die auf dem Subkontinent lange verwendet wurden. Das früheste Palmblattmanuskript ist *Die Vollkommenheit der Weisheit* des Mahayana aus dem 12. Jh. Die typische schmale rechteckige Form der Palmblattmanuskripte wurde bei späteren Schreibmedien wie Birkenrinde, Seide und Kupfer beibehalten.

Der Buddhismus wirkte direkt am Erfolg zweier chinesischer Erfindungen mit, die die Herstellung und die Verbreitung der Schriften revolutionierten. Das

SRI LANKA UND SÜDOSTASIEN

Papier wurde in China im 2. Jh. erfunden, und die frühesten erhaltenen buddhistischen Texte auf dem neuen Medium stammen aus dem 3. Jh.. Unter der Tang-Dynastie (618–906) führte der Wunsch nach einer Verbreitung der buddhistischen Texte direkt zur Erfindung des Drucks auf Papier und andere Medien wie Seide im 7. Jh. Das älteste erhaltene gedruckte Buch ist eine 5 m lange Rolle des *Diamant-Sutra* aus dem Jahr 868 (s. S. 112–113).

Neben dem Rollenformat wurden auch wie eine Ziehharmonika gefaltete Bücher hergestellt, die teilweise auf der einen Seite vernäht waren. Diese Form wird noch heute in Thailand und Myanmar angewendet. Texte, die mit geschnitzten Blöcken gedruckt wurden, verbreiteten sich schnell in ganz Ostasien, wo die Herrscher den Druck von chinesischen Ausgaben des gesamten Kanons mit Zehntausenden einzelnen Druckblöcken finanzierten. Ein berühmtes Beispiel ist der koreanische Haeinsa-Tempel, in dem die original Druckblöcke aus dem 13. Jh. bis heute aufbewahrt werden (s. S. 139–140).

Papier erlaubte den Manuskripten eine größere Vielfalt an Größen und Formaten. In Tibet und Indien jedoch wurden die buddhistischen Schriften weiter in dem traditionellen Format der Palmblätter und der Birkenrinde geschrieben.

OBEN

Manuskript aus dem Kloster Vikramashila, Bihar, mit einem der ältesten und bedeutendsten Mahayanasutras, *Die Vollkommenheit der Weisheit* in 8000 Zeilen, die ca. im 1. Jh. entstand. Die beiden Figuren sind der *bodhisattva* Avalokiteshvara (oben) und Maitreya, der kommende Buddha. Dieses Manuskript mag einen Eindruck dessen verschaffen, wie reich die buddhistische Malerei in Indien war, die zumeist nicht erhalten ist. Tusche und Gouache auf Palmblättern, ca. 1135.

DIE KUNST DES BUCHES: BUDDHISTISCHE SCHRIFTEN

BURMA

KÖNIGREICHE AM IRRAWADDY

UNTEN
Siddhartha vor seiner Buddhawerdung im Palast seines Vaters, bevor er seinem Leben irdischer Reichtümer entsagte, um auf seine spirituelle Reise zu gehen. Detail einer burmesischen Baumwolltapete aus dem 18. Jh.

Wie in Sri Lanka wird auch in Burma eine Legende erzählt, nach der Buddha selbst ihr Land besuchte. Antike singhalesische Chroniken behaupten dagegen, dass der Herrscher Ashoka eine buddhistische Mission im 3. Jh. v. Chr. in das Land des „Suvarnabhumi" gesandt hatte. Das war vermutlich das Mon-Königreich mit seiner Hauptstadt Thaton im Süden Burmas, dessen Ländereien sich weit bis ins heutige Thailand erstreckten. Ob die Legende oder die Chronik wahr ist, wissen wir nicht, aber das Mon-Königreich scheint schon in früher Zeit unter den kulturellen Einfluss Nordindiens geraten zu sein. Formen des Buddhismus als auch des Hinduismus etablierten sich in den ersten nachchristlichen Jahrhunderten im Süden Burmas.

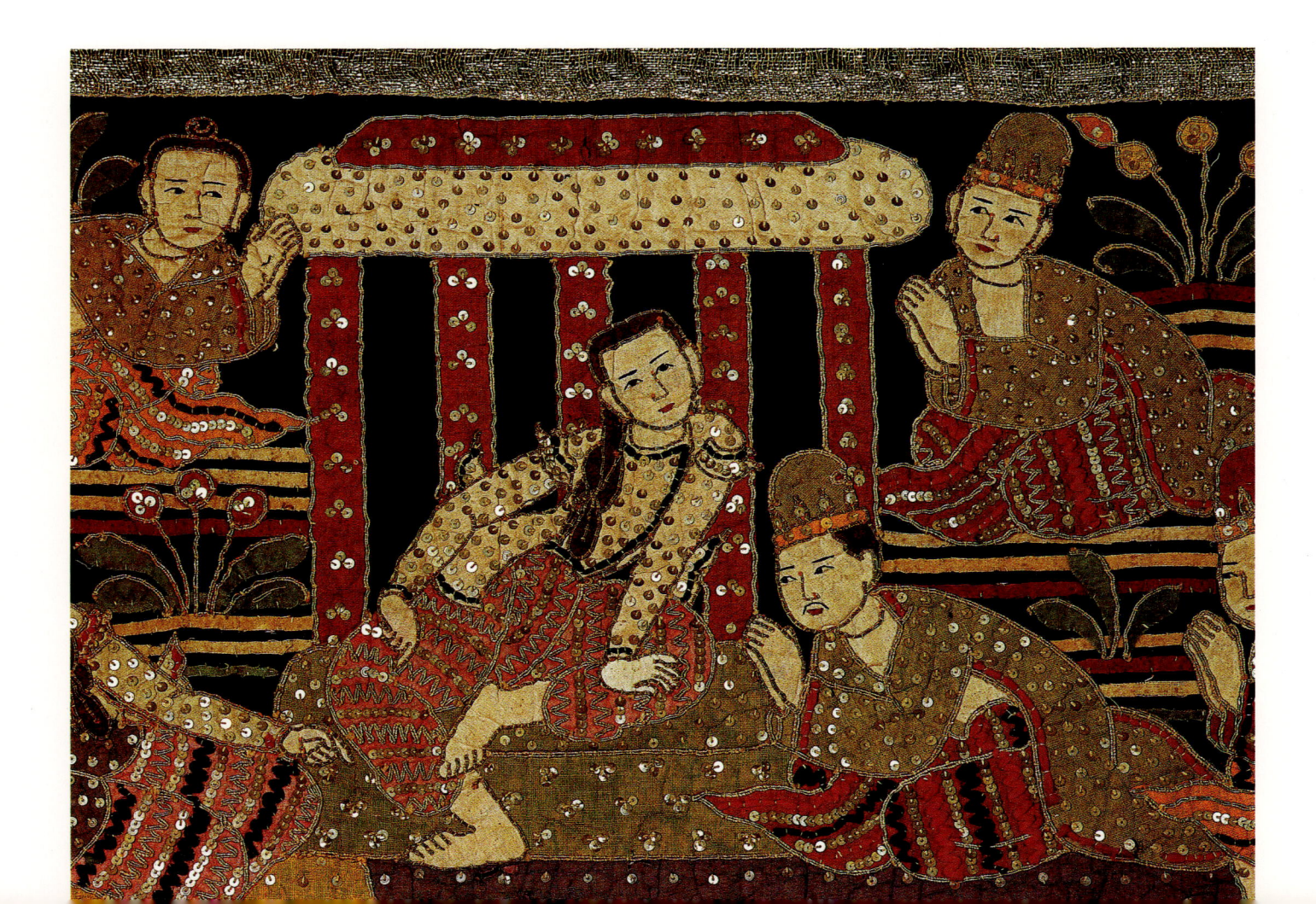

Die Mon sind erst im 5. Jh. vollständig zum Buddhismus konvertiert: Früheste Belege des Theravada-Buddhismus in Südostasien sind Pali-Inschriften aus dem Mon-Königreich aus dieser Zeit. Das große Zeitalter der Mon war vom 6. bis 11. Jh. im Dvaravati-Königreich in Südburma und Thailand (s. S. 76–79).

Während die Mon Südburma dominierten, gründeten tibeto-burmesische Völker aus dem Himalaja Staaten im Nord-, Mitte- und Südwestteil des heutigen Myanmar. Einige dieser Völker wie die Pyu aus Zentralburma folgten dem Mahayana und dem Tantra-Buddhismus sowie dem Theravada und dem Hinduismus. Eines dieser Bergvölker – die Bamar oder Myanma – gaben dem Land ihre Namen. Nach der Überlieferung gründeten die Myanma ihre Hauptstadt Bagan im Jahr 849 am großen Fluss Irrawaddy.

DAS GOLDENE ZEITALTER VON BAGAN

Das Königreich Bagan (1044–1287) erlangte im 11. Jh. unter dem außergewöhnlichen König Anawratha (reg. 1044–1077) in Burma die Vorherrschaft. Nachdem ihn ein Mönch der Mon zum Theravada-Buddhismus bekehrt haben soll, schuf Anawratha Beziehungen zur Sangha in Sri Lanka und etablierte den Theravada-Buddhismus in seinem Königreich und in der ganzen Region. Den Höhepunkt seiner Herrschaft erreichte er 1057, als er Thaton, die Stadt der Mon, eroberte und dessen Herrscher mit vielen Theravada-Mönchen und Handwerkern nach Bagan brachte. Die Zahl der Tantra- und Mahayana-Anhänger reduzierte sich von da an beträchtlich, als das Theravada unter der

OBEN

Diese Keramikziegel aus dem 15. Jh. oder später stellen eselköpfige Krieger des Mara dar, des Dämonen, der den Buddha in Versuchung bringen wollte, als er auf dem Weg zur Erleuchtung war. Sie ähneln denen, die Gebäude verzieren, die der ersten sieben Wochen der Erleuchtung des Buddha gedenken und die von König Dhammaceti (1472–1492) neben der Shwegugyi-Pagode in der Nähe von Pegu errichtet wurde. Glasierte Tonziegel waren für burmesische Tempel von der Bagan-Periode an charakteristisch.

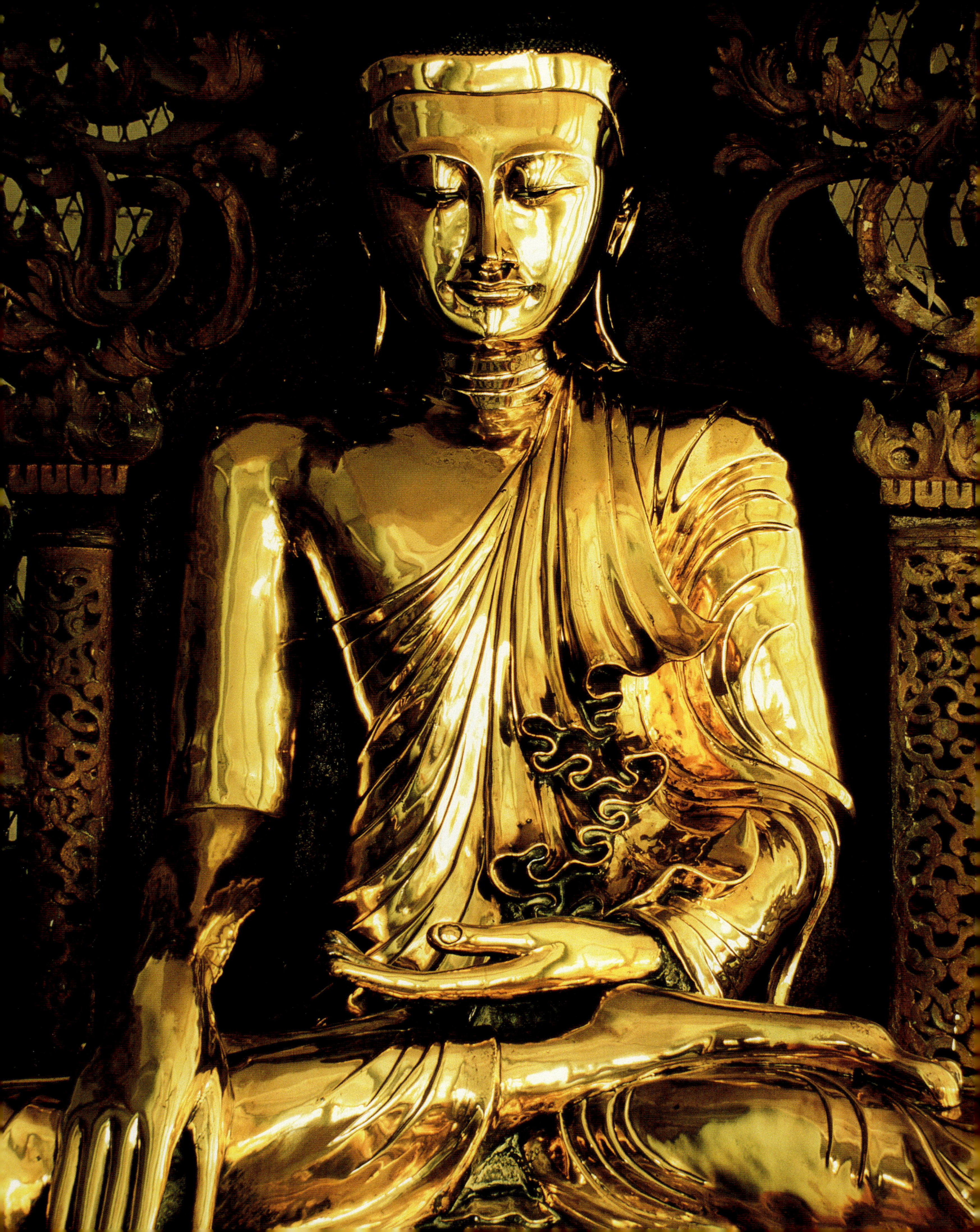

LINKS

Gleichmut und Macht sind in dieser klassischen burmesischen Skulptur des Buddha kombiniert, der die Erde anruft, um seine Erleuchtung zu bezeugen. Diese Messingstatue aus dem 20. Jh. aus der Shwedagon-Pagode wurde im sogenannten „Mandalay-Stil" angefertigt, mit einem Haarband um die Stirn und breit gefaltetem Gewand.

Protektion der Könige von Bagan ihre Blüte erreichte. Wie in Sri Lanka wurde das staatliche Mäzenatentum zu einem Schlüsselaspekt des burmesischen Buddhismus, was sich in der erstaunlichen Ansammlung von Monumenten in Bagan, die auf königliche Veranlassung gebaut wurden, widerspiegelt (s. S. 78–81).

Anawratha verstärkte die Beziehungen zum srilankischen Herrscher Vijayabahu I., und die beiden Monarchen sandten einander Reliquien und Schriften und sogar Klosterpersonal. Die srilankische Mahavihara-Linie kam in Burma durch den Einfluss von Mönchen aus Sri Lanka zu großem Gewicht. Im Gegenzug half die burmesische Sangha Vijayabahu, die srilankische Ordinationslinie nach den zerstörerischen Überfällen aus Südindien wieder aufzubauen. Vijayabahu drückte seine Dankbarkeit durch das Geschenk einer Kopie der berühmten Zahnreliquie des Buddha aus, die dann in einem Schrein in der prächtigen Shwezigon-Pagode untergebracht wurde (s. S. 78).

In dieser Periode entstand unter dem Einfluss der Mon-Stile die ausgeprägte Form der burmesischen Kunst. Wie auch in anderen Theravada-Kulturen dominierte die Figur des Buddha. Burmesische Künstler erreichten eine äußerst ausdrucksstarke Schönheit in einem viel schmaleren Bereich der Sujets als in der Mahayana-Tradition. Wie bei den Mon zeigten sie eine besondere Hingabe an Bilder des Buddha zum Zeitpunkt seines Erwachens, als er die Erde berührt, damit sie seine Erleuchtung bezeuge, und den Sieg über den Dämonen Mara meldet. In burmesischen Darstellungen wird diese Geste (sansk.: *bhumisparsha mudra*) dadurch betont, dass sich der Buddha leicht vorbeugt. Damit verleiht er dem Bild ein starkes Gefühl für

OBEN

Die berühmte Shwedagon-Pagode in Rangun, die sich 98 m über einem Wald von kleinen Schreinen für Naturgeister *(nats)* erhebt, ist eines der schönsten Beispiele für die typische burmesische Stupa, die den Stufenunterbau, die Kuppel und die Spitze der indischen und srilankischen Stupa zu einem sich elegant zuspitzenden Ganzen verbindet. Ihre heutige Form erreichte sie vermutlich um 1400.

LINKS
Stehender Buddha aus lackiertem und vergoldetem Holz aus dem 19. Jh. Die Hände machen die „Geste der Wunschgewährung" *(varada mudra)*, die linke Hand hält dabei das aufwändige Gewand. Dieses für den Mandalay-Stil typische Gewand war in Burma seit dem 19. Jh. sehr beliebt. Die Figur steht auf einer Lotosblüte.

Bewegung und hebt den Stellenwert des bedeutendsten Momentes im Leben des Buddha hervor.

Die für Burma charakteristische Stupa oder Pagode *(zedi)* entwickelte sich auch zu dieser Zeit. Aus der hohen Spitze und dem quadratisch gestuften Unterbau der Mon-Stupa entwickelte die *zedi* elegante, runde Linien, die die individuellen Elemente der traditionellen indischen und srilankischen Stupa, von der sie abstammt, vereinheitlichte. Die quadratische *harmika*, über der sich die Spitze in den Stupas anderer Länder erhebt, gibt es nicht mehr. Dafür führt die Spitze in der *zedi* die runde Glockenform der Kuppel weiter.

ZERRISSENHEIT UND NEUBELEBUNG

1257 wurde Bagan von den Mongolen zerstört und eine Periode der politischen Teilung folgte: Das Thaivolk der Shan dominierte den Norden, während die Mon im Süden wieder unabhängig wurden. Die Bagan-Kultur erlebte im burmesischen Königreich mit dem Mitte des 14. Jhs. gegründeten Herrschaftszentrum in Ava am Fluss Irrawaddy eine Neubelebung. Das Repertoire der Buddha-Ikonografie wurde vermutlich durch den Mahayana-Einfluss um Buddha-Bilder erweitert, die eine Königskrone und Insignien eines universellen Herrschers *(chakravartin)* tragen.

Im Süden erlebte der unabhängige Mon-Staat, der im 5. Jh. in Pegu entstand, eine kurze Blütephase, bevor er ein Jahrhundert später an einen revitalisierten Myanma-Staat mit der Hauptstadt Toungoo fiel, der auch die Shan-Gebiete im Norden eroberte. Die Toungoo-Dynastie (1531–1752) und die nachfolgende Konbaung-Dynastie (1753–1885) wurde in einen langen Konflikt mit dem Nachbar-Königreich Ayutthaya verwickelt, das schließlich 1824 besiegt wurde. Die Eroberung von Assam 1824 durch die Konbaung-Dynastie löste die drei Britisch-Birmanischen Kriege aus, an deren Ende ganz Burma Teil von Britisch-Indien wurde. Die letzten Jahrzehnte der burmesischen Unabhängigkeit sahen jedoch den Buddhismus in voller Blüte. Der friedfertige König Mindon (1853–1878) hinterließ auch ein bemerkenswertes Monument in Form aller Theravada-Schriften, die in über 700 Marmortafeln eingraviert wurden, in der Kuthodaw-Pagode in Mandalay.

Auch hier hat die Kolonialmacht die Beziehung zwischen dem Staat und der Sangha zerstört, die die burmesischen Könige durch die Einsetzung eines Patriarchen, des Sangharaja („Sangha-König") oder Thathanabaing, kontrollierten. Dieses Amt verfiel unter britischer Herrschaft, der Buddhismus stand aber und steht auch heute noch in voller Blüte. Eine erneute offizielle Protektion der Sangha seit der Erlangung der Unabhängigkeit 1947, insbesondere in den letzten Jahrzehnten, setzte die Buddhisten in eine missliche und sogar gefährliche Lage. Aber die Mönche betteln weiter um Almosen, wichtige antike Tempel und Pagoden werden vorbildlich (manchmal kontrovers) erhalten und der Status des Buddhismus als Basis der nationalen traditionellen Kultur bleibt unhinterfragt.

OBEN

1871 leitete König Mindon ein Konzil in Mandalay in Oberburma, der Hauptstadt des letzten burmesischen Königreiches. Das Konzil legte den definitiven Text des buddhistischen Theravada-Kanons fest, den Pali-Tipitaka. Diese Texte wurden auf 729 Marmortafeln verewigt und in den vielen kleinen Schreinen untergebracht. Diese umringen die vergoldete Kuthodaw-Pagode von Mandalay, die Mindon 1857 baute.

BURMA: KÖNIGREICHE AM IRRAWADDY

BAGAN

DIE GOLDENEN SCHREINE

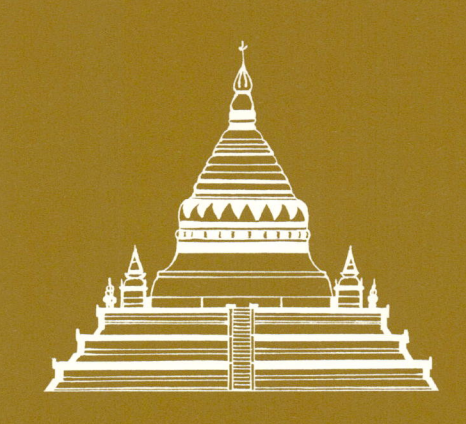

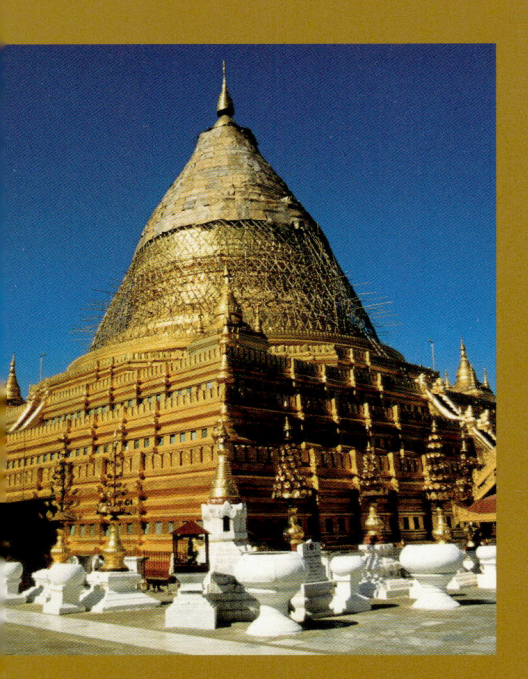

Traditionsgemäß bringt in Burma die Gründung eines neuen Tempels mehr Verdienste ein als die Bewahrung eines alten. Deshalb hat Burma mehr Tempel und Pagoden (Stupas) als jedes andere Land in der buddhistischen Welt. Nirgends wird das deutlicher als in der mittelalterlichen Hauptstadt Bagan. Lange nachdem seine königlichen Paläste und andere Holzbauten verschwunden waren, ist die bloße Zahl der erhaltenen Gebäude aus haltbarerem Material erstaunlich. Auf einem Gebiet von etwa 65 km² gibt es über 900 Tempel, 500 Pagoden *(paya* oder *zedi)* und 400 Klöster sowie Überreste von weiteren etwa 100 heiligen Stätten.

In der Mitte des 9. Jhs. wurde an einer Biegung des Flusses Irrawaddy in der trockenen Zentralregion Burmas Bagan gegründet. Sie war die Hauptstadt eines Königreiches, von der aus der größte Teil des heutigen Myanmar und weiterer Gebiete bis zum Einfall der Mongolen im Jahr 1257 beherrscht wurde. Die Stadt verlor danach an politischer Bedeutung, aber ihre großen Schreine wie die Shwezigon-Pagode oder der Ananda-Tempel konnten ihre religiöse Bedeutung bewahren. Bis zum heutigen Tag ziehen sie Pilger aus dem ganzen Land an.

Bagan erreichte seinen Höhepunkt unter König Anawratha (s. S. 73–75) und seinen Nachfolgern. Nachdem der Konvertierung zum Theravada-Buddhismus gründete er fünf Stupas, um die vier Ecken der Stadt und ihre symbolische Mitte zu beschreiben. Die nördlichste Stupa, die Shwezigon-Pagode, wurde als großer Schrein für die wichtigen Reliquien des Buddha geplant: u. a. sein Schlüsselbein und sein Stirnbein sowie eine Kopie seines Zahns, den Anawratha vom König von Sri Lanka als Geschenk bekam. Bis zu seinem Tod waren nur die unteren Terrassen fertig. Sie waren mit

OBEN
Die Shwezigon-Pagode (err. 1059–1090) befindet sich 7 km vom Zentrum von Bagan entfernt. Ihre Form aus dem 11. Jh. wurde zum Vorbild für die Stupas in ganz Burma.

GEGENÜBER UND RECHTS
Der Ananda-Tempel (err. ca. 1105), einer der größten in Bagan, wurde kreuzförmig angelegt. Jeder Arm bildet eine Halle, die zum zentralen Schrein führt.

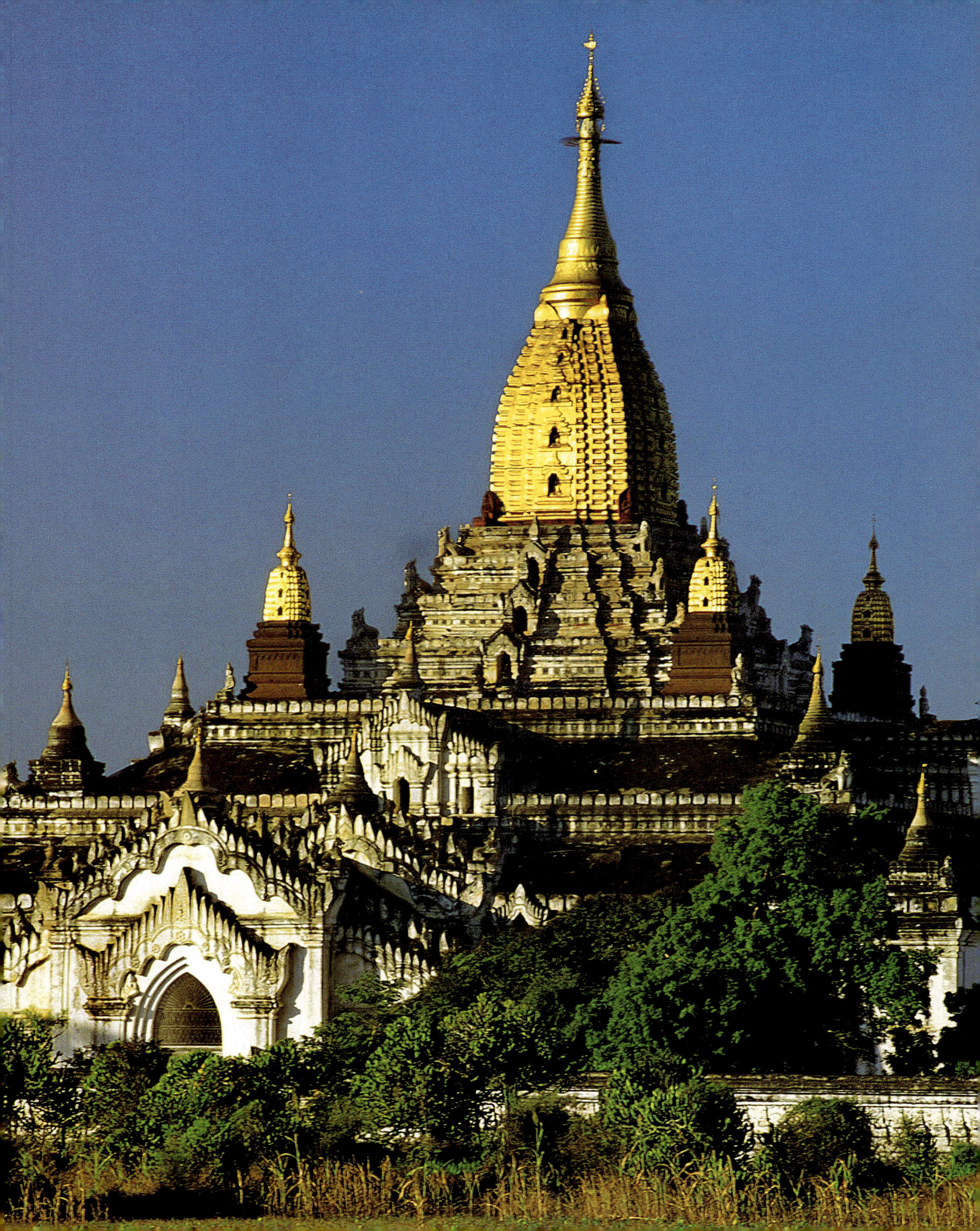

OBEN
Die Shwesandaw-Pagode (links), deren Bau 1057 König Anawratha nach seiner Eroberung von Thaton begann, ist berühmt für ihre fünf steilen Terrassen. Es war die erste Stupa in Bagan mit Steintreppen, die die quadratischen Terrassen mit der „Glocke" der Stupa verbanden. In einem nahe gelegenen Gebäude befindet sich eine massive Statue des *parinirvana* des Buddha.

GEGENÜBER
Die Wandgemälde im Lokahteikpan-Tempel in Bagan zeigen Szenen aus den Leben des Buddha. In diesem Detail zeigen die Ohrläppchen den früheren Status des Buddha als Prinz: Schwerer Schmuck hatte sie verlängert. Als er den Palast verließ, legte er sie ab. Nach der Herrschaft von König Kyanzittha (1084–1113).

Szenen aus den früheren Leben des Buddha *(Jatakas)* verziert, auch waren sie berühmt für die Darstellung der 37 *nats* (vorbuddhistische Naturgeister), die noch heute angebetet werden. Die große glockenförmige Spitze wurde von König Kyanzittha (1084–1113) im Jahre 1090 fertig gestellt. Wie viele andere wichtige Schreine in Bagan wurde auch die Shwezigon-Pagode beim Erdbeben von 1975 stark beschädigt, aber seitdem wieder sorgfältig restauriert und vergoldet.

DIE STADT DER VIER MILLIONEN PAGODEN

Kyanzittha war ein solch Erbauer heiliger Monumente, dass Bagan den Beinamen „Stadt der vier Millionen Pagoden" bekam. Neben der Fertigstellung der Shwezigon-Pagode war er für die Gründung von Tempeln verantwortlich, darunter des Abeyadana-, des Nagayon- und vor allem des Ananda-Tempels (s. Grundriss und Bild S. 78–79). Der Ananda ist der wichtigste Tempel in Bagan und vermutlich der einzige in Burma, der seit seinem Bau ständig genutzt wurde. Er wurde kreuzförmig mit gleich langen Armen angelegt. Vier große Hallen befinden sich um einen zentralen 52 m hoch ragenden Schrein herum, der in seinem „Bienenstockstil" an einen indischen Tempel erinnert. Der Ananda wurde wie der Shwezigon aus kleinen Steinblöcken und Ziegeln gebaut, die stuckiert wurden, damit sie wie Stein aussehen. Der weiche Stuck erlaubte es den Künstlern, den Tempel aufwändig zu verzieren, ein Charakteristikum, das für die burmesischen Tempel und Pagoden typisch ist.

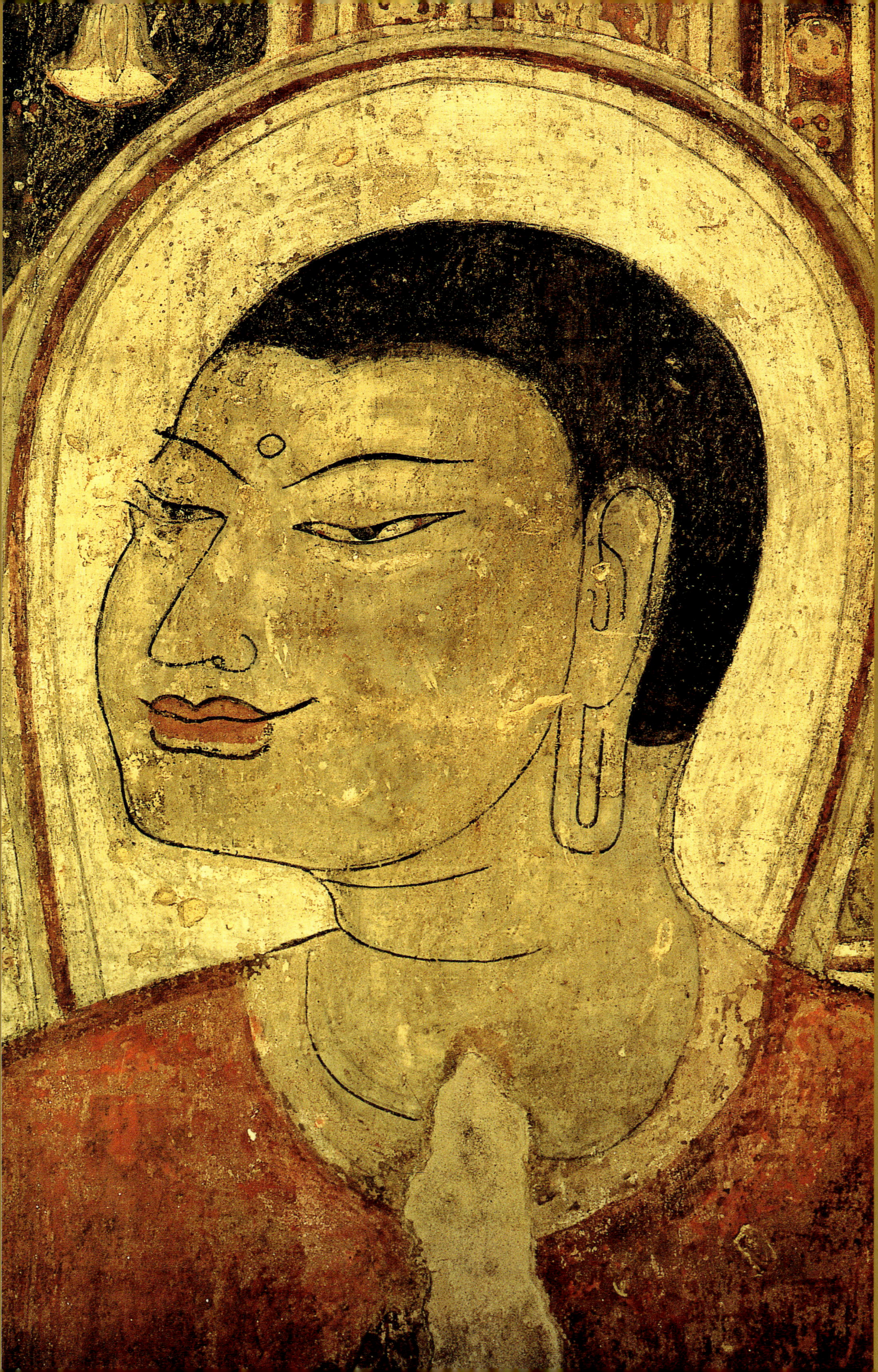

THAILAND

PRINZEN DER SANGHA

Die aufgezeichnete Geschichte von Thailand beginnt mit der Etablierung der Mon-Zivilisation im 5. Jh. n. Chr. Die Mon waren mit den Khmer verwandt und beide Völker sollen um 850 v. Chr. aus südchinesischem Gebiet nach Südostasien gezogen ein. Die Khmer ließen sich am unteren Mekong nieder, die Mon im Hochland und in den Zentralebenen des heutigen Thailand und Myanmar.

Die Dvaravati-Zivilisation der Mon, die vom 6. bis 11. Jh. in diesem Gebiet herrschte, umfasste ein oder mehrere Königreiche. Die wichtigsten kulturellen Zentren befanden sich am oder in der Nähe des Flusses Chao Phraya: Nakhon Pathom, Dvaravati, Lopburi. U Thong, Khu Bua und Si Thep. Andere wichtige Mon-Städte waren Haripunchai in Nordthailand und Thaton im Süden des heutigen Myanmar. Die älteste erhaltene Inschrift in Mon, einer Sprache, die mit dem Khmer und dem Vietnamesischen verwandt ist, wird auf ca. 600 n. Chr. datiert und wurde nahe dem höchsten heiligen Bau in Thailand, der Stupa von Nakhon Pathom, etwa 64 km von der heutigen Hauptstadt Bangkok, gefunden.

Die Mon haben den Theravada-Buddhismus bis zum 6. Jh. angenommen, aber archäologische Funde besagen, dass neben dem Theravada auch der Mahayana und der Hinduismus vertreten waren – wie Darstellungen von beliebten Hindu-Gottheiten wie Vishnu und Brahma zeigen.

DIE KUNST DER DVARAVATI

Dvaravati-Häuser bestanden hauptsächlich aus Holz und sind deshalb nur in kleiner Zahl erhalten – im Gegensatz zu den Überresten der Stupas (in Thailand *chedi*) und Tempel aus Ziegeln, von denen viele über die Jahrhunderte neu gebaut

GEGENÜBER

Der vielköpfige *naga* (Schlangengott) Muchalinda beschützt den Buddha. Nach der Legende nahm der Gott Buddha während eines Sturmes in sein Haus. Der Buddha meditierte gerade unter dem *bodhi*-Baum nach seiner Erleuchtung. Steinskulptur aus der früheren thailändischen Königshauptstadt Ayutthaya

RECHTS

Bronze eines laufenden Buddha aus dem 14. Jh., der Sukhothai-Periode. Das Buddha macht die zur Furchtlosigkeit auffordernde Geste *(abhaya mudra)*. Die meisten Figuren in Asien zeigen einen stehenden, sitzenden oder liegenden Buddha, der „gehende Buddha" ist eine Schöpfung der thailändischen Kunst (s. auch S. 86).

wurden. Stupa-Ruinen zeigen die hohen Spitzen und quadratischen Terrassenunterbauten, die in der späteren, von den Mon beeinflussten, Architektur des Königreiches Bagan zu finden sind. Die Stupas der Mon waren wie diejenigen in Bagan mit Stuck und Steinreliefs verziert und hatten Nischen mit Skulpturen in den unteren Terrassen. Die Steintempel der Mon scheinen ebenso wie die in Bagan und anderen burmesischen Stätten auf solche der Hindus zurückzugehen: Sie haben auch einen quadratischen Unterbau und ein pyramidenförmiges Dach.

Die ersten buddhistischen Bildnisse in Südostasien entstanden vermutlich in der Dvaravati-Kultur. Wie auch anderswo in der Theravada-Welt war auch für die Dvaravati-Künstler der Buddha selbst das beliebteste Sujet. Der Buddha wird sitzend und meditierend vor seiner Erleuchtung dargestellt, und es wird gezeigt, wie er danach von der Schlangengöttin Muchalinda beschützt wird – ein Sujet, das in den von Schlangen heimgesuchten Gebieten Südostasiens großen Anklang gefunden hat. Zusammen mit den stehenden Buddhas in der Pose eines Lehrers (wohl eine Referenz an seine erste Lehrrede in Sarnath nach seiner Erleuchtung) enthüllen die Dvaravati-Bilder viele stilistische Einflüsse der Gupta aus Indien (s. S. 50–55).

Die Herrschaft der Mon endete mit der Besetzung eines großen Teils von Zentralthailand durch das Königreich der Khmer unter Suryavarman I. von Angkor (1010–1050) und der Eroberung der Mon-Stadt Thaton durch Anawratha von Bagan im Jahre 1057 (s. S. 73). In den früheren Mon-Gebieten in Zentral- und Westthailand herrschten die Khmer bis etwa 1260, worauf vermutlich das Wiedererscheinen starker hinduistischer und Mahayana-Einflüsse

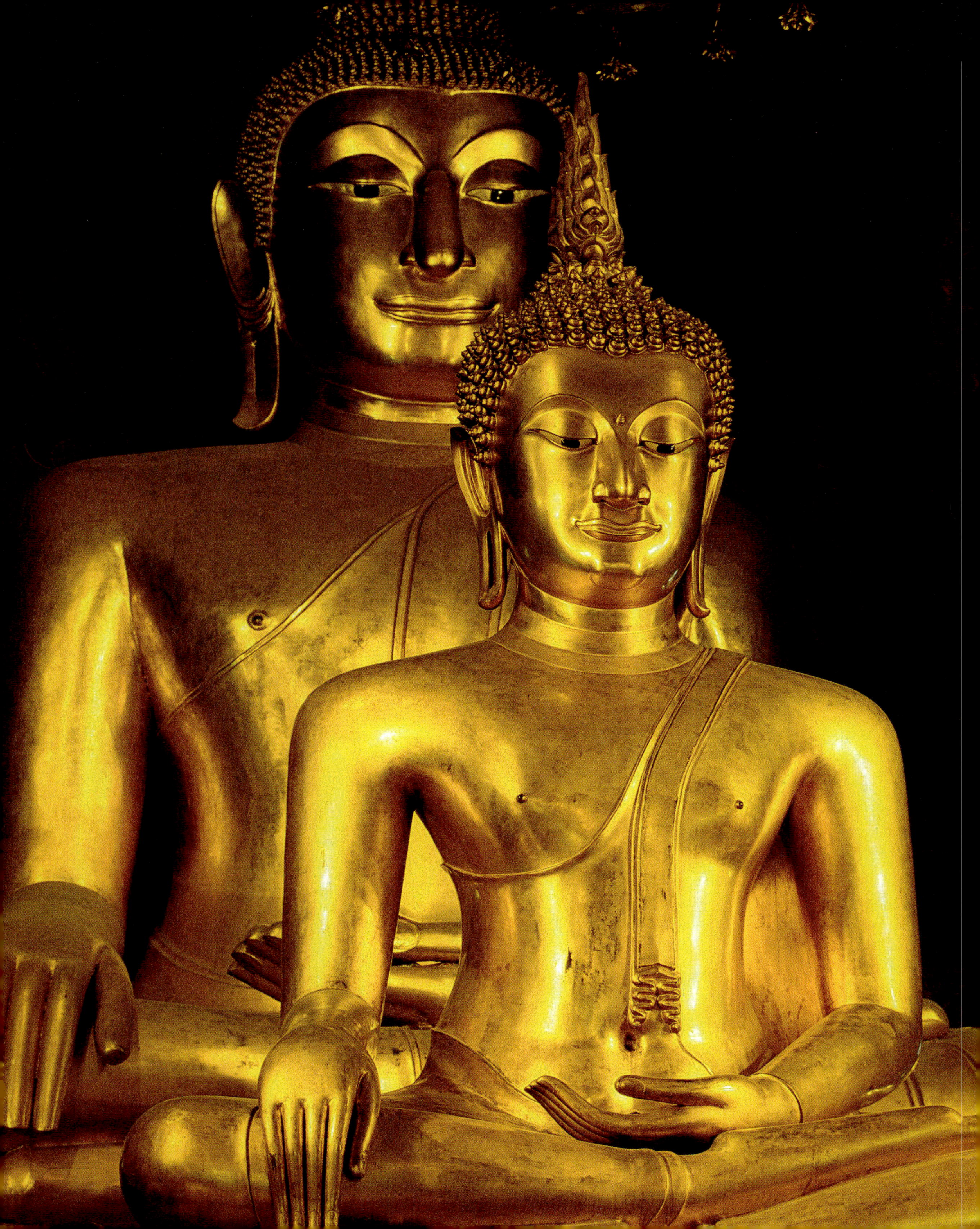

neben dem Theravada zurückzuführen ist. Das Vorkommen von Skulpturen der *bodhisattvas* Avalokiteshvara und Maitreya zeigt, dass diese zu dieser Zeit in Westthailand beliebt gewesen sein müssen.

DIE HERREN VON SUKHOTHAI UND AYUTTHAYA

Während der Periode der Khmer kamen neue Migranten aus den südchinesischen Gebieten. Die Thailänder errichteten ab dem 13. Jh. mächtige Königreiche, insbesondere die mit den Machtzentren Sukhothai (ca. 1240–1438) und Chiang Mai (1296–1599) im Norden sowie in Ayutthaya (1350–1767) und schließlich Bangkok (1767–heute) im Süden. Etwa 1250 erlangte Sukhothai seine Unabhängigkeit, und der Theravada-Buddhismus wurde als Staatsreligion des Königreiches von König Ramakhamhaeng (1275–1317) und seinem Enkel Lue Thai (1340–1361) bekräftigt, der gelehrte Mönche aus Sri Lanka in sein Königreich einlud (und schließlich abdankte, um selbst Mönch zu werden).

Auch hier wurde die Sangha vom Königshaus beeinflusst und protegiert; aber die Verbindung war bis heute ununterbrochen, da Thailand als einziges Land in Südostasien nicht von europäischen Staaten kolonisiert wurde. Seit 1902 hat die thailändische Sangha eine Behördenhierarchie ähnlich wie in einem säkularen Staat; an der Spitze steht der Oberste Patriarch, der vom König ernannt wird.

Der Thai-Stil begann sich im 13. Jh. von seinen Vorgängerstilen abzugrenzen. So wurde der sitzende Buddha verfeinert und fast abstrakt stilisiert und erhielt fließende Formen, die seine spirituelle Macht betont, wenn er die Erde als Zeichen seines letzten Sieges über den Dämonen Mara berührt. Um dies noch weiter hervorzuheben, wird der

OBEN

Der Wat Chai Watthanaram zählt zu den eindrucksvollsten Tempelruinen in der alten Hauptstadt Ayutthaya. Er wurde vom tyrannischen König Prasat Tong (1629–1659) gebaut, vermutlich um seine Legitimität als Herrscher geltend zu machen. Er war ein einfacher Bürger, der seinen Vorgänger absetzte. Der Wat hat einen zentralen *prang* (Turm) im Khmer-Stil, der den Berg Meru darstellt, der von kleineren Türmen umringt wird.

GEGENÜBER

Der Buddha ruft die Erde an, seine Erleuchtung zu bezeugen. Das ist die häufigste Thai-Darstellung des Buddha, aber Zwillingsstatuen wie diese im Wat Boworniwet in Bangkok sind eher ungewöhnlich. Die vordere Statue ist über 600 Jahre alt. Der Tempel ist der Sitz des Obersten Patriarchen der thailändischen Sangha und hier wurden auch frühere Könige zu Mönchen geweiht.

OBEN
Wat Pho, der älteste und größte Tempel in Bangkok, wurde etwa 200 Jahre, bevor Sie Hauptstadt wurde, gebaut. Er wurde von Rama I. und III. im blumigen Post-Ayutthaya-Stil neu gestaltet. Im Tempel ist ein liegender Buddha mit 46 m Länge und 15 m Höhe untergebracht, und draußen stehen Hunderte Buddha-Statuen, viele aus Orten, die von den Burmesen geplündert wurden.

GEGENÜBER
Kopf des Buddha mit verlängerten Ohrläppchen und einer für die Ayutthaya-Periode typischen verzierten Krone. Charakteristisch für thailändische Buddha-Bilder ist auch der flammenförmige *ushnisha*, der „Weisheitshöcker" auf der Krone. Bronze, ca. 1500.

Buddha mit einer Flamme dargestellt, die aus seinem *ushnisha*, dem „Weisheitshöcker", entspringt.

Die eleganten Züge sind bei den Darstellungen des gehenden Buddha offensichtlich. Der in der buddhistischen Kunst Asiens einzigartige „gehende Buddha" der Thai kombiniert mühelos Würde und Dynamik und zeigt die mächtige Vitalität des Dharma wie auch die Menschlichkeit und Erreichbarkeit des Buddha. Wie auch der sitzende Buddha wurden solche Figuren aus Stein hergestellt, aber es wurden auch Bronzefiguren angefertigt (s. S. 83).

HEILIGE ARCHITEKTUR BEI DEN THAI

Leider wurde der größte Teil der thailändischen Architektur aus der Zeit vor dem späten 18. Jh. in den Kriegen zwischen dem Königreich von Ayutthaya und Burma beschädigt oder zerstört. Es wird gleichwohl deutlich, dass die Herrscher von Sukhothai und ihre kulturellen Erben in Ayutthaya von den Dvaravati- und Khmer-Stilen beeinflusst wurden: Sie verwendeten auch stuckverzierte Ziegel und dekorative Elemente im Außenbereich. Auch ein srilankischer Einfluss kann aufgrund der engen Beziehungen zwischen der srilankischen Sangha und den Sukhothai-Herrschern festgestellt werden. Es entwickelte sich jedoch ein ausgeprägtes Merkmal bei den Sukhothai: das *poom khao bin*, das Lotosknospenprofil der thailändischen *chedi* (Stupa). Nach dem Fall von Ayutthaya und der Verlegung der Hauptstadt zuerst nach Thonburi am Fluss Chao Phraya und dann – unter König Rama I. (1782–1809), dem Begründer der heutigen Chakri-Dynastie – über den Fluss nach Rattanakosin (Bangkok) entwickelten sich neue Baustile. Von ihren Vorgängern unterschieden sie sich nicht groß in der äußeren Form, aber kennzeichnend war die kompliziertere und erlesenere Verzierung unter dem Einfluss der chinesischen Architektur.

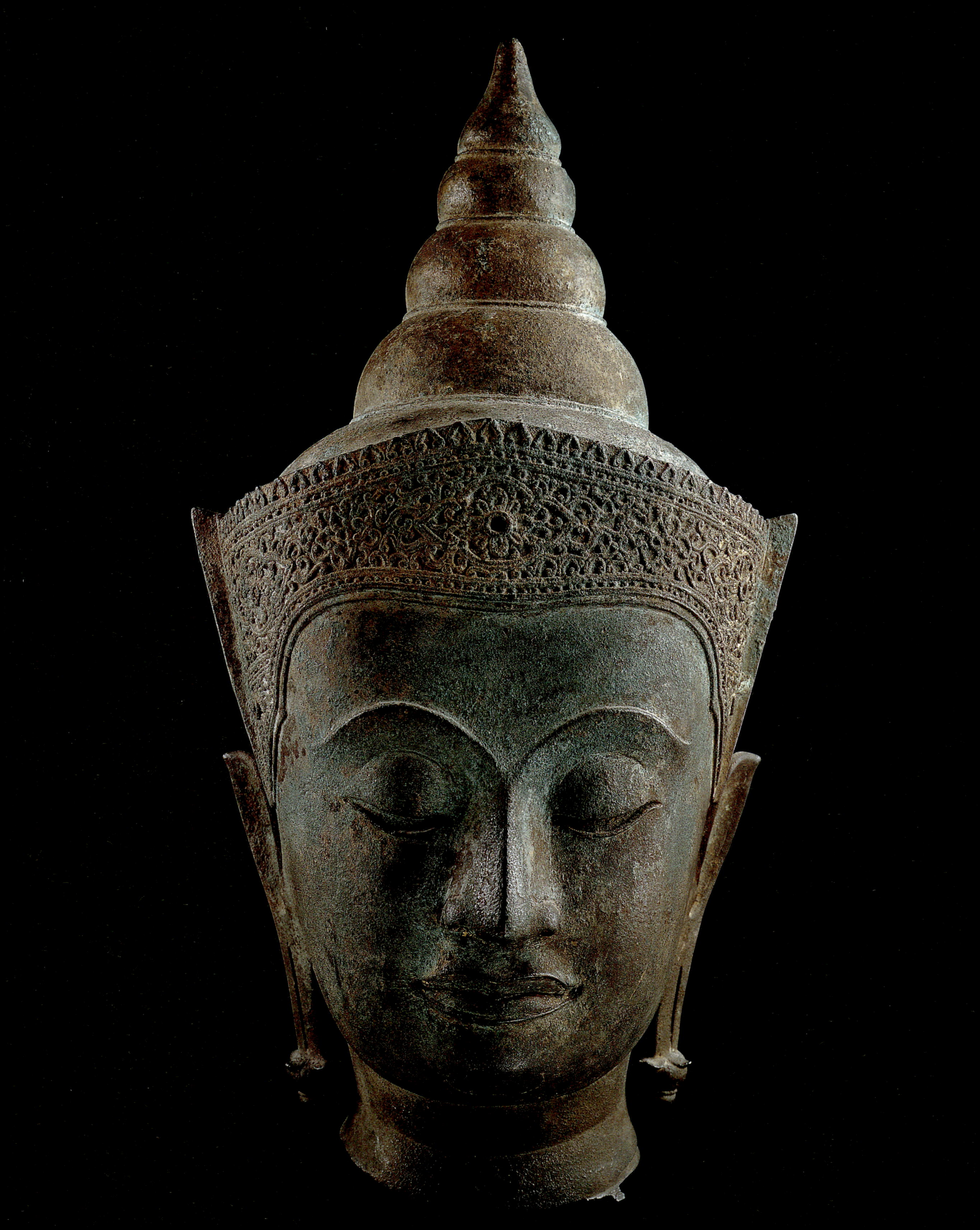

OBEN
Wächtergottheit im Wat Phra Kaeo (Tempel des Smaragd-Buddha) in Bangkok. Detail eines Freskos, das das *Ramakian*, die thailändische Version des hinduistischen Epos *Ramayana*, illustriert. Herrschaft von König Rama I. (1782–1809).

GEGENÜBER, OBEN
Der Buddhaisawan-Tempel in Bangkok, der 1795 für eine verehrte Buddhastatue gebaut wurde, hat einige der schönsten thailändischen Wandgemälde mit dem Leben des Buddha als Thema. Das hier gezeigte Detail stellt die Hochzeit der Eltern des Buddha, Suddhodana und Maya, dar.

GEGENÜBER, UNTEN
Detail einer Episode aus dem Ramakian, dem thailändischen Nationalepos mit den Affenprinzen Ongkhot (Mitte). Aus einer Reihe von Wandgemälden im Tempel des Smaragd-Buddha. Herrschaft von König Rama I.

THAI-MALEREI
FARBEN DER ERLEUCHTUNG

Die thailändischen Künstler komponierten ihre Arbeiten, indem sie erst den wichtigsten Szenen bestimmte Bereiche zuwiesen, die dann vom Rest der Komposition abgegrenzt wurden, was eine Perspektive überflüssig machte: Die Größe einer Figur bestimmte ihre Bedeutsamkeit, nicht ihre Positionierung in der Landschaft. Die Figuren wurden zweidimensional ohne Schattierung gemalt und die Landschaft war selten atmosphärisch und diente hauptsächlich als neutraler Hintergrund für die Szenen. Diese wurden mit einer zarten und dezenten Palette aus fünf Temperafarben (weiß, schwarz, blau, rot und gelb) gemalt.

Innerhalb dieser Konventionen haben die Künstler hervorragende Werke als Stoffbänder, Manuskriptillustrationen und Tempelwandgemälde angefertigt. Die Wandgemälde sollen in erster Linie belehren und klare moralische Werte vermitteln. Episoden aus dem Leben des Buddha und *Jataka*-Geschichten wurden favorisiert. Weiterhin gibt es Darstellungen von Gottheiten, des Himmels und der Hölle. Leider gingen viele Bilder aus der Vor-Bangkok-Zeit während der burmesischen Kriege im 18. Jh. verloren oder wurden beschädigt. Außer auf den wenigen erhaltenen Wandgemälden – die meisten wurden mit den Tempeln und Palästen, die sie schmückten, zerstört – kann die Pracht der thailändischen Malerei vor dem Fall des Königreiches von Ayutthaya 1767 hauptsächlich über Manuskripte betrachtet werden. Aber auch die Wandgemälde, die danach gemalt wurden, haben sich als verletzlich herausgestellt, weil Temperafarbe auf Putz in diesem feuchtkalten Klima sehr anfällig für Feuchtigkeitsschäden ist.

Nach der Wiedererlangung der Unabhängigkeit 1767 und der Gründung der neuen Hauptstadt Bangkok entwickelte sich die Malerei als durch Kontakte mit China, die zum Import chinesischer Pigmente führten, und mit Europa, die die Einführung von chemischen Farben und die Verwendung der Perspektive sahen. Das Ergebnis war eine auffällig und kühnere Palette, die auch von Blattgold Gebrauch machte, um die bisher neutralen Zwischen- oder Hintergründe auszufüllen.

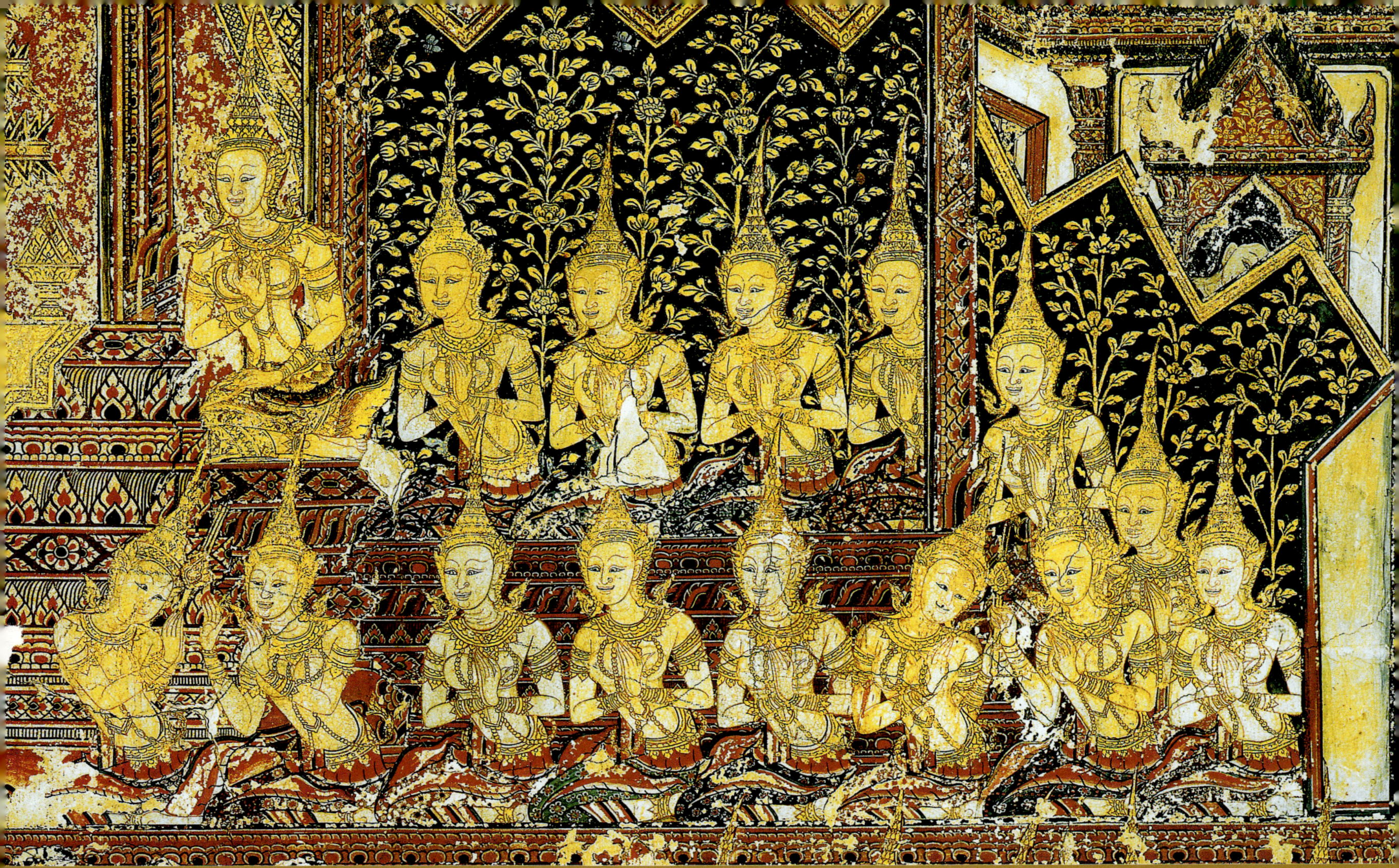

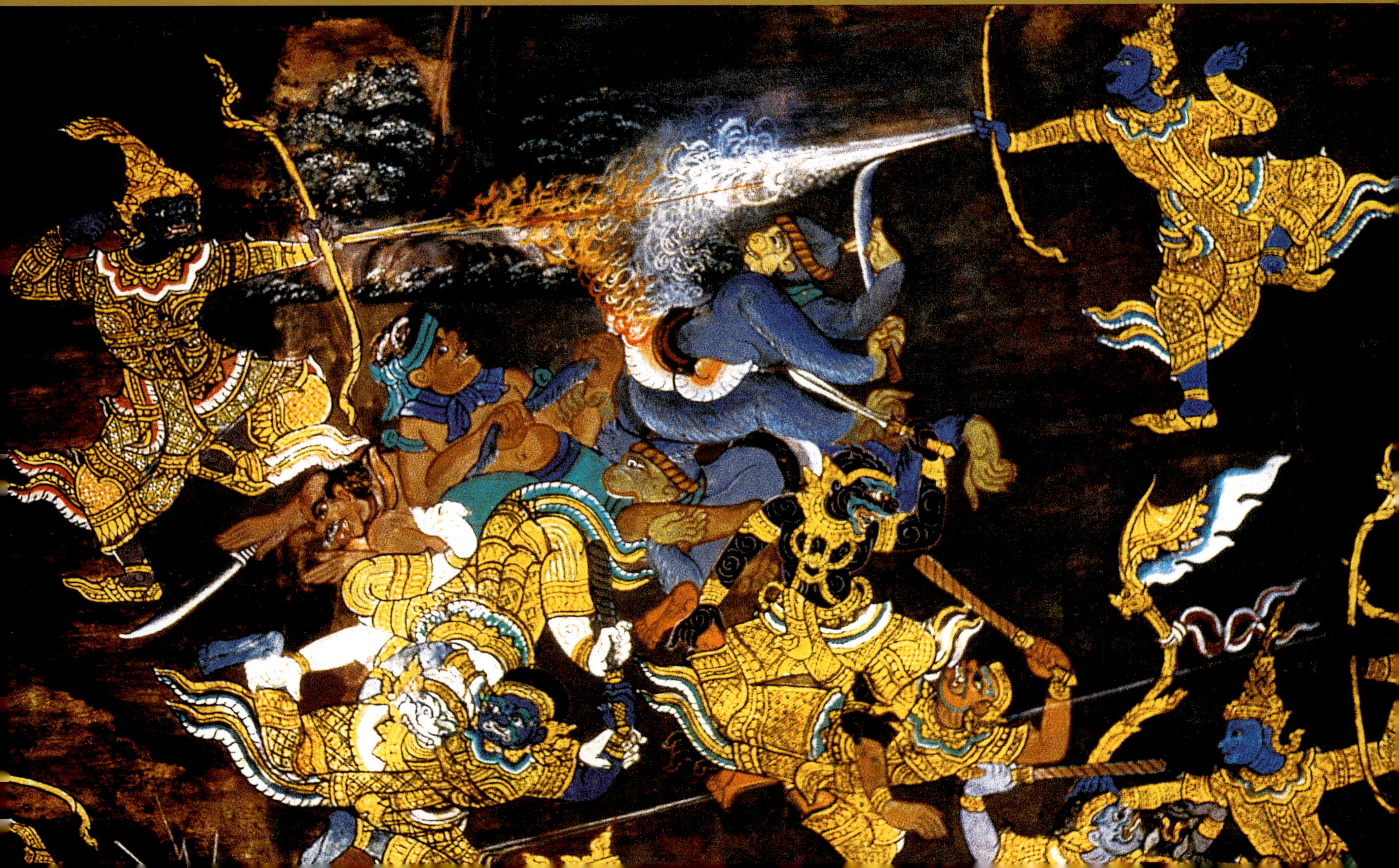

KAMBODSCHA UND LAOS

KÖNIGREICHE AM MEKONG

Vom 9. bis 15. Jh. wurde der größte Teil Südostasiens von den Khmer aus ihrer Hauptstadt Angkor am Mekong beherrscht. Auf der Höhe ihrer Macht beherrschten die Khmer über ein Gebiet, das das heutige Kambodscha und große Teile Thailands umfasste. Das Khmer-Königreich wurde 802 von Jayavarman II. errichtet und seine Hochzeit erlebte es ab dem 10. Jh. Das Ende der Khmer bildet nach einer Reihe von Konflikten mit den Thailändern die Aufgabe von Angkor im Jahre 1432. Von da an regierten die Khmer nur noch über einen kleinen Teil von ihrer neuen Hauptstadt Phnom Penh. Trotz des Niedergangs der Macht der Khmer und des nachfolgenden Übergewichts der Thailänder über die Khmer bis zum späten 18. Jh. blieb der Einfluss der Kultur der Khmer in der ganzen Region stark.

Unter indischem Einfluss ergriffen die Khmer-Könige den Hinduismus, viele aber auch den Buddhismus, und die königlichen Monumente und Kunstwerke gehören zu den größten in der buddhistischen Welt. Die meisten Könige folgten einer Linie des Mahayana-Buddhismus, der hinduistisch beeinflusst war. Sanskrit war die Sprache der Religion und des Beamtentums, wie man an den Namen der Könige sehen kann. Der Theravada-Buddhismus scheint bei den Khmer später als anderswo in Südostasien angekommen zu sein: Die früheste Theravada-Inschrift wird auf ca. 1230 datiert. Der erste Herrscher, der sich dem Theravada-Buddhismus näherte, war Jayavarman Parameshvara (1327–1353?), unter dessen Herrschaft das Khmer-Königreich seinen Zenit bereits überschritten hatte. Seitdem ist der Thera-vada-Buddhismus – der wohl durch die Kontakte mit der thailändischen Sangha befördert wurde – die Hauptreligion in Kambodscha.

DIE GOTT-KÖNIGE VON ANGKOR

Ein Charakteristikum der Khmer-Zivilisation war ihr Kult des *devaraja* (göttlicher König). Dieses Konzept geht wohl auf die hinduistischen Herrscher von Funan (1.–7. Jh.) und Zhenla (7.–9. Jh.) zurück. Neben den buddhistischen und Hindu-Gottheiten, die

LINKS

Avalokiteshvara (Lokeshvara), der Herrscher des Mitgefühls, ist der beliebteste *bodhisattva* bei den Khmer. Er wird als vielarmig dargestellt, immer bereit, der leidenden Menschheit zu helfen. Im Haarknoten der stilisierten Haartracht des *bodhisattva* ist ein Bild des himmlischen Buddha Amitabha („Buddha des Unermesslichen Lichtglanzes"). Lokeshvara soll nach allgemeiner Auffassung ein Ausfluss des Amitabha sein. Die äußerst ausdrucksstarke Sandsteinstatue wurde im relativ unverzierten Khleang-Stil aus der präangkorianischen Periode angefertigt. Spätes 10. Jh.

OBEN

Die Anlage Neak Pean bei Angkor wurde von König Jayavarman VII. als eine Miniaturversion des mythischen Sees Anavatapta im Himalaja gebaut und ist dem *bodhisattva* Lokeshvara gewidmet. Die heiligen Wasser des Sees sollen von Buddhas, *bodhisattvas*, Heiligen und all denen besucht worden sein, die geheilt werden mussten. Die „Insel" mit ihrem kleinen Turm befindet sich in der Mitte eines Zentralbeckens, um das herum kleinere Becken gebaut wurden, die vermutlich für Heilungsrituale benötigt wurden.

die Monumente in Angkor verzieren, erscheinen dort auch Bilder des Königs als eine Art Gott oder *bodhisattva*: buchstäblich im Falle von Jayavarman II., dessen Gesichtszüge denen von Avalokiteshvara, weitgehend ähneln. Dieses königliche Selbstbildnis ist vermutlich auch auf dem Buddha zu sehen, die Jayavarman VII. im Bayon-Tempel in Angkor errichtet hat, und auf den berühmten Gesichts-Türmen (s. S. 96–99).

Jayavarman VII. (reg. 1181–1219) war der größte Erbauer buddhistischer Tempel unter den Khmer-Monarchen. Das kann man in Angkor oder auch im Tempel in Ta Prohm sehen, der für seine schönen Reliefs berühmt ist. Es ist typisch für die synkretistischen Tendenzen der Khmer-Religion, dass sogar dieser buddhistische König Ta Prohm sowohl dem Buddha als auch dem Hindu-Gott Brahma widmete. Er gab auch Shiva und Vishnu eigene Schreine im Bayon- und anderen Tempeln.

Die buddhistische Architektur der Khmer unterscheidet sich von der in Thailand und Burma: Stupas als gesonderte Bauten fehlen. Die Tempel sind nach dem Hindu-Vorbild als großer Tempelberg gestaltet: Berg Meru, das Zentrum des Universums in der hinduistischen wie buddhistischen Kosmologie. In der Nähe von Tempeln kann es kleine

Andachts-Stupas geben, aber das Gesamtkonzept des Tempels ließ wenig Raum für hochragende monumentale Pagoden wie in Bagan oder Ayutthaya.

Die Khmer-Tempel wurden auf einem vierseitigen Grundriss gebaut, der sich nach den vier Himmelsrichtungen orientierte. Betreten wurden sie durch reich verzierte Türen. Viele Tempel wie der hinduistische Angkor Wat oder der buddhistische Bayon haben fünf Türme, die die Gipfel des Bergs Meru symbolisieren. Die Tempel werden von einem Graben umringt, der die Distanz zwischen irdischem und heiligem Raum betont. Schlangengott-heiten *(nagas)* – Symbole der Verbindung zwischen Erde und Himmelsreich – sind häufige Ziermotive auf den Brücken oder Dämmen, die die Tempelgräben überqueren. Dies spielt auch auf den Schöpfungsmythos der Hindus an, nach dem die Götter eine große Schlange um einen Berg wanden, ihr den Kopf und Schwanz hochzogen, den Berg umstülpten, um den Ur-Milchozean durchzuquirlen und somit die Schöpfung des Universums einleiteten.

OBEN
Detail der 300 m langen Terrasse der Elefanten in Angkor Thom. Auf der ganzen Länge gibt es Reliefs mit Elefanten, Löwen und mythischen Garudas. Die 2,5 m hohe Steinterrasse wurde von König Jayavarman VII. vermutlich für Audienz- und Aussichts-pavillons gebaut.

KAMBODSCHA UND LAOS: KÖNIGREICHE AM MEKONG

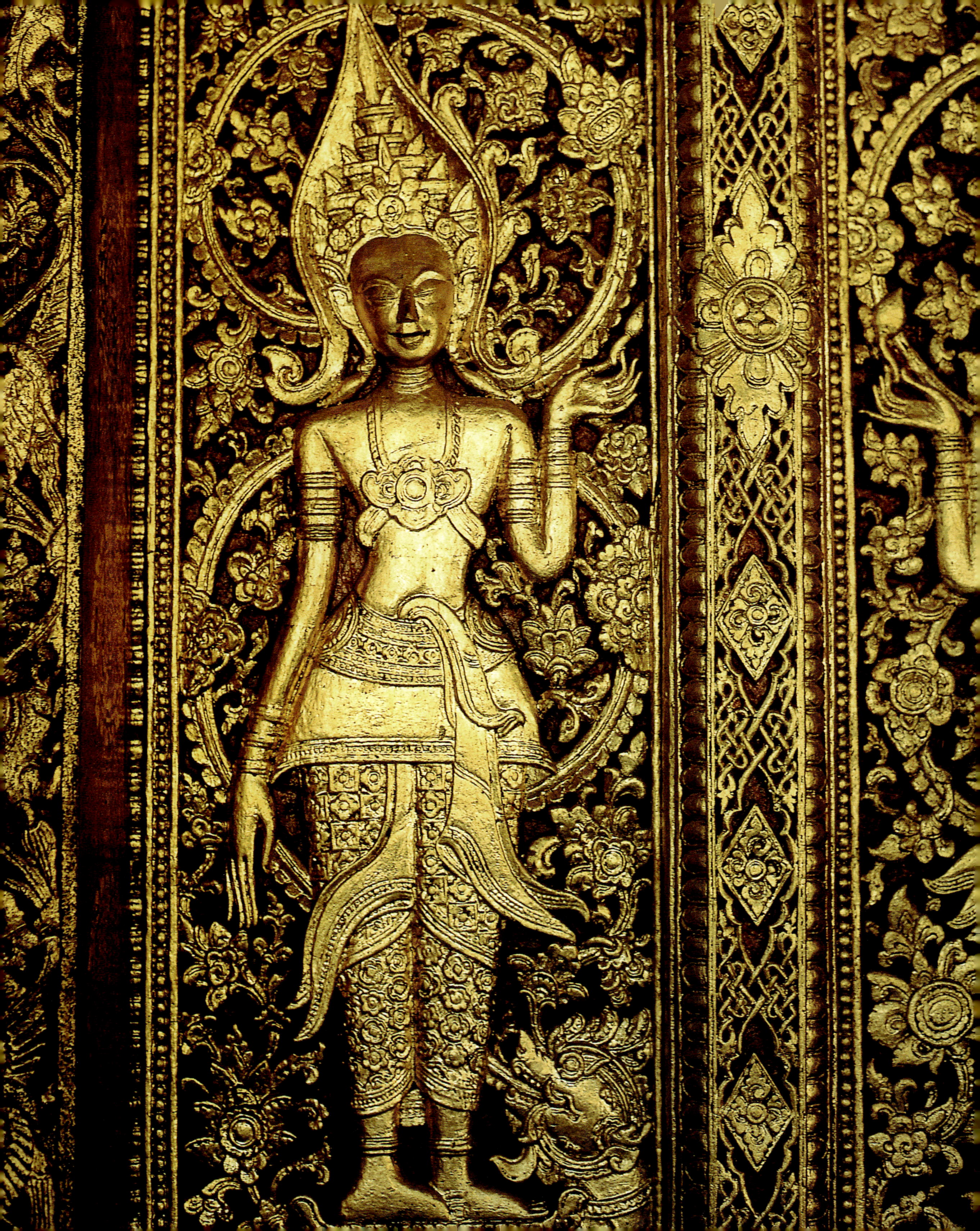

LAOS: LAND DES GOLDENEN BUDDHA

Jayavarman Parameshvara, der erste Khmer-König, der den Theravada-Buddhismus annahm, spielte auch eine Rolle bei der Annahme des Buddhismus in Laos. Die verschiedenen laotischen Staaten wurden ca. 1350 von Jayavarmans Schwiegersohn Fa Ngum vereint, der eine Delegation von Theravada-Mönchen vom Khmer-König empfing. Die Mönche brachten Fa Ngum Pali-Schriften sowie eine goldene Buddha-Statue, die als Prabang bekannt war. Diese gab der Hauptstadt von Fa Ngum auf der nördlichen, laotischen Seite des Mekong Luang Prabang („Schrein des Prabang") ihren Namen. Sowohl kulturell als auch politisch baute Fa Ngum sein Königreich und seine Hauptstadt nach dem Vorbild der Khmer auf. Viele der schönsten buddhistischen Arbeiten in der Stadt stammen aus der Zeit von König Visun (1501–1520), der ein Wiederaufbauprogramm nach der Plünderung der Stadt durch die Vietnamesen im Jahr 1479 vollendete.

Von Anfang an war Laos von mächtigeren Nachbarn umgeben, aber das Königreich überlebte durch verschiedene (nicht immer freiwillige) Allianzen mit diesen. Unter dem Druck der Thai verlegte König Setthathirat (1548–1571) den Königssitz von Luang Prabang den Mekong hinab nach Vientiane und damit näher an die thailändische Stadt Ayutthaya. In Vientiane stehen heute noch einige der Monumente von Setthathirat: Teile des Bergtempels Pha That Luang im Khmer-Stil oder der Ho Phra Keo, der gebaut wurde, um dort den berühmten „Smaragd-Buddha" unterzubringen. Nach der Legende soll diese Statue, die allerdings aus einer Art Jade besteht, vor über 2.000 Jahren von den Göttern angefertigt worden sein. Er wurde aber erst im 15. Jh. in Nordthailand entdeckt und dann 1551 nach Laos gebracht. 1778 wurde die Statue von den Thailändern geraubt und dauerhaft im Wat Phra Keo (Tempel des Smaragd-Buddhas) in Bangkok ausgestellt. Dort wird er bis heute als heiligstes Buddhabild verehrt.

OBEN

Der Ho Phra Keo (Tempel des Smaragd-Buddha) wurde 1565 von König Setthathirat an der Stelle des früheren königlichen Palastes in Vien Chan gebaut. Der von den Thailändern 1828 weitgehend zerstörte Tempel wurde zwischen 1936 und 1942 rekonstruiert. Heute enthält er schöne Beispiele laotischer Kunst: diese Buddha-Skulpturen, die die Erde anrufen, seine Erleuchtung und seinen Sieg über Mara zu bezeugen.

GEGENÜBER

Detail der fein geschnitzten und vergoldeten Haupttüren des Wat Mai („neues Kloster") in Luang Prabang. Der von König Anurut (1795–1819) gegründete Tempel diente als Kapelle für das laotische Königtum und war der Sitz des Pra Sangkharat, des Oberhauptes der laotischen Sangha. Mehrere Jahrzehnte lang war auch die heilige goldene Buddha-Statue, der Prabang (siehe Haupttext) untergebracht.

ANGKOR THOM
TEMPEL DES GOTT-KÖNIGS

Der antike Komplex von Angkor, wo über 600 Jahre lang die Hauptstädte von einander folgenden Khmer-Königreichen lagen, bedeckt ein großes Gebiet von 32 x 16 km im Norden des kambodschanischen Tonle-Sap-Sees. In einem Gebiet, in dem es reichlich Wasser, Reis und Fisch gab, war Angkor perfekt für das imperiale Zentrum der Khmer geeignet. Die erste königliche Hauptstadt wurde hier 889 von König Yasovarman I. errichtet. Etwa ein Jahrhundert später gründete Suryavarman I. (1002–1049) den massiven Komplex Angkor Thom („Große Stadt"), das in der gesamten Periode ihrer imperialen Größe der Sitz der Khmer-Könige bleiben sollte.

In seiner heutigen Form ist Angkor Thom gewissermaßen die Fusion zweier Städte. Die erste hatte ihre Mitte im Tempel im Königspalast von Suryavarman I. Verdrängt wurde sie von der zweiten, die Jayavarman VII. (1181–1220) erbaute. Dieser König war ein eifriger Anhänger des Mahayana und baute den größten Teil von Angkor Thom, so wie es heute steht, sowie den nahe gelegenen Tempel Preah Khan und die Klöster in Ta Prohm. Er verlegte den Stadtkern 500 m nach Süden und baute den großen Bayon-Tempel in der Mitte der Hauptstadt mit quadratischem Grundriss. Diese umgab ein Graben von 90 m Breite und 16 km Länge. Sie befindet sich einen guten halben Kilometer nördlich des großen hinduistischen Tempels und des Mausoleums Angkor Wat von Suryavarman II. (1113–1150).

UNTEN
Garuda-Relief an der Terrasse der Elefanten in Angkor Thom (s. auch Bild S. 93). Der aus dem Hinduismus stammende mythische Schlangen fressende Garuda ist in der Regel halb Mensch, halb Adler und ist in Südostasien sehr beliebt.

DER KOSMISCHE TEMPEL
Der Bayon-Tempel folgt der Tempeltradition der Khmer: Um einen zentralen Turm stehen vier kleinere Türme, die zusammen den kosmischen Berg Meru repräsentieren. Der Tempel ist wie die gesamte Stadt nach den vier Himmelsrichtungen orientiert und bildet ein massives kosmisches Modell, ein *mandala*. Die Khmer-Tradition eines Herrschers als Gott-Königs *(devaraja)*, eines Weltretters in der Art eines *bodhisattva* oder eines universellen Herrschers *(chakravartin)* scheint Jayavarman VII. einen

OBEN UND LINKS

Das Nordtor des Bayon-Tempels (s. Grundriss links) hat markante Türme aus behauenem Sandstein. Er trägt wie die meisten der 54 Türme des Tempels das Gesicht des *bodhisattvas* Lokeshvara (Avalokiteshvara). Der Tempel wurde von Jayavarman VII. gebaut und die imposanten Gesichter sollen nach allgemeiner Auffassung Porträts von Jayavarman selbst sein. Zu seiner Zeit war das Gebäude größtenteils farbig bemalt und vergoldet.

OBEN, LINKS UND RECHTS
Hervorragende Reliefs mit Figuren von Königen und Gottheiten an der Terrasse des Lepra-Königs in Angkor Thom. Auf der Terrasse fanden möglicherweise rituelle Verbrennungen statt oder sie erinnert an einen König, der an Lepra starb.

GEGENÜBER
Relief aus dem Bayon-Tempel mit tanzenden *apsaras*, göttlichen Nymphen, die die Götter unterhielten und himmlische Ehefrauen von Königen und Helden wurden, die im Kampf starben.

Schritt weiter geführt zu haben, als er den Bayon baute. In der Mitte des Tempels stand eine Buddhastatue mit den Insignien eines *chakravartin* und mit Gesichtszügen, die ein Porträt des Königs zu sein schienen. Das riesige Gesicht des *bodhisattva* Avalokiteshvara (Lokeshvara) schaut gütig von den Eingangstürmen über eine große Anzahl von Göttern und Menschen. Wie schon beim Tempelbuddha sind wohl auch die Züge des *bodhisattva* die von Jayavarman selbst. Diese Gesichter gehören zu den eindringlichsten Bildern im Bayon, und wie vieles Andere im Tempel waren sie einst wohl auch mit Farbe und Blattgold verziert.

Die Leidenschaft von Jayavarman VII. führte zu einer hinduistischen Gegenreaktion nach ihm. Jayavarman VIII. (1243–1295) erweiterte und veränderte Angkor Thom, insbesondere vernichtete er zahlreiche Buddhabilder. Im ganzen Tempel wurden Buddhastatuen absichtlich zerstört oder hinter neuen Wänden versteckt. Eine Ausnahme bildeten die Gesichter auf den Türmen, vielleicht aus Respekt vor den königlichen „Porträts" oder weil ihre buddhistischen Züge nicht mehr direkt ersichtlich waren.

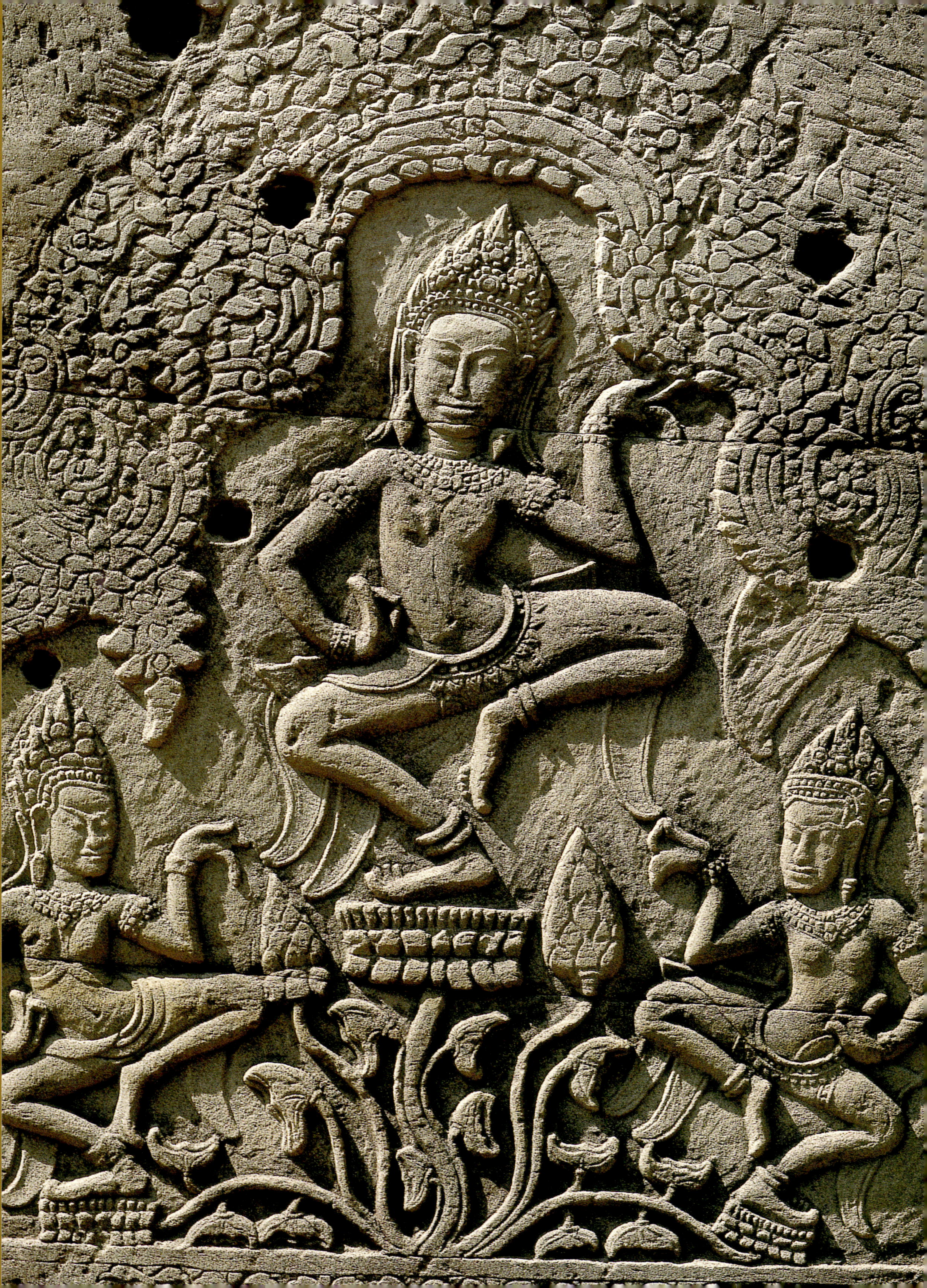

INDONESIEN UND MALAYSIA
BERGE DER GÖTTER

UNTEN
Detail einer Buddhastatue im burmesischen Tempel Wat Dhammikarama in Georgetown, Penang, Malaysia. Seit der Ankunft des Islam wird der Buddhismus in Malaysia und Indonesien hauptsächlich von Menschen mit chinesischem, srilankischem, burmesischem und thailändischem Ursprung ausgeübt. Der älteste burmesische Tempel in Malaysia, der Wat Dhammikarama, wurde 1803 gegründet.

Wie in anderen Teilen Südostasiens wurde auch die Verbreitung des Buddhismus in Java und Sumatra durch Kontakte mit Indien ausgelöst. Ein indischer buddhistischer Mönch landete im 5. Jh. im zentralen javanischen Königreich und bekehrte die dortige Königin. Unter ihrem Protektorat und dem ihres Sohnes konnte der Mahayana-Buddhismus Wurzeln schlagen, und bis zum Jahre 800 konnte durch Kontakte mit Nordostindien gesichert werden, dass das Tantra (Vajrayana) in Java präsent war.

Vajrayana-Tempel wie der Chandi Sewu auf Java wurden in der gesamten Region berühmt und Pilger kamen von weit her, um die Stätten auf Java und Sumatra zu besuchen, so u. a. im 7. Jh. die chinesischen Gelehrten Xuanzang und Yijing. Yijing studierte in Palembang, der Hauptstadt des Königreiches Srivijaya auf Sumatra, das ein bedeutendes Studienzentrum war. Leider ist aus der Srivijaya-Periode nichts erhalten, denn die meisten Tempel und anderen Bauten wurden aus Holz gebaut.

Das Königreich Shailendra auf dem benachbarten Java existierte etwa zeitgleich mit Srivijaya. Unter den Shailendra, die einen synkretistischen Mix aus Hinduismus und Buddhismus ausübten, erreichte der Mahayana-Buddhismus von der Mitte des 8. bis zur Mitte des 10. Jhs. seinen Höhepunkt. In dieser Zeit herrschten die Shailendra über ein Reich, zu dem Sumatra, die malaiische Halbinsel und sogar der Süden Kambodschas gehörte. Die Könige von Shailendra bauten einen der außergewöhnlichsten Tempel der Welt, den Borobudur (s. S. 102–105). Andere Bauten zeigen den Einfluss des indischen Gupta-Stils. Um 1100 verlegten die Shailendra ihren Sitz von der Mitte Javas in de Ostteil, und der Hinduismus erstand neu als die vorherrschende Religion in Java. Der Islam erreichte Sumatra um 1300 und innerhalb von zwei Jahrhunderten konvertierte die Mehrheit der Völker Sumatras, Javas und der malaiischen Halbinsel zum Islam und hinterließen dem Hinduismus nur eine kleine Enklave, die Insel Bali. In diesen Regionen ist der Buddhismus heute nur noch eine Religion für Menschen mit chinesischem oder srilankischem Hintergrund, deren Vorfahren im 19. Jh. hierhin zogen.

OBEN

Javanischer Brustschmuck aus geprägtem Gold in der Form einer Blume mit Schildkröten auf den Blütenblättern. In der Mitte befindet sich ein Bild des Buddha. Nach dem *Lotos-Sutra* des Mahayana ist die Begegnung mit einem Buddha ebenso selten wie das Erblühen des Udumbara-Baums *(Ficus glomerata)* oder eine blinde Schildkröte, die ein Stück Holz im Meer findet. Buddhistische Periode, vor 1300.

INDONESIEN UND MALAYSIA: BERGE DER GÖTTER

BOROBUDUR
DER ANSTIEG DES BUDDHA

OBEN
Weil die Gittersteine einer der 72 kleinen Stupas auf den oberen Terrassen von Borobudur beschädigt sind, wird ein meditierender Buddha enthüllt, der ansonsten nicht sichtbar wäre.

GEGENÜBER UND RECHTS
Luftbild und Grundriss (rechts) von Borobudur zeigen seine dreidimensionale *mandala*-Struktur. Der Anstieg des Gläubigen über die einzelnen Stufen bis zum höchsten Punkt war vermutlich beabsichtigt, um den spirituellen Pfad des *bodhisattva* vom *samsara* zu Erleuchtung und *nirvana* zu symbolisieren.

Der Borobudur, der um die Wende des 9. Jhs. von den zentraljavanischen Königen von Shailendra (s. S. 100) erbaut wurde, gehört mit Bagan und Angkor zu den großartigsten buddhistischen Stätten in Südostasien, obwohl es hinsichtlich der Form und der Größe nirgendwo sonst etwas Vergleichbares gibt. Die Anlage wurde auf einem quadratischen Grundriss mit einer Seitenlänge von 112 m gebaut und schaut in alle vier Himmelsrichtungen. Sie steigt über neun einzelne Terrassen zu einem stupaähnlichen Bau in der Mitte auf. Borobudur besteht aus fast zwei Millionen Steinblöcken, 1.500 Reliefs mit Inschriften, 1.200 Reliefs mit Bildern, mehr als 500 Buddhafiguren (einschließlich der 72 innerhalb der „Miniatur-Stupas" auf den drei oberen Terrassen sowie weitere ca. 1.500 Zierelemente in Stupaform.

Es ist unklar, warum Borobudur erbaut wurde und ob es als Tempel, Denkmal oder Grabmal, als gigantisches *mandala* oder als eine riesige Stupa angelegt wurde. Vermutlich ist es eine Kombination der beiden letzteren: Als Stupa würde es die Gesamtheit der Lehre des Buddha, das Dharma, repräsentieren, als *mandala* das Universum, in dem das Dharma gespielt wird.

Die einzige Erklärung für den Bilderreichtum wurde bislang noch nicht gefunden, aber strukturell und ikonografisch ist die Anlage dreigeteilt: Nach einer Theorie repräsentieren diese die drei Welten, durch die man auf dem Pfad des Erwachens oder der Erleuchtung ansteigt. Die untere Terrasse stellt den irdischen Teil des *samsara* und der fortwährenden Wiedergeburt dar (s. S. 26) und ist mit Reliefs verziert, die die Effekte des *karma* darstellen. Diese Ebene wurde später hinter Steinwänden versteckt, vermutlich um die gesamte Konstruktion bei Aufbau abzustützen.

DER ANSTIEG DES BUDDHA: BOROBUDUR 103

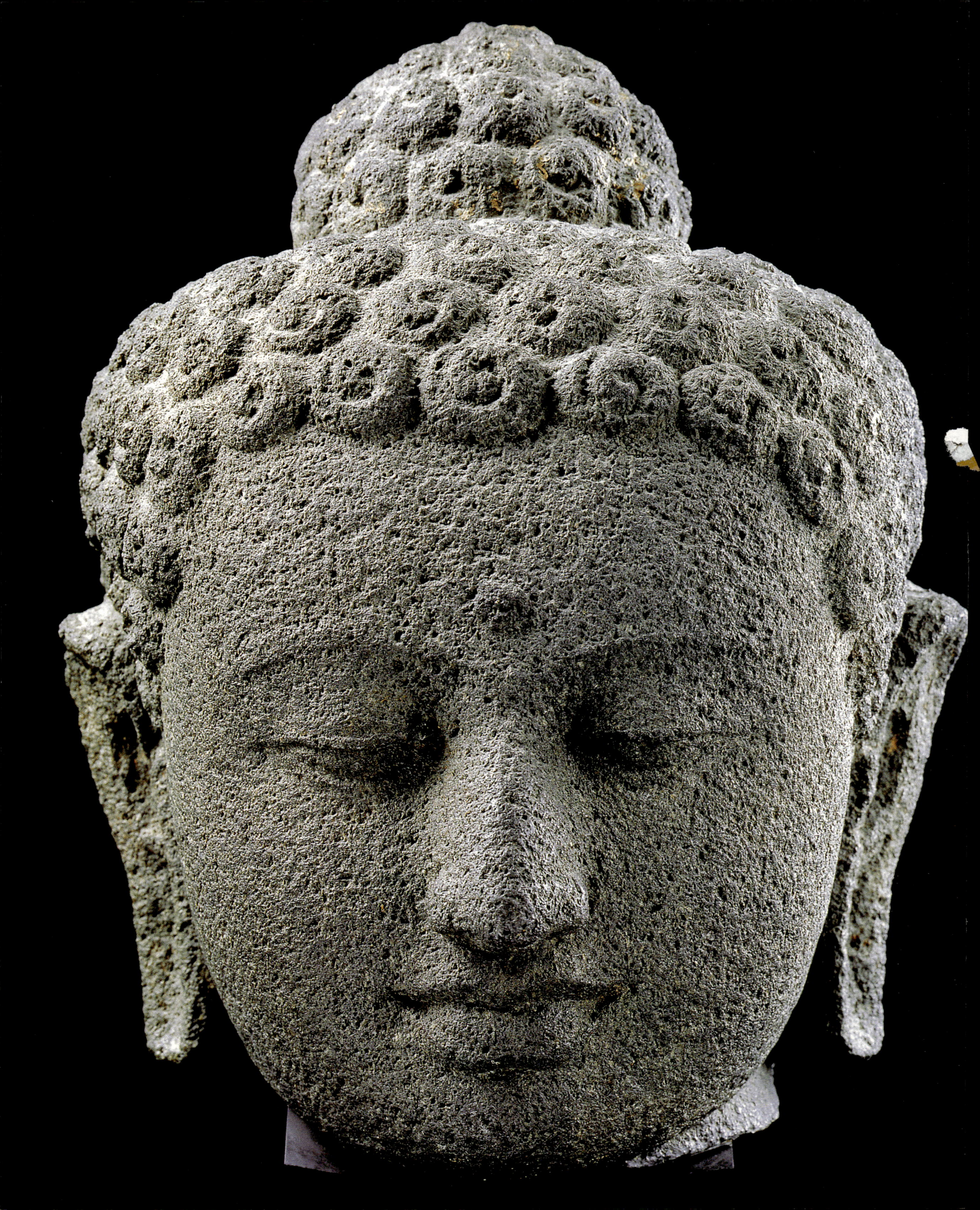

LINKS
Der Kopf des Buddha, der aus vulkanischem Andesit besteht, wurde im selben zentraljavanischen Stil behauen wie die fast 500 Buddhaskulp-turen von Borobudur und könnte von dort herstammen. Das runde Gesicht und die knopfartigen Locken zeigen den Einfluss der Gupta aus dem 4. bis 6. Jh. Mathura, Indien.

Die zentralen quadratischen Terrassen sollen die himmlische Welt des *bodhisattva*, des Gläubigen, der auf den spirituellen Pfad festgelegt ist, repräsentieren. Auf diesen Terrassen gibt es die meisten Reliefs, die das Leben des Buddha bis zur ersten Lehrrede, wie es im Lalitavistara beschrieben ist, sowie Episoden aus *Jataka*-Geschichten über seine früheren Leben darstellt. Die meisten Reliefs jedoch erzählen die Geschichte von Sudhara, eines jungen Mannes, der dem Pfad des Buddha zur Erleuchtung folgt und zeigt wahrscheinlich an, dass die ganze Anlage ein massives „Handbuch" für den gewöhnlichen Gläubigen ist.

Das obere Niveau der Anlage besteht aus drei runden Terrassen, auf denen 72 hohe Stupas stehen, die sitzende Buddhafiguren enthalten. Dieser Bereich wurde als die Welt der Formlosigkeit beschrieben, die Stufe, auf der der Gläubige das Erwachen, die Buddhahaftigkeit, erlangt: Er versteht die leere Natur aller Erscheinungen. In der Mitte, auf dem „Gipfel" der Anlage, steht eine einzelne leere Stupa: Sie symbolisiert das *nirvana*, das „Auslöschen" der Existenz und das Ende der Wiedergeburten im *samsara* mit seinem anhaltenden Leiden. Auf den runden Terrassen gibt es keine Reliefs. Sie legen dafür die Ruhe der Unendlichkeit nahe, ohne Anfang oder Ende.

Borobudur wurde etwa ein Jahrhundert nach seiner Erschaffung dem Verfall preisgegeben, als das javanische Königreich in den Ostteil der Insel zog. Über die folgenden Jahrhunderte wurde die Anlage vom Erdreich und vulkanischer Asche bedeckt, bis nichts mehr sichtbar war. Schließlich im frühen 19. Jh. wurde sie von europäischen Forschern wiederentdeckt. Seitdem wurde sie mehrfach untersucht, (zumindest zweimal) zusammengesetzt und restauriert.

OBEN
Steinrelief mit einer göttlichen Figur aus Borobudur. Die ganze Anlage hat auf 2,5 km länge Reliefplatten, die zumeist Ereignisse aus dem Leben des Buddha und Episoden aus buddhistischen *sutras* zeigen.

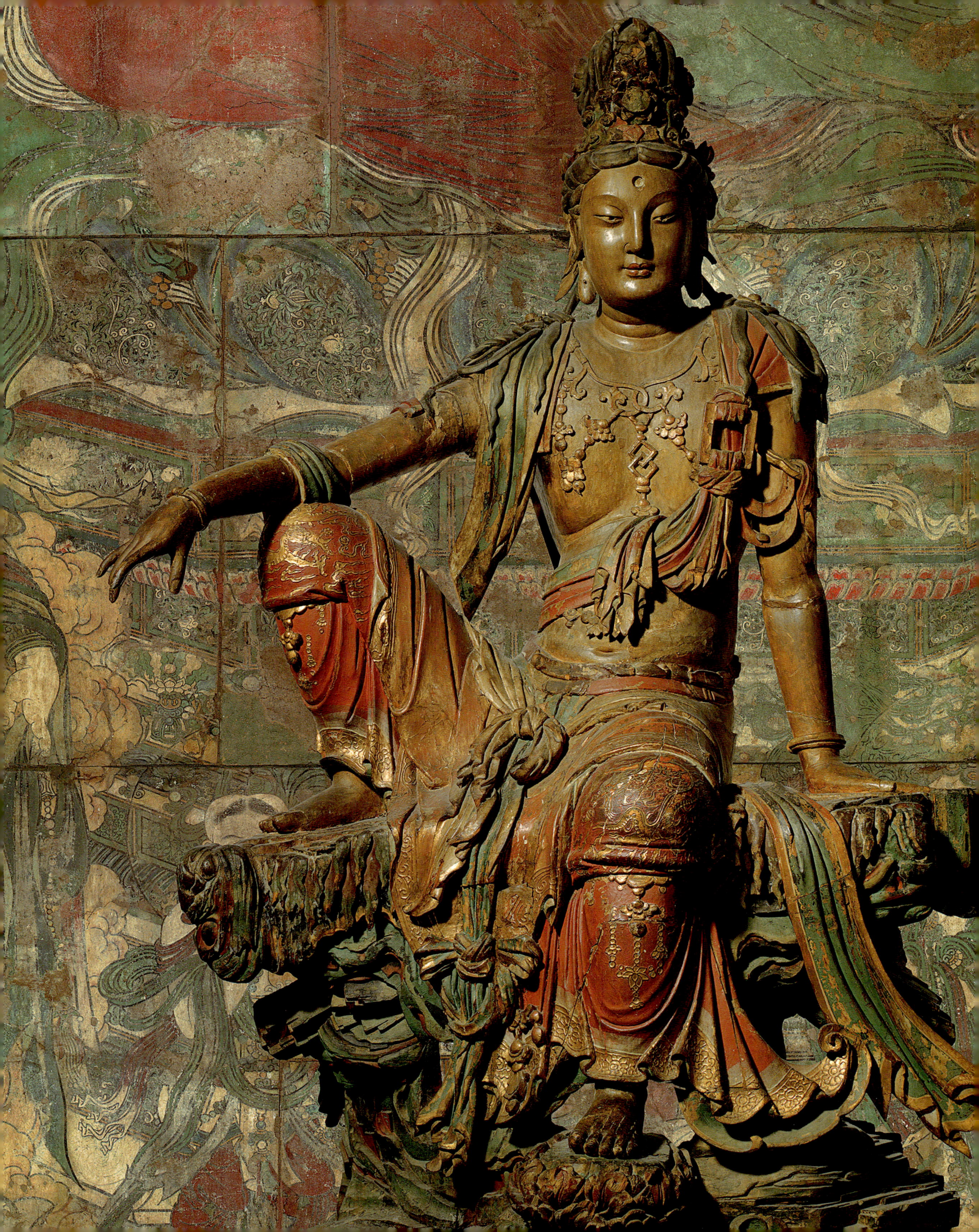

Viertes Kapitel

OSTASIEN

DIE MAHAYANA-TRADITION

GEGENÜBER
Bemalte Holzschnitzerei des Avalokiteshvara (Guanyin), des *bodhisattva* des Mitgefühls. Die körperliche Schönheit der Gottheit und die Kombination männlicher und weiblicher Attribute drücken einen spirituellen Gleichmut und sowohl einen edlen als auch einen mütterlichen Charakter aus. Mit einem Fuß auf dem Lotos scheint Guanyin bereit zu sein, aufzustehen und der leidenden Menschheit zu Hilfe zu kommen. Südliche Song-Dynastie, China, 11.–12. Jh.

CHINA

DER WEG DES BUDDHA

Es ist allgemein anerkannt, dass der Buddhismus in China während der Han-Dynastie (206 v. Chr.–220 n. Chr.) ankam. Die ersten buddhistischen Gemeinden wuchsen am Ende der Seidenstraße im Nordwesten Chinas durch den Einfluss der Missionare von Indien und Zentralasien heran. Mönche mit Texten und Ikonen mischten sich unter die chinesische, indische und zentralasiatische Bevölkerung in der Oase von Dunhuang. Für mehr als sieben Jahrhunderte war Dunhuang ein großes Zentrum für die Assimilierung buddhistischer Ideen, Schriften und religiöser Kunst (s. S. 114–117).

Mit seinem Verständnis für das Leid und seinem Versprechen für eine Erlösung schlug der Buddhismus Wurzeln in dem Chaos nach dem Zusammenbruch der Han-Dynastie. Die Nördlichen Wei förderten den Buddhismus: So wurden nun, im späten 4. Jh., die großen Grotten-tempel in Yungang und Longmen erbaut (s. S. 132–135). Es entstand der erste gänzlich chinesische Stil der buddhistischen Bildersprache, die durch schlanke Taillen und runde Gesichter geprägt war. Frühere chinesische Darstellungen des Buddha zeigten ihn in der Regel in nichtchinesischen Kleidern, und erhaltene Bronzen

GEGENÜBER
Einzigartige Statue von Shakyamuni, wie er das *Lotos-Sutra* predigt, neben ihm ein früherer Buddha, Prabhutaratna. Beide sitzen vor mandelförmigen *mandorlas*. Vergoldete Bronze, Nördliche Wei-Dynastie, 386–534.

RECHTS
Diese Andachtsstele aus Marmor mit einigen Vergoldungen und Übermalungen zeigt den Buddha und seine Schüler vor einem mandorlaförmigen Fries mit himmlischen Wesen. Nördliche Qi-Dynastie, 550–577.

aus dem 4. Jh. ähneln dem indischen Gandhara-Stil (s. 2. Kap.), wobei eine chinesische feurige *mandorla* (mandelförmiger Glorienschein) hinzugefügt wurde.

Der Buddhismus blieb jedoch eine fremde Religion, und Verfolgungen in der Mitte des 5. Jhs. behinderten die Verbreitung des Dharma. China war groß, es gab zu wenige Missionare, und die Chinesen hatten sowohl soziale als auch philosophische Gründe, um die importierte Religion abzulehnen. Die Ethik des klösterlichen Zölibats und das Heilsversprechen waren unvereinbar mit der konfuzianischen Betonung der Familie und der kindlichen Gehorsamkeit. Auch das Konzept der Wiedergeburt im *samsara* (s. S. 26) war den Konfuzianern fremd, deren Vorväter der lebenden Generation ihren Segen erteilten. Daoisten, die nach Unsterblichkeit strebten, argwöhnten den paradoxen Ideen des Theravada, der nach persönlicher Auslöschung im *nirvana* suchte, und des Mahayana, der eine Auslöschung und Erlösung in einem buddhistischen Himmel versprach (s. S. 118–119).

JAHRE DES WACHSTUMS

Ein Jahrhundert nach dem Han-Zusammenbruch war China von einem Einmarsch von Hunnenstämmen erschüttert. 311 floh der Kaiserhof, was zu einer bis 589 andauernden Teilung des Reiches führte. Im Laufe dieser Zeit entwickelte sich der Buddhismus in Chinas Süden anders als im Norden, der von den „barbarischen" Hunnen und Turkvölkern kontrolliert wurde. Die Religion im Süden im 4. und 5. Jh. war durch ein

LINKS
Der *bodhisattva* Avalokiteshvara (Guanyin) steht in einem aufwändigen Gewand auf einer Lotosblume. Diese polychrome Kalksteinfigur aus dem späten 5. Jh. zeigt die steigende Tendenz der Künstler der Wei–Dynastie, buddhistischen Figuren eine chinesische Identität zu geben.

Zusammengehen der kontemplativen Ideen des Daoismus und der der buddhistischen Schule von *prajña* (Weisheit) gekennzeichnet: Ihre Spekulationen über die „Leere" hinter den Erscheinungen (*wu* im Daoismus) und die „Substanzlosigkeit" (*shunyata* im Buddhismus) gehörten zur selben Strömung. Die Sangha im Süden konnte durch ihre Ablehnung, den säkularen Herrschern ihre Ehrerbietung zu erweisen, ihren Status in der Gesellschaft verbessern und Autonomie erlangen. Dafür fanden sie auch Unterstützung in einer neuen Aristokratie, die sich an der Ausstattung buddhistischer Klöster beteiligte.

Im Norden überlebten die buddhistischen Lehrer, indem sie sich den „barbarischen" Verwaltungen anschlossen und diese in der Staatskunst unterwiesen sowie deren zivile und militärische Anführer durch das Zeigen der *siddhi* (magische Kräfte) faszinierten. Aber in den letzten Jahren des Desintegration kam die Sangha im Norden und Süden wieder vermehrt in Kontakt: Im Norden neu übersetzte Texte wurden auch im Süden verbreitet und die „barbarischen" Herrscher im Norden wurden immer mehr sinisiert. Zu Beginn der Sui-Dynastie (581–618) war der Buddhismus ausreichend auf allen Ebenen der chinesischen Gesellschaft integriert und wirkte als eigene Kraft im Vereinigungsprozess. In dieser kurzen Periode der Sui-Dynastie setzte sich ein naturalistischerer Stil der Darstellung in der buddhistischen Kunst heraus, der gegenüber den hölzern

RECHTS
Der Mönch Xuanzang unternahm im 7. Jh. eine lange Pilgerreise nach Indien und kehrte 16 Jahre später mit vielen buddhistischen Texten zurück, wo er deren Übersetzung überwachte. Dieses Gemälde zeigt Xuanzang in Begleitung eines Tigers. Tusche und Farbe auf Seide. 9. Jh.

wirkenden Figuren in der frühen chinesischen Bildhauerkunst nun ein größeres anatomisches Bewusstsein zeigte.

Für die kulturelle Anpassung mussten nun buddhistische Texte übersetzt werden: Kumarajiva (344–413), ein zentralasiatischer Mönch, den man aus der Seidenstraßenoase Kucha in die nördliche Hauptstand Chang'an (das heutige Xi'an) kommen ließ, leitete dort im frühen 5. Jh. ein großes Team von Gelehrten, die Sanskrittexte übersetzten. Durch Kumarajiva gelangten die Madhyamaka-Abhandlungen („Mittlerer Pfad") des großen indischen Gelehrten Nagarjuna aus dem 2. Jh. (s. S. 55) und ein großer Teil des Literatur des *Prajnaparamita* („vollkommene Weisheit") in den chinesischen Kanon, was langfristige Konsequenzen für die Zähmung der Mahayana-Ideen hatte.

Der Gelehrte Xuanzang (602–664) ging auf eine 16-jährige Pilgerreise nach Indien, um buddhistische Texte zu sammeln. Als er 645 nach China zurückkehrte, erklärte der Tang-Kaiser Taizong über die eindrucksvollen Inhalte der Texte: „Auf diese Werke zu schauen ist, als ob man sich den Himmel oder das Meer beschaut. Sie sind so erhaben, dass man ihre Höhe nicht messen kann, so fundiert, dass kein Lot ihre Tiefe messen kann." Die Große Wildganspagode in Xi'an wurde fertig gestellt, um die Schriften unterzubringen. Der nächste Kaiser hatte für den Buddhismus keine Zeit übrig, dafür aber seine Frau Wu Zetian, die ihn überlebte und als Kaiserin herrschte (690–705). Sie unterstützte den Buddhismus, brachte ihn ins Herz des Palastlebens und gründete Schreine und Tempel in vielen Teilen des Reiches – wie spektakulär in den Grotten von Longmen gezeigt werden kann.

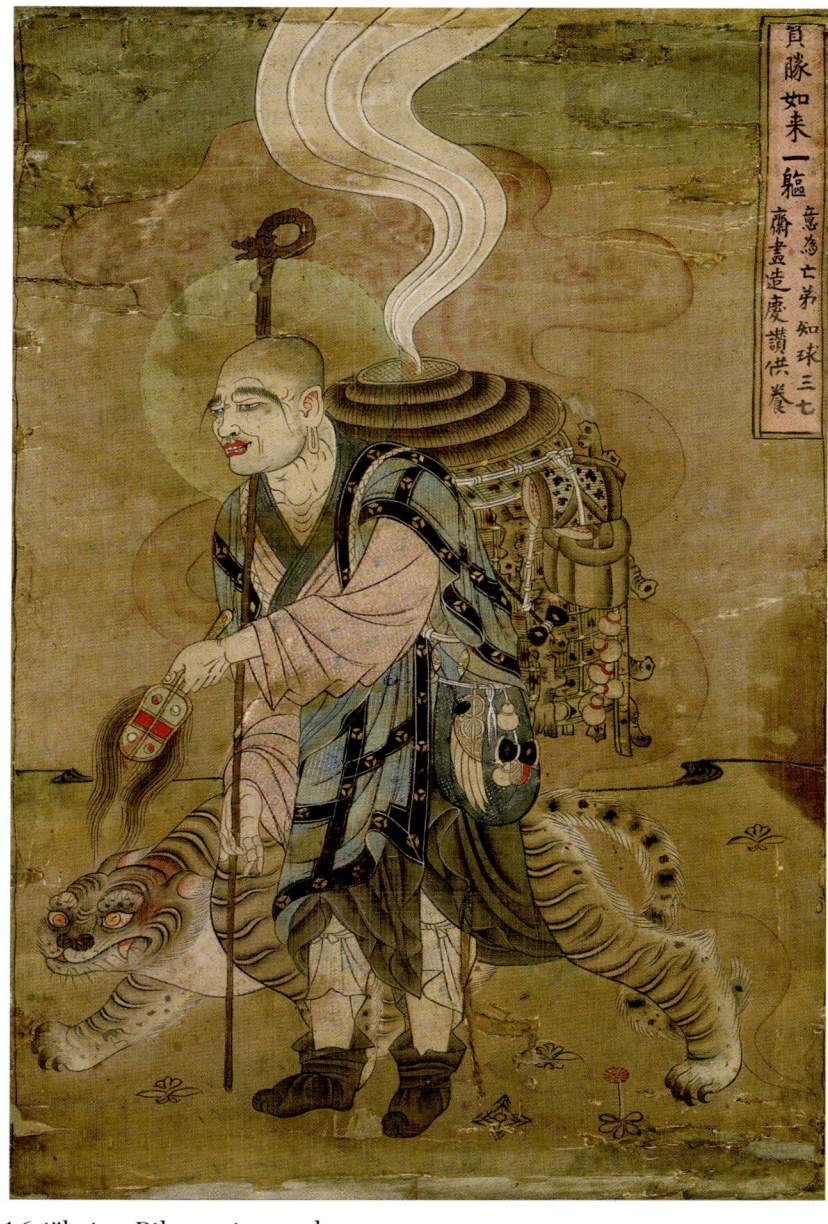

RECHTS

Das Frontispiz der chinesischen Version des *Diamant-Sutra* zeigt, wie der Buddha vor einer Ansammlung seiner Schüler predigt. Dieses *sutra* ist ein Text in Sanskrit aus der *Prajnaparamita*-Tradition des Mahayana und wurde um 400 von Kumarajiva übersetzt. Diese Rolle wurde mit Holzblöcken gedruckt, laut der Widmung im Jahre 868, was es zum ältesten gedruckten Buch der Welt macht. Die Rolle, die 1907 in den Grotten von Dunhuang gefunden wurde, besteht aus einer Reihe von bedruckten Seiten und ist über 5 m lang.

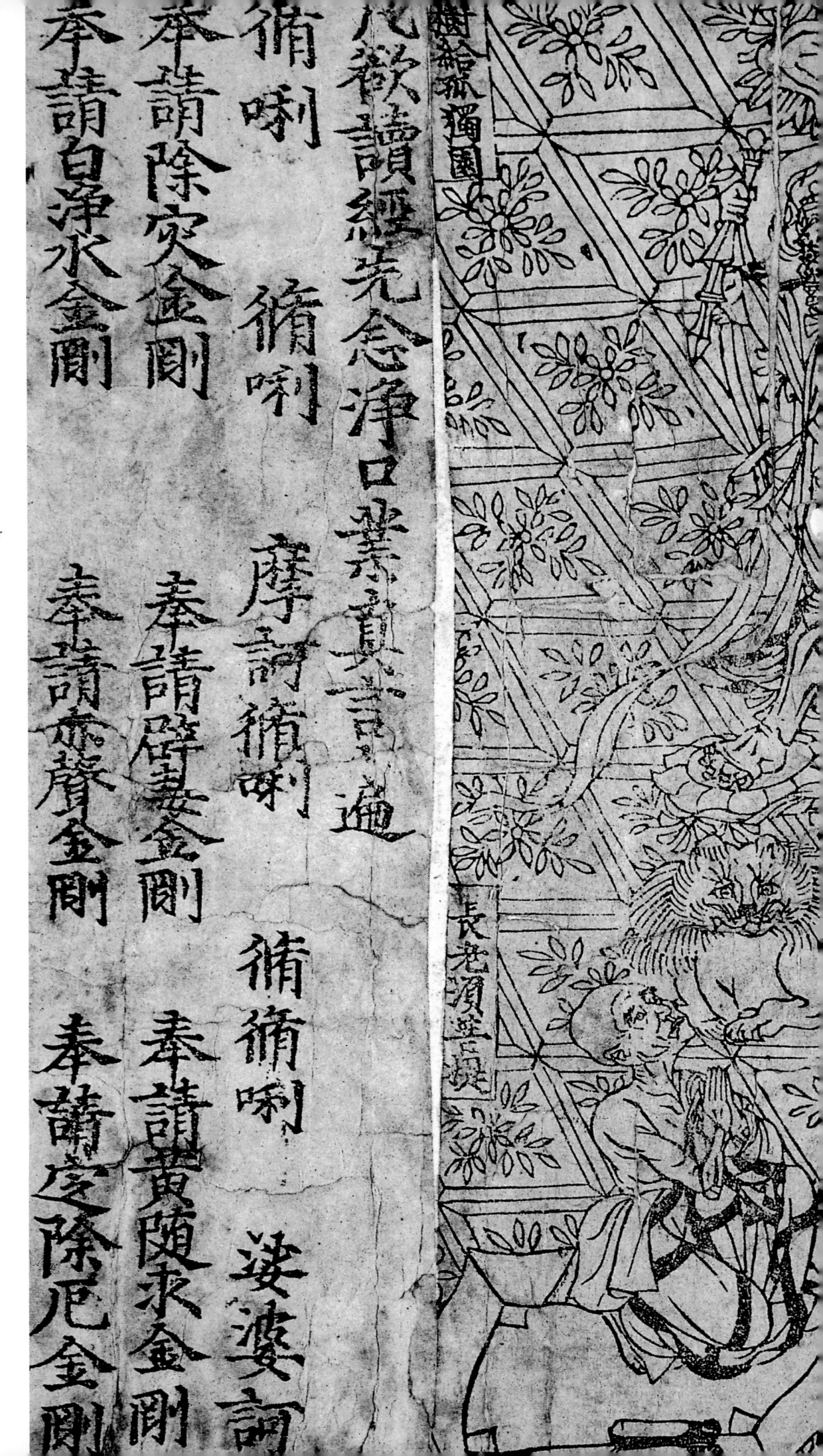

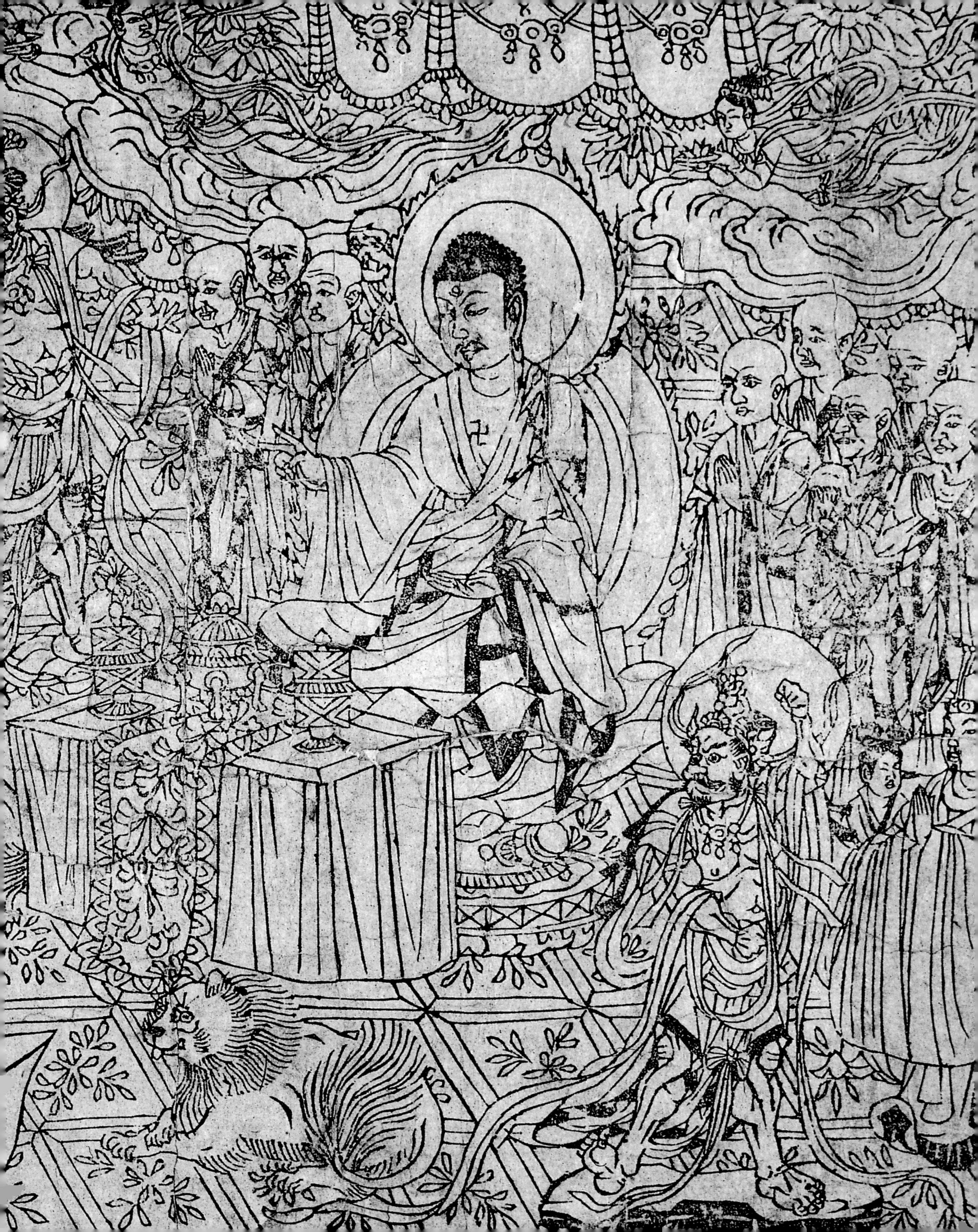

DUNHUANG
SCHREINE IN DER OASE

Dunhuang war eines der großen Zentren der antiken Künste und Studien des Buddhismus, aber diese winzige Oasenstadt in der Wüste Gobi, Hunderte km von der chinesischen Hauptstadt Chang'an entfernt, wurde ursprünglich vom Han-Kaiser im 1. Jh. v. Chr. als Vorposten im Kampf gegen die Hunnen errichtet. Das Ausmaß der militärischen Operationen wurde 1944 und 1979 bei Ausgrabungen durch chinesische Archäologen zum Vorschein gebracht: Dutzende Wachtürme und zahlreiche militärische und administrative Dokumente wurden gefunden.

Nachdem nun die Seidenstraße im Norden gesichert war, wuchs Dunhuang schnell an. Es wurde ein Umschlagplatz für Händler aus dem Osten und dem Westen, während sich missionierende buddhistische Mönche aus Indien und Zentralasien hier ab dem späten 3. Jh. niederließen, Chinesisch lernten und die buddhistischen Texte, die sie mit sich führten, übersetzten. Die Vermischung der Bevölkerungsgruppen führte zu einer reichen kosmopolitischen buddhistischen Kultur und zur Schaffung prächtiger Grottenschreine in einem trockenen Felsen im etwa 25 km von Dunhuang entfernten Mogao.

OBEN
Es zeigt den Guanyin an einem Lotosteich mit einem mondförmigen Glorienschein. Gemälde auf Papier aus Dunhuang, 10. Jh.

DIE TAUSEND-BUDDHA-GROTTEN
Die Grotten in Mogao, die wegen ihrer zahllosen Bildnisse später als Tausend-Buddha-Grotten bekannt wurden, wandelten die Region von Dunhuang bis weit ins 14. Jh. hinein zu einer bedeutenden Pilgerstätte um. Der Höhepunkt der buddhistischen Kultur in Dunhuang war jedoch in der Tang-Dynastie (618–906). Bis dahin wurden nahezu 500

Grotten mit 45.000 m² Wandgemälden und fast 3.000 gemalten Figuren geweiht. Diese früheste buddhistische Gemeinde Chinas entwickelte auch einen Kunststil, der wie die in Dunhuang ankommenden Ideen und Texte berufen war, für eine begrenzte Zeit im Osten die Grottenheiligtümer in Yungang und Longmen zu durchdringen (s. S. 132–135).

Nach über 600 Jahren der Vernachlässigung gerieten die Grotten von Mogao wieder in den Blickpunkt: Im frühen 20. Jh. entdeckte der daoistische Priester Wang Yuanlu die Schreine wieder. Wang erlaubte dem Gelehrten Sir Aurel Stein 1907, gegen eine finanzielle Unterstützung bei der Restaurierung der Grotten beträchtliche Sammlungen von Rollen und Gemälden für das British Museum mitzunehmen. Steins spektakulärster Fund kam aus Grotte 17, der „Bibliotheksgrotte" (Stein). Sie wurde mit Tausenden von Manuskripten und Hunderten von Bildern gefüllt und dann dauerhaft versiegelt – entweder eine Maßnahme zum Schutz vor Invasoren oder weil deren Inhalte nicht mehr genutzt wurden. Drei Jahre nach Stein kaufte der französisch-chinesische

OBEN

Die Meditationskapelle in Grotte 285 gehört zu den am besten erhaltenen Dingen in Dunhuang. An den Wänden und am Deckengewölbe tummeln sich Buddhas, *bodhisattvas*, Gläubige, Gottheiten und lebhafte Symbole. Dominiert wird der Schrein von einem auserlesen gewandeten Buddha. Ihm zur Seite sitzen meditierende Mönche, abgeklärt aber aufmerksam in einem Kosmos des Überflusses und der Bewegung.

SCHREINE IN DER OASE: DUNHUANG

RECHTS
Seidenmalerei aus Dunhuang aus dem 10. Jh. Es zeigt den Guanyin auf einem fließenden Lotos vor einem Hintergrund aus Bambusstämmen. Die Figur zur Linken wurde als eine Nonne namens Yanhui identifiziert, die kleinere Figur ist der Bruder des Stifters, der für die Inschriften verantwortlich war.

OBEN
Ein lebendiges Relief aus der Tang-Dynastie, das einen Mönch mit einem Rosenkranz in der rechten Hand zeigt. Die Figur wurde aus Backstein hergestellt und mit den typischen roten und blauen Pigmenten bemalt.

Gelehrte Paul Pelliot eine noch größere Sammlung auf, die heute im Musée Guimet und der Bibliothèque Nationale in Paris deponiert sind.

In den Grotten von Dunhuang gab es vier Kunstgenres: Gemälde, die direkt auf die stuckverzierten Schreinwände gemalt wurden, Gemälde auf Seide und Papier, dreidimensionale Stuckfiguren und Stickereien. Die letzteren waren zumeist verzierte Banner, die für farbenfrohe Mahayana-Rituale verwendet wurden. Die Gemälde und Skulpturen, die zumeist lehrende Buddhas, den Buddha Amitabha in seinem Paradies sowie *bodhisattvas* darstellen, waren für die Andacht bestimmt. Es waren Stiftungen von Laien, deren Porträts oft mit in den Stuck einmodelliert wurden bzw. am Rande eines Gemäldes eingefügt wurden.

In den Jahrhunderten zuvor dominierten Künstler aus Indien und Zentralasien den Stil in Dunhuang und brachten ein westliches Gepräge mit. Das großartige Schwarz und Rot erinnert an Ajanta (s. S. 53). Auch die Form des Buddha, sein indisches Gewand und der Lotos-Sitz kommen aus der indischen Mahayana-Tradition. Spätestens jedoch in der Tang-Dynastie ist die chinesische Liebe für Linien in diesen Stil eingedrungen: Ein einzigartiger Stil aus Elementen der östlichen wie der westlichen Tradition ist entstanden.

众生處代如電光　　　　　　　　　　　此神生浄土敬造大聖
須史業盡即无常　　　　　　　　　　　觀世音菩薩一心供養
慈悲觀音濟群動　　　　　　　　　　　因界淸升之聊申誹二為
曾何世間作橋梁　　　　　　　　　　　同伴師僧
捨施淨財成真儀　　　　　　　　　　　大悲救苦觀世音菩薩
元朋曜皖綵繪莊　　　　　　　　　　　
推頭三界生淨土　　　　　　　　　　　供養
三餘氣晃上天堂　　　　　　　　　　　故繪畫敬中監
維天復己歲甲　　　　　　　　　　　張有成一心
午歲七月
十五日早
初記

PFADE ZUR ERLÖSUNG

CHINESISCHE SCHULEN UND MEISTER

Der Buddhismus konnte als vereinigende Kraft innerhalb des chinesischen Staates nur funktionieren, wenn die Sangha unter kaiserlicher Kontrolle gehalten wurde. In diesem Sinne setzte der Sui-Kaiser einen Abt ein, der für die Disziplin der buddhistischen Gemeinde verantwortlich war. Immer wieder schürten Demagogen Unruhen mit der Losung, ihr Zeitalter würde die letzte buddhistische Periode sein. Die Behörden der Sui und der Tang unterdrückten aber diese Bewegungen. Der Buddhismus verschmolz auch mit religiösen Volkskulten, deren Rituale und Schreine für lokale Gottheiten durch die Hinzufügung buddhistischer Elemente eine neue Identität bekamen, und das machte ihn für das Volk dynamisch und farbenfroh.

DAS REINE LAND UND CHAN

Die Lehre des Reinen Landes, die China in der unruhigen Zeit nach dem Zusammenbruch der Han-Dynastie erreichte, entwickelte sich aus einer indischen Mahayana-Theorie aus dem 1. und 2. Jh. n. Chr. Der Kult des Amitabha, des Buddha des Unermesslichen Glanzes, wurde zu einem Pfad der Erlösung, der eine Wiedergeburt in einem „Reinen Land" anbot, das von himmlischen Buddhas und *bodhisattvas* regiert wird. Menschen, die in diesem Leben leiden mussten, könnten eine glückliche Wiedergeburt erleben, ohne auf Erden Erleuchtung erlangt zu haben. Der am meisten gewünschte Himmel war Sukhavati, das Paradies des Westens. Dies war das Reich von Buddha Amitabha (chin.: Amituo Fo) und seiner Manifestation Avalokiteshvara, des *bodhisattva* des Mitgefühls. Die Mahayana-*sutra* Sukhavativyuha beschreibt dieses Paradies als einen Ort der Glückseligkeit und Schönheit, an dem alle ohne Ausnahme den Lehrreden des Buddha zuhören können.

LINKS
Kalksteinrelief aus der späten Nördlichen Wei-Dynastie (386–534), das einen lächelnden Buddha mit einem Nimbus aus Lotosblütenblättern zeigt. Sein Gesicht und sein Hals tragen Spuren einer Vergoldung. Sechs fröhliche himmlische Figuren schmücken den oberen Rand der mandelförmigen *mandorla*. Die Figur befand sich mit anderen Statuen aus dem 6. Jh. in einem lange vergessenen buddhistischen Tempel in Qingzhou, Provinz Shandong, wo sie 1996 gefunden wurde. Die Figuren wurden im 12. Jh. sorgfältig eingegraben, weil sie vermutlich entweder alt und schwer zu restaurieren waren (die meisten waren beschädigt) oder weil man sie aus Furcht vor Verfolgung versteckte.

GEGENÜBER
Steinerne buddhistische Votivstele aus dem Jahr 557, die von einer Familie Yan gestiftet wurde (Nördliche Qi-Dynastie, 550–577). In der Mitte der thronende Buddha, neben ihm *bodhisattvas* mit *mandorlas*.

LINKS
Bemalter Kalksteinbuddha aus der Grotte in Qingzhou. Die Figur zeigt den runderen, sinnlicheren Stil der Nördlichen Qi-Dynastie (550–577), verglichen mit der zurückhaltenden Anmut der Skulpturen unter den Nördlichen Wei, die in derselben Grotte gefunden wurden und nur einige Jahrzehnte älter sind (s. S. 119).

Als diese neue und beliebte Mahayana-Sekte des Amitabha China erreichte, lehrte sie, dass es, um nach Sukhavati zu kommen, ausreichen würde, seinen Geist sieben Nächte lang auf Amitabha zu fokussieren oder aber das Mantra Nianfo Amituo Fo („Huldigung des Buddha Amitabha") zu rezitieren. Der Kult war besonders in Südchina erfolgreich, nachdem das *Suk ha va ti vyu ha* von Ji Qian übersetzt wurde, einem Mönch aus Zentralasien, der dort unter der Gönnerschaft des Kaisers im frühen 3. Jh. arbeitete. Der Kult des Avalokiteshvara (Guanyin) war mit der Hingabe an das Reine Land eng verbunden, und viele Guanyin-Figuren tragen das Emblem des Amitabha im Kopfschmuck.

Chan, die Schule der Meditation, stellte eine weitere Richtung des Mahayana dar, die weitreichenden Einfluss auf die Entwicklung des Buddhismus hatte – insbesondere in Korea als Son und in Japan als Zen. Chan, (von sansk.: *dhyana;* Meditation), rühre aus den Lehren des indischen Mönches Bodhidharma her, der im frühen 6. Jh. nach China reiste. Obwohl er das lange und komplexe *Lankavatara-Sutra* mitgeführt hätte, aus der die Lehren des Chan zumeist entwickelt wurden, lehnte diese chinesische Schule der „Nur-Meditation" buddhiestische Texte und Rituale ab und betonte, dass in jedem Wesen eine „Buddhanatur" lebte, die in leiser Meditation erkannt werden kann. Das Zeigen auf das Dharma wurde so zu einem natürlichen Prozess, der mit den bilderfeindlichen Prinzipien der daoistischen Weisen in China verwandt ist, die sich aus der Gesellschaft zurückzogen, um ein Leben des intelligenten Müßiggangs zu kultivieren.

Ein Zusammengehen einer schmucklosen buddhistischen Meditation und der intellektuellen Freiheit des Daoismus entwickelte sich in Südchina in der Periode der Desintegration in eine Kultur, die notwendig Lehrer und Klöster hervorbrachte. Trotzdem übermittelten die Chan-Meister ihre Lehre weiterhin mündlich, und die paradoxe Weisheit und die witzigen Konversationen der Chan-Patriarchen wurden in einer Reihe von Anthologien aufgezeichnet und später zur Grundlage des koreanischen Son und des japanischen Zen.

Neben den Meistern des Reinen Landes und des Chan gab es als herausragende Figur noch den Gelehrten Zhiyi (538–598), der die Gesamtheit des buddhistischen Kanons zusammenfasste und systematisierte. Er begründete am Berg Tiantai Shan (Prov. Zhejiang) eine Schule, die auf dem *Lotos-Sutra (Saddharmapundarika-Sutra)* basierte. Dies erklärte, dass der historische Buddha eine frühe Inkarnation des ewigen Buddha war und dass alle kanonischen Texte ihren Ort in verschiedenen Phasen der Lehre des Buddha hatten, die jeder Gläubige entsprechend dem Niveau seines Verständnisses erreichen kann. So wie „jedes Staubkorn und jeder Augenblick, den man denkt, das Universum enthält" – Zhiyi –, so repräsentierte das *Lotos-Sutra* die Summe des gesamten Dharma, auch wenn es nur einen Text im Kanon gab. Die Tiantai zong, wie diese Schule später hieß, meinte, dass einfach nur das *sutra* zu rezitieren den Pfad zur Erlösung bedeuten würde. Das *Lotos-Sutra* wurde zum beliebtesten und einflussreichsten *sutra* im ostasiatischen Buddhismus (s. auch S. 168–169).

OBEN

Steinpagode aus dem 10. Jh. im Kaiyuan-Tempel in Quanzhou, Prov. Fujian. Die Pagode verbindet die Stupa mit dem traditionellen chinesischen Torturm und ist vermutlich auch von den nepalesischen Bauten mit vielen Dächern inspiriert – sie ist ein eigenständiger chinesischer Beitrag zur buddhistischen Architektur in Ostasien. Vom 10. bis zum 12. Jh. war die achteckige Form vorherrschend. Später verblasste aufgrund des Aufschwungs des Chan (Zen) die Bedeutung der Pagoden: Chan beinhaltete keine Gottesdienste in Pagoden oder in deren Nähe als Teil seiner Rituale.

OBEN

Bemaltes Seidenbanner mit der Darstellung eines *bodhisattva*, der die Stifterin des Banners in das Reine Land des Buddha Amitabha führt, das durch das Gebäude auf Wolken in der oberen linken Ecke dargestellt ist. Der Reichtum der Stifterin wird durch ihre Rundlichkeit und die goldenen Haarnadeln symbolisiert. Dunhuang, frühes 10. Jh.

RECHTS

Kopf einer Marmorfigur aus der Tang-Dynastie (618–907), die höchstwahrscheinlich die „Göttin der Barmherzigkeit" Guanyin, eine vollständig feminisierte Transformation des *bodhisattva* Avalokiteshvara. Runde Gesichter und reiche Verzierungen waren charakteristisch für religiöse und weltliche Tang-Figuren.

Eine weitere bedeutende chinesische Sekte des Mahayana war die Huayan zong, deren wichtigster Patriarch, Fazang (643–712), ein Schüler von Xuanzang war und als Assistent in seinem Übersetzungsbüro arbeitete. 704 rief Kaiserin Wu ihn zu sich, damit er ihr das *Blumengirlanden-Sutra* erkläre (sansk.: *Avatamsaka-Sutra*, chin.: *Huayan Jing*). Ergebnis dieser Audienz war Fazangs großer Essay über den Goldenen Löwen, der die Huayan-Analyse der Leere (shunyata) darlegte: Die *shunyata* manifestiere sich auf zwei Ebenen: der quintessenziellen *(li)* und der dynamischen oder manifesten *(shih)*. Das Gold der Löwenskulptur war das Symbol für *li*, während die Form des Löwen das *shih* war. So wie das Gold den ganzen Löwen bedeckte, so sind alle Erscheinungen Manifestationen einer einzigen Essenz *(li)*, die ihre Identität verloren hat, die differenziert werden könnte.

Fazang erklärte dieses Konzept seinen Anhängern auch, indem er eine Lampe mit acht Spiegeln umgab und zeigte, wie eine Erscheinung (die Lampe – ein frühes buddhistisches Symbol des Dharma) unendlich in seiner Umgebung widergespiegelt werden kann, ohne dass die Essenz geopfert wird.

DER RUHM DER TANG

618 gründete der junge Kaiser Gaozu (618–626) die Tang-Dynastie (618–907), die das Reich einigte. Der Handel mit dem Westen expandierte und führte zu einem beispiellosen nationalen Reichtum und einem Aufblühen der bildenden Kunst, der Musik und der

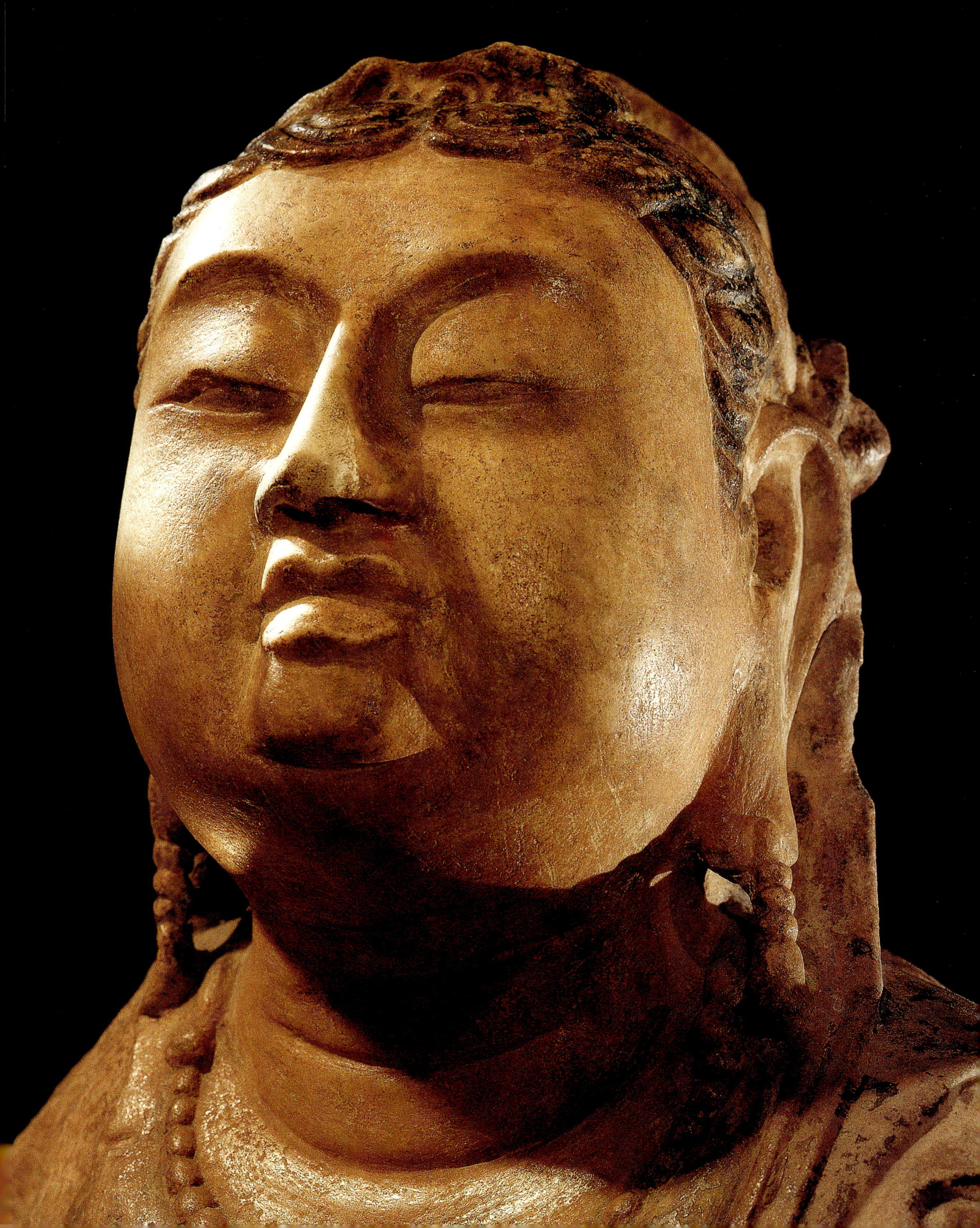

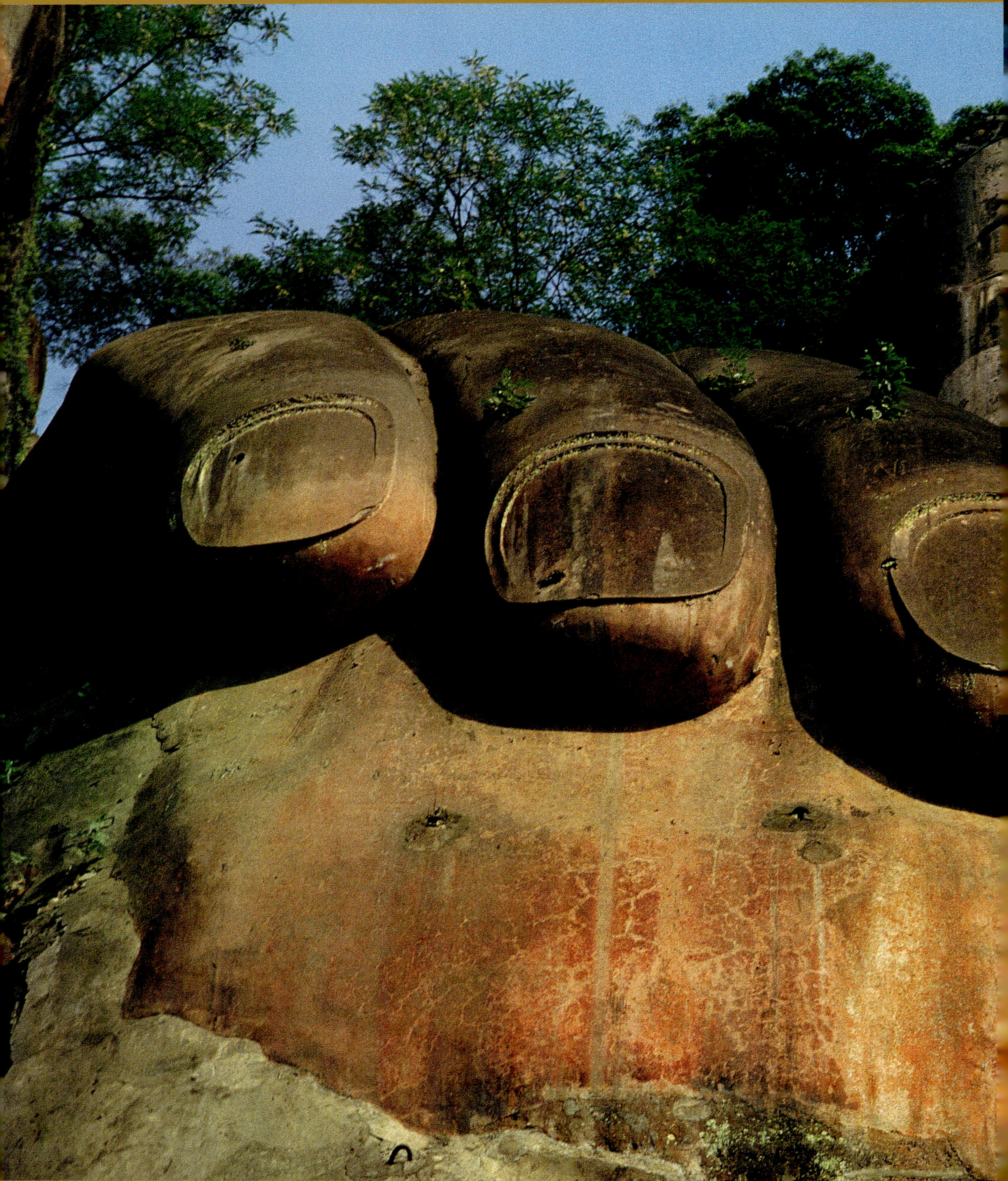

LINKS
Die gigantische Figur des Maitreya (chin.: Mile), des kommenden Buddha, wurde in eine Felswand an Zusammenfluss dreier Ströme in Leshan, Prov. Sichuan, gehauen. Die Arbeiten an diesem größten Steinbuddha, der von den Füßen nahe des Wasserspiegels bis zum Kopf am oberen Ende der Felswand 71 m misst, dauerten von 713 bis 803. Nach der Mahayana-Überlieferung wird die Welt ein „dunkles Zeitalter" des Chaos erleben, in dem das Dharma vergehen wird, aber in einer Epoche in der Zukunft bei der Wiederankunft des kommenden Buddha, Maitreya, wieder hergestellt wird. Zeiten der Unruhe brachten im kaiserlichen China manchmal messianische Bewegungen für Maitreya hervor, dessen Anhänger glaubten, dass ein neues Zeitalter bevorsteht.

UNTEN
Sieben silberne und goldene Schreine aus dem Famen-Temple in der Provinz Shaanxi aus dem Jahr 871 (Tang-Dynastie). Der kleinste enthielt vermutlich einen Fingerknochen des Buddha, eine von vier derartigen Reliquien, die in der Tang-Dynastie gefunden wurden, und die einzige, die erhalten ist. Als die Schreine 1987 bei Reparaturarbeiten in der Tempelpagode gefunden wurden, befanden sie sich in einem Holzkasten, der jetzt verrottet ist.

Dichtung. Die Hauptstadt Chang'an (Xi'an) wurde zu einer eleganten kosmopolitischen Stadt mit chinesischer und angesiedelter Bevölkerung aus dem Norden und sogar aus dem Nahen Osten. In einem Milieu der Toleranz nicht-einheimischer Glaubensrichtungen – abgesehen von Verfolgungen in der Mitte des 9. Jhs. – erhielt der Buddhismus von Herrschern wie Taizong oder der Kaiserin Wu kaiserliche Unterstützung (s. S. 111 und 122). Zahlreiche Klöster und Tempel wurden jetzt gebaut. Keines dieser Bauten ist vollständig erhalten, aber japanische Gebäude im Tang-Stil aus dem 7. Jh. kann man im Tempelkomplex Horyu-ji in der japanischen Präfektur Nara sehen.

Der Buddhismus in der Tang-Dynastie durchdrang das Leben in China wie nie zuvor. 838 besuchte der japanische Mönch Ennin den Berg Wutai Shan, der für den *bodhisattva* Manjushri heilig ist. Dort, wo über 300 Tempel gebaut wurden, erlebte Ennin in Städten und Dörfern die Begeisterung der Mönche, Pilger und des einfachen Volkes – ein Phänomen, das in China selbst nur kurzlebig war, aber weit reichende

126 OSTASIEN: DIE MAHAYANA-TRADITION

Konsequenzen für die Entwicklung des Buddhismus in Japan hatte. Das war die Blütezeit des chinesischen Buddhismus, und die buddhistische Tugend der Großzügigkeit *(shila)* wurde gepflegt: Der kaiserliche Hof und die wohlhabenden Klöster finanzierten den Bau von Schreinen, Krankenhäusern und anderen öffentlichen Einrichtungen, die dann nicht selten von der Sangha verwaltet wurden.

Viele der großen Tang-Poeten wurden durch den Buddhismus stark beeinflusst und beschworen seine kontemplativen Aspekte. In einem Extrem beschrieb Bai Juyi (772–846) in einem Poem aus dem frühen 9. Jh. die Jade- und Golddekoration der Bilderhalle eines Klosters, wo „weiße Buddhas sitzen wie Baumreihen". Im anderen Extrem wird das meditative Leben von Dichtern wie Hanshan beschworen, der die Armut und die Einsamkeit des Eremiten beschrieb, aber gleichzeitig an seiner kontemplativen „Perle des Geistes" festhielt.

Die großen künstlerischen Leistungen der Tang waren keine Monumentalbauten. In späten Beispielen der Bildhauerkunst in Longmen und in Grottentempeln am Berg Tianlong (Prov. Shanxi) haben die Tang-Künstler einen

OBEN

Zwei Reiter in einer Landschaft: Siddhartha und sein Stallmeister Chandaka. Dieses Fragment eines schönen Gemäldes auf Stein aus dem 7. Jh. ist eines der wenigen Kunstwerke der Tang-Malerei, die bis heute erhalten sind.

GEGENÜBER
Vergoldeter silberner Vorratsbehälter für Ziegeltee. Der mit Vögeln verzierte Behälter wurde 1987 zusammen mit Reliquienbehältern (s. vorhergehende Seiten) in einer Kellerkammer in der Pagode des Famen-Tempels gefunden. Famen, der unweit der Tang-Hauptstadt Chang'an liegt, war ein wohlhabendes Kloster, das von mehreren Tang-Kaisern unterstützt wurde.

humanen Buddhismus ausgedrückt. In Longmen (s. S. 132–135) steht ein *bodhisattva* gleichmütig und mitfühlend und hebt die rechte Hand elegant nach oben zu einer zur Furchtlosigkeit auffordernden Geste *(abhaya mudra)*. Dieser lächelnde erhabene Retter mit rundem Gesicht und runden Lippen, der eng anliegende Kleidung und hervorragend herausgearbeitete Juwelenketten trägt, ist zweifelsohne chinesisch. Die Buddhas und *bodhisattvas* in Tianlong, die in knapp verhaltener Bewegung dargestellt sind, werden vermenschlicht: königlich, aber nicht mehr abhängig von den fürstlichen indischen Ideal, das der Prototyp der früheren Bildsprache der *bodhisattvas* war.

Ein weiterer Aspekt dieses Prozesses war die Umwandlung des *bodhisattva* Avalokiteshvara in die schützende weibliche Gottheit Guanyin. Kurz vor dem Machtantritt der Tang hatten Sui-Künstler die naturalistische Darstellung der menschlichen Form zu einer Perfektion gebracht, die menschliche Schönheit mit himmlischer Spiritualität kombinierte. Die Guanyin-Figuren der Tang (s. S. 123) aber haben eine warme und trostreiche Präsenz, die bis zur Mitte des 9. Jh. vornehm und sinnlich wurde. Die Betonung der lebenden Form, die häufig durch dreidimensionale Keramiken ausgedrückt wurde, war für die Tang charakteristisch.

Bis zu den Tang wurde das „chinesische" Gesicht von den Künstlern komplett stilisiert, Gesten und Kleidung konventionell ausgeführt. Eine ästhetische Entwicklung unter den Tang lag in der Schaffung von Porträtbildern. Diese Tendenz spiegelte sich in den späteren Schreinen in Dunhuang wider (s. S. 114–117), in denen eine Buddhafigur aus Stuck zwischen die Figuren der Stifter des Schreins platziert wurde – der äußerst naturgetreue Buddha in Dunhuang selbst weist auf die Gegenwart eines lebenden Weisen hin.

Im Gegensatz dazu stellen die bemalten Seiden in Dunhuang eine Vielfalt der Genres dar. Einerseits wird den Porträts der Stifter am Rand des Bildes Platz gegeben, andererseits gibt es viele Seidengemälde mit konventionellen *bodhisattvas*, auf denen die Gesichtszüge, Gewänder und auch die Farbgebung nach indischem oder zentralasiatischem Stil ausgeführt sind.

OSTASIEN: DIE MAHAYANA-TRADITION

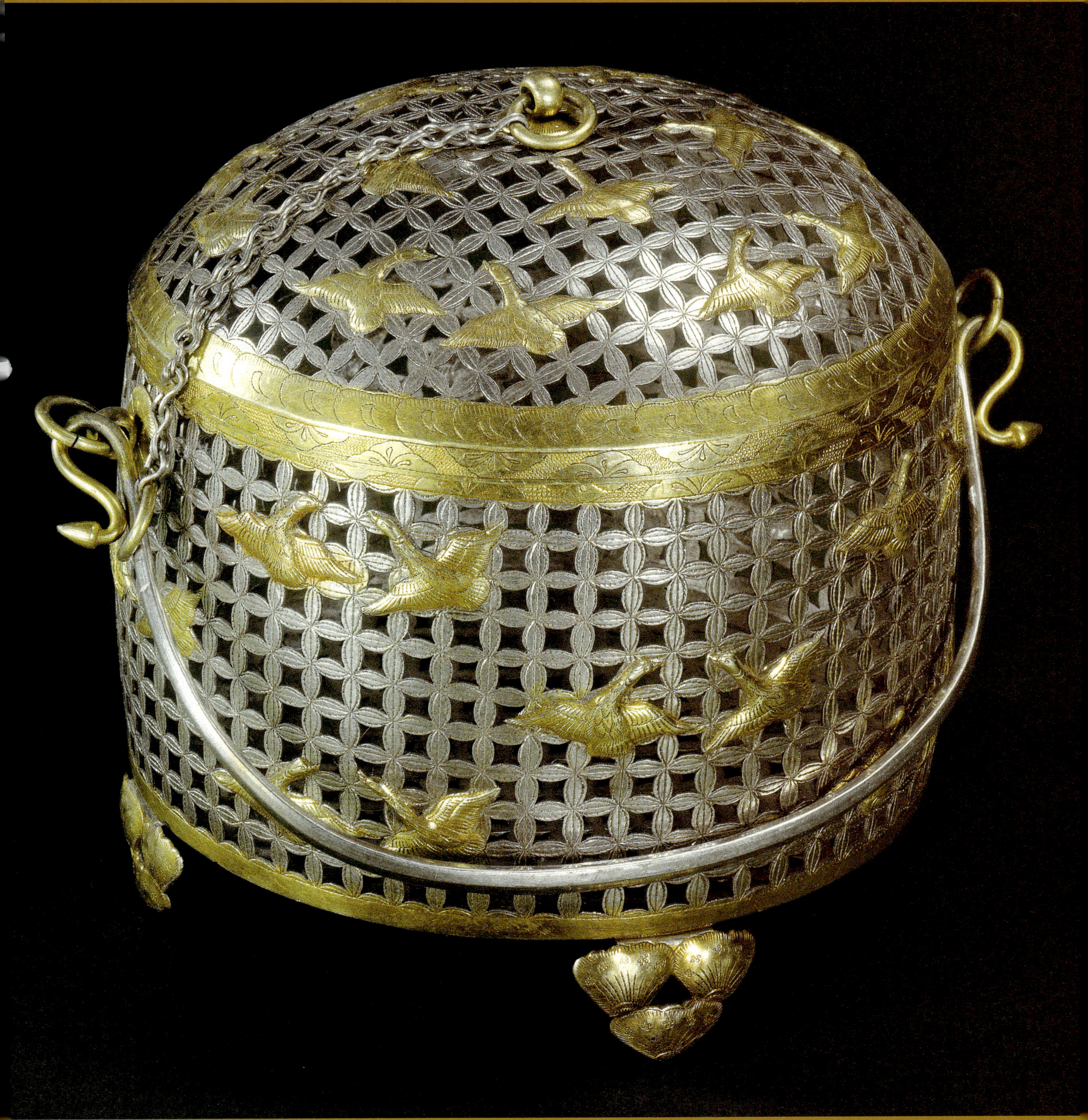

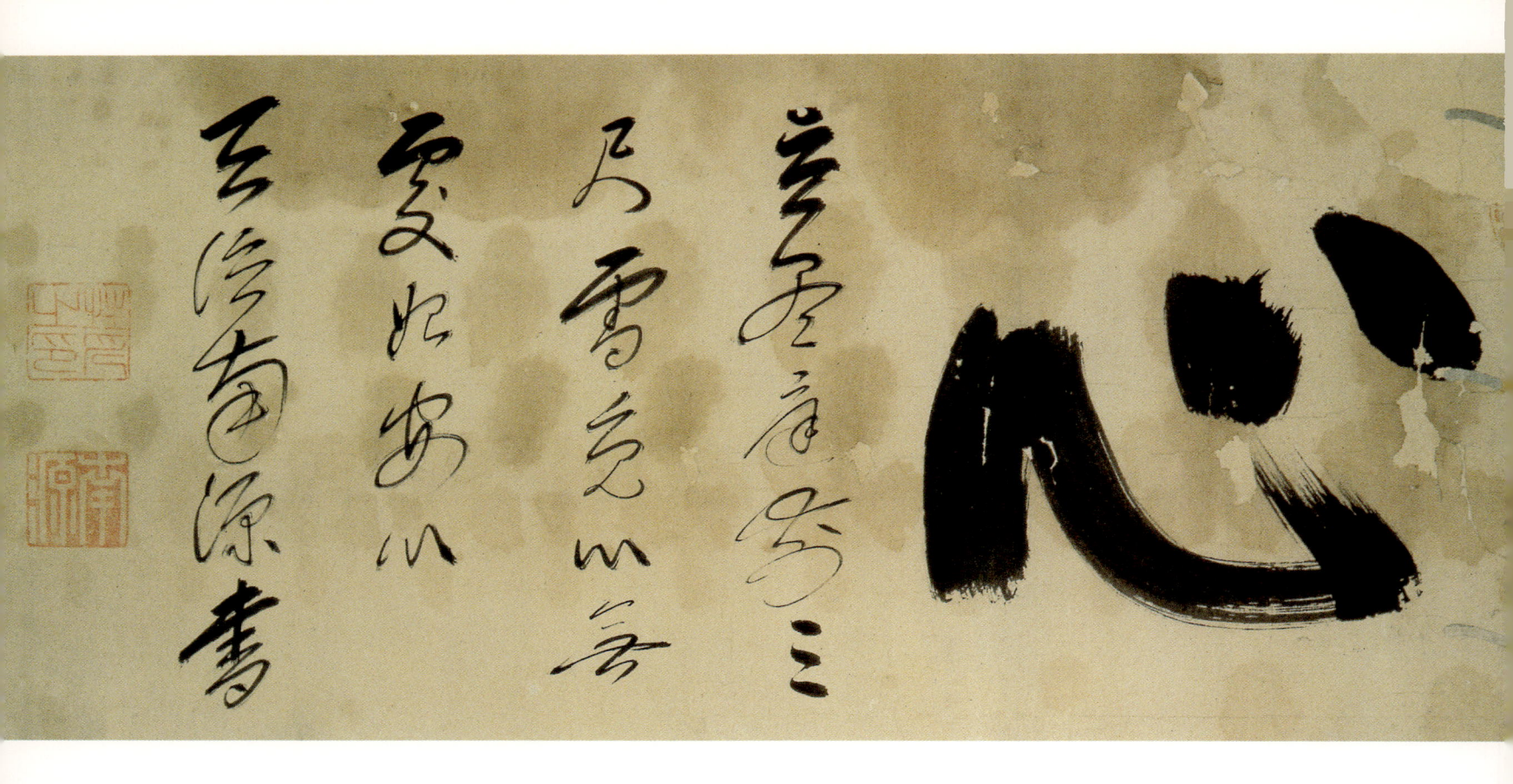

OBEN
Kalligrafie des chinesischen buddhistischen Mönches Nangen aus dem 17. Jh. aus dem Kloster Mampuku-ji nahe Kioto, Japan. Das 1661 von chinesischen Chan-Mönchen gegründete Kloster war eine wichtige Verbindung der chinesischen Kultur zur japanischen Tokugawa-Dynastie. Das große Schriftzeichen heißt „Herz".

GEGENÜBER
Cloisonné-mandalas in Gebäudeform mit einer Bekrönung im Pagodenstil waren unter der Herrschaft des Qing-Kaisers Qianlong (1736–1795) sehr beliebt. Dieses stammt aus dem Jahre 1772. Bei dem ursprünglich aus Byzanz kommenden *Cloisonné*-Verfahren wird Glasmasse auf Metall aufgebracht.

Nahezu jeder Aspekt der bildenden Kunst war in den kaiserlichen Gräbern der Tang repräsentiert, denn *mingqi*, „Geisterobjekte", wurden immer als Grabbeigaben beigelegt: Wächterfiguren, Hofdiener, Keramikgefäße und auch die berühmten und lebensechten Kamele und Pferde aus farbenfroh glasiertem Porzellan.

Die erstaunliche Flexibilität der Zeichenkunst der Tang kann sowohl aus den Grabgemälden als auch aus japanischen Kopien der Arbeiten von Tang-Künstlern erahnt werden, die nach Japan reisten. Ein Katalog der kaiserlichen Sammlung aus dem 12. Jh. listet mehrere hundert Tang-Gemälde auf, darunter viele mit buddhistischen Sujets. Aber viele buddhistische Kunstwerke aus der Tang-Periode wurden 845 während der religiösen Verfolgungen vernichtet.

In der Geschichte der Tang-Malerei taucht immer wieder der Name eines großen Künstlers auf, dessen Werk nur bekannt ist, weil es oft imitiert und beschrieben wurde. Wu Dao Zi war zu seinen Lebzeiten als der größte Figurenmaler der Zeit anerkannt. Wu wurde vom Hof beauftragt, die Wände der berühmten Klöster und Tempel in Chang'an und in der Provinz zu verzieren. Aber seine Werke sind jedoch nicht erhalten.

Trotzdem wurden die buddhistischen Formen, die unter den Tang entstanden, auch in der Song-Dynastie (960–1279) weitgehend beibehalten. Eine wichtige neue Entwicklung in der buddhistischen Kunst in China wurde mit dem Beginn der Yuan-

Dynastie (1279–1368) eingeschlagen, in der Peking Hauptstadt wurde. Die Yuan folgten der tibetischen Variante des Buddhismus, und ein ausgeprägter sino-tibetischer Stil entstand neben dem traditionellen chinesischen in der Kunst und der Architektur Chinas. Ein frühes Beispiel dafür ist die Weiße Pagode als Teil des Miaoying-Klosters in Peking. Trotz ihres Namens handelt es sich nicht um eine traditionelle chinesische Pagode, sondern um eine Stupa in tibetischem Stil.

Dieser Stil wurde in der letzten chinesischen Dynastie, den Qing (1644_1912), die auch dem tibetischen Buddhismus folgten, weitergeführt. Schon wenige Jahre nach der Beendigung der Ming-Dynastie bauten die neuen Herrscher im Pekinger Nordmeer-Park eine der Weißen Pagode ähnliche Stupa. Chinesische Planung, verbunden mit tibetischen Architekturstilen, kann man auch in anderen Tempeln sehen, beispielsweise im Puning-Tempel in Chengde, Provinz Hebei, die vom Qing-Kaiser Qianlong (1736–1795) erbaut wurde.

YUNGANG UND LONGMEN

GROTTEN DES BUDDHA DES UNERMESSLICHEN GLANZES

UNTEN
Riesige Buddhafigur an der Nordwand von Grotte 20 in Yungang, neben ihm ein stehender *bodhisattva*. Diese Skulptur aus dem 5. Jh. wurde von einem Herrscher der Nördlichen Wei-Dynastie gestiftet. Das eindrucksvolle quadratische Gesicht geht vermutlich auf den Gandhara-Stil zurück; die Pupillen wurden später eingebohrt. Die Grotten befinden sich in einer etwa 1km langen Felswand am Fluss Wuzhou.

Der Bau der Grottenschreine in Yungang (Prov. Shanxi) begann zu einem schwierigen, aber bedeutenden Moment der buddhistischen Geschichte Chinas. Zwischen 444 und 542 führte Kaiser Taiwu der Nördlichen Wei einen brutalen Kampf gegen den Buddhismus, sein Nachfolger aber, sein Enkel Wencheng, war bemüht, mit der Schaffung neuer Monumente Taiwus Taten wieder gutzumachen. Die kahle Felswand in Yungang wurde ausgewählt, weil sie aus leicht zu bearbeitendem Sandstein bestand und sich unweit der Kaiserstadt Pingcheng (heute Datong) befand. Hier hoben ab ca. 460 Zehntausende Steinmetze 30 Jahre lang – zunächst unter der Aufsicht des charismatischen Mönches Tanyao – etwa 50 Grotten aus und meißelten aus deren Wänden kompliziert ausgeführte und bemalte Nischen mit über 50.000 Statuen.

Viele Handwerker kamen aus Dunhuang, wo sie Gemälde und Skulpturen in einem Stil, der aus Indien und Zentralasien stammte, anfertigten (s. 2. Kap.). In Yungang passten sie ihre Fertigkeiten an das Behauen von festem Fels an, und die Größe der Baustelle mit der mehrstöckigen Anordnung der Schreine und den fünf Kolossalbuddhas zeigt die Hingabe der Arbeiter, die der Sandstein noch heute ausstrahlt. Die berühmteste Skulptur ist der meditierende Buddha in Grotte 20, dessen massiver Torso und quadratische Gesichtszüge durch die spirituelle Ruhe des halben Lächelns der Figur ausgeglichen wird. Dieses frühe buddhistische Meisterwerk trägt noch einige Elemente der monumentalen indischen Prototypen. In den späteren Grotten verschmilzt diese heroische Ästhetik des Westens mit einem flexibleren chinesischen Stil. Die vielen *bodhisattvas*, himmlische Geister, und Gläubigen, die den Buddha in Grotte 6 umringen, sind schlank und haben lebhafte Gesichtszüge. Diese Tendenz, die Figuren mit chinesischen Merkmalen auszustatten, entwickelte sich in den Longmen-Grotten im späten 5. Jh.

HIMMLISCHE VISIONEN: LONGMEN

Als der Kaiserhof 494 nach Luoyang (Prov. Henan) umzog, wurde der Buddhismus weiter als die Religion der Wei etabliert. Grottenschreine in Longmen, etwa 16 km von der Hauptstadt entfernt, wurden geschaffen. Im Gegensatz zu dem weicheren Sandstein in Yungang bot der harte graue Kalkstein in Longmen den Künstlern den Spielraum für mutige, monumentale Bekundungen ihres Glaubens und für ein zarteres Vorgehen, mit dem der feine südchinesische Stil in der Bildhauerkunst eingeführt wurde.

In Longmen gibt es zwölf Hauptgrotten, die zumeist symmetrischer als die in Yungang gestaltet wurden, einige widerspiegeln neue Entwicklungen im Mahayana wie das Reine Land und das Tantra. Zu den berühmtesten Skulpturen gehört der Buddha Amitabha in der Binyang-Grotte (ca. 520), der von seinen Schülern Ananda und Mahakashyapa flankiert wird. Dieser Buddha des Unermesslichen Lichtglanzes, der einen Glorienschein aus Blütenblättern und eine hoch flammende *mandorla* hat, sitzt in einer wachen Stellung und macht mit den noch gut erhaltenen Händen die Gesten des „Ängste-Beseitigens" und des „Gefälligkeiten-Erweisens". Der kosmische Buddha Vairochana, eine spätere Figur aus dem tantrischen Pantheon, wurde in der frühen Tang-Dynastie (672) in Auftrag gegeben. Daneben stehen zwei grimmig aussehende Figuren, vermutlich Dharmapalas oder „Beschützer des Dharma". Mit ihnen kontrastieren Reliefs von Höflingen, die mit eleganten, fast kalligrafischen Strichen ausgeführt wurden, als ob sie in den Stein „gepinselt" wären. Die Höflinge erweisen ihren priesterlichen und erleuchteten Vorgesetzten ihre Ehrerbietung.

OBEN
Diese Furcht erregenden Figuren an der Nordwand der Longmen-Grotten wurden als buddhistische königliche Wächter interpretiert. Der Wächter zur Linken hält eine buddhistische Stupa in der Hand, neben ihm der heldenhafte Beschützer Vajrapani („Halter des Donnerkeils"), der im indischen Mahayana die Macht des Buddha repräsentierte. Das Konzept des spirituellen Schutzes stammt ursprünglich aus dem Hinduismus.

OBEN
Polychromes Relief in Yungang mit verschiedenen buddhistischen Figuren: u. a. Maitreya (oben, mit übergeschlagenen Beinen) und der Buddha (unten rechts). Weiterhin sind in den Yungang-Reliefs architektonische Details zu sehen, die eine Vorstellung von den ursprünglichen Holzfassaden geben, die einst die Grotteneingänge darstellten.

RECHTS
Dieser riesige Buddha Maitreya aus dem 5. Jh. aus Grotte 13 in Yungang ist eine der eindrucksvollsten Monumentalfiguren im gesamten Komplex. In dieser Skulptur kann man eine Verschmelzung indischer, zentralasiatischer und chinesischer Stile sehen. Aber die Künstler aus Dunhuang, die in Yungang arbeiteten, waren besonders stark in der Verzierung der Scheinwände.

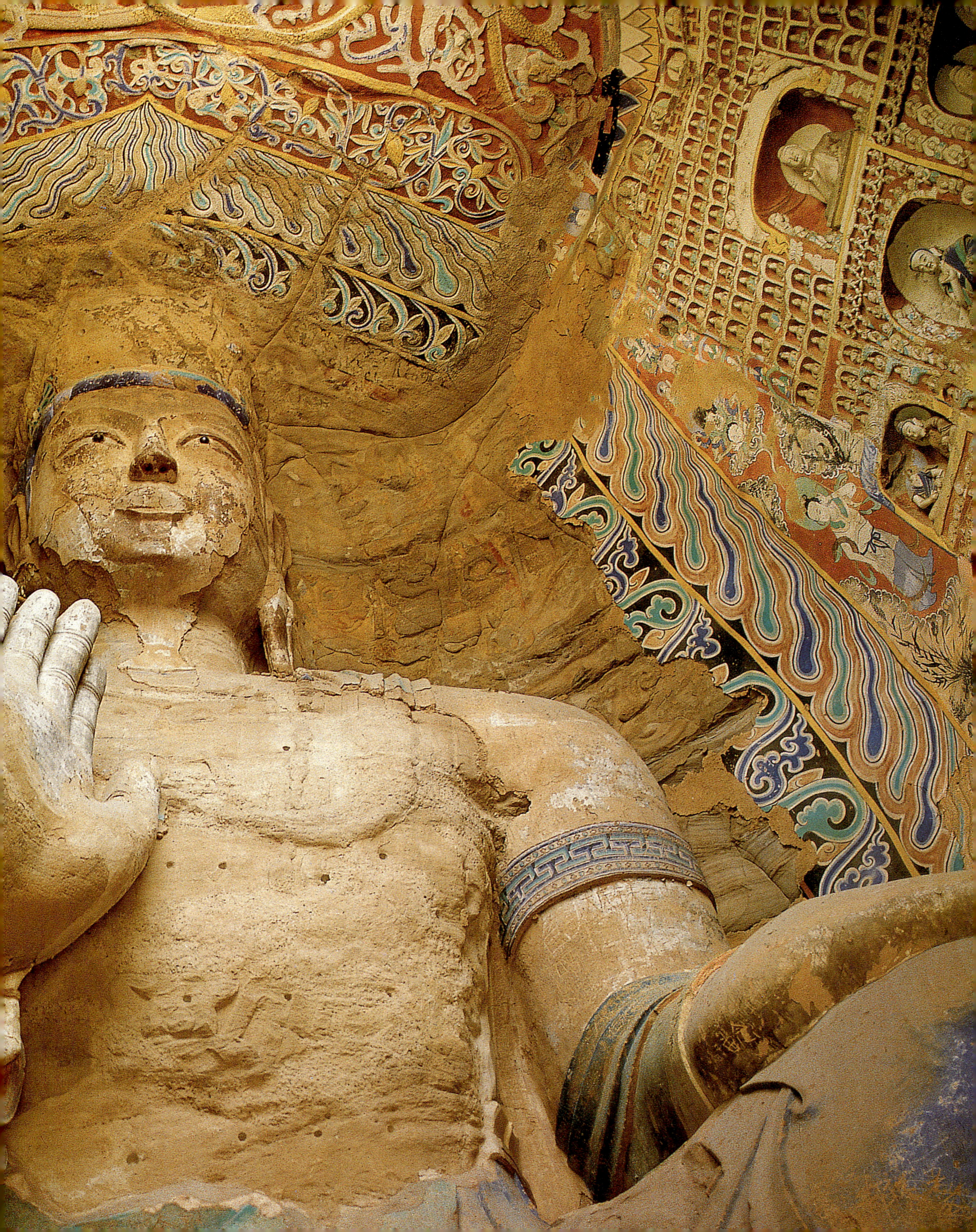

KOREA

DIE HARMONIE DER ORDNUNG

UNTEN
Nicht-glasierter Tonziegel mit dem Bild eines Drachens oder Monsters. Solche Ziegel wurden auf den Dächern koreanischer buddhistischer Tempel und anderer wichtiger Gebäude eingesetzt, um sie vor gefährlichen Geistern zu schützen. Dieses Konzept stammt aus China. Dynastie Groß-Silla, 7.–9. Jh.

Der Buddhismus kam erst 372 nach Korea, als der Mönch Shundao (korean.: Sundo) aus China mit Texten und Bildern des Buddha eintraf und die ansässige Bevölkerung mit dem Dharma des Mahayana bekannt machte. Die Han eroberten 108 v. Chr. Korea, wurden im 4. Jh. n. Chr. vertrieben und das Land wurde in drei unabhängige Königreiche aufgeteilt: Goguryeo im Norden, Baekje im Südwesten und Silla im Südosten. Schließlich überrannte Silla im 7. Jh. die beiden anderen Reiche und vereinigte die Halbinsel.

Kriege haben den größten Teil der koreanischen Kultur vor der Ankunft des Buddhismus zerstört. Aber etwas von der Kraft der indigenen Völker kann man in den Gräbern des Goguryeo-Reiches spüren: Ihre Wände und Decken sind mit Gemälden bedeckt – farbenfrohe Szenen mit Bogenschützen zu Pferde und gejagte Tiere. Diese Kompositionen enthalten manchmal auch buddhistische ikonografische Elemente wie Rollen oder Lotos, die gemeinsam mit kleinen Tonbuddhas eine rudimentäre Synthese buddhistischer und vorbuddhistischer Bestattungsrituale andeuten.

ASSIMILATION UND WACHSTUM

Die Mischung des Buddhismus mit Naturreligionen charakterisierte von Anfang an das koreanische Dharma. Der Buddhismus nahm in Korea nationalen Charakter an, indem er aus Schamanenkulten Elemente in die Klosterrituale übernahm: Der berühmte *seungmu*-Tanz, den Mönche in Gewändern mit langen flatternden Ärmeln im Rhythmus von Trommelschlägen ausführen, wurde ursprünglich bei schamanistischen Ritualen getanzt, und in den vielen bud-

UNTEN
Räuchergefäß zur Verwendung in einem buddhistischen Tempelritual. In einem Zierkreis steht das Sankrit-Mantra *Om ram svaha*. Bronze mit Silbereinlagen, Goguryeo-Reich, 918–1392.

dhistischen Tempeln auf den Berggipfeln gab es immer auch Schreine für Berggeister. Als der Buddhismus bei den Silla Staatsreligion wurde, verschmolz die Mahayana-Legende, dass Drachen oder Schlangengötter *(nagas)* die esoterische Lehre des Buddha in der Unterwelt bewachen würden, solange die indische Sangha sie nicht versteht, mit den koreanischen indigenen Schlangen- und Drachenkulten. Ein Silla-Herrscher, der 681 starb, gelobte, als Drache wiedergeboren zu werden und Staat und Religion zu schützen.

Die Menschen in Goguryeo hatten als erste in Korea den Buddhismus übernommen. In Baekje kamen die Missionare 384 an und gründeten die Sekten Madhyamaka und Tiantai, und bis zum 6. Jh. war der Buddhismus auch in Baekje Staatsreligion. Aus dem Königreich Baekje fuhren die buddhistischen Missionare und Händler dann nach Japan. Zwei Avalokiteshvara-Figuren im Horyuji-Tempel in Nara sollen auf ähnlichen Skulpturen in Baekje beruhen und wurden vermutlich sogar von koreanischen Künstlern angefertigt.

Wegen seiner großen Entfernung zu China war Silla das letzte der Königreiche, das den Buddhismus übernahm: 582. Aber 668, als das Land unter den Silla vereinigt wurde, waren fünf große Mahayana-Schulen – darunter die Vinaya-Schule der monastischen Disziplin, Huayan (s. S. 122), Yo ga chara und eine neue synkretistische koreanische Schule – etabliert. Bis zum 7. Jh. hat sich der in Korea gelehrte Buddhismus in einem solchen Maß entwickelt, dass einflussreiche koreanische Mönche

KOREA: DIE HARMONIE DER ORDNUNG

LINKS

Die Goguryeo-Künstler taten sich in reich verzierten Szenen hervor, um religiöse Herrlichkeit deutlich werden zu lassen. Diese Seidenmalerei stellt den *bodhisattva* Avalokiteshvara (korean.: Kwanum) dar. Er sitzt auf einem Felsen und ihm zu Füßen steht ein winziger Verehrer. Wirbelndes Wasser und die Andeutung eines Vollmondes hinter der Gottheit stellen dieses Bild in die Tradition des „Wasser-Mond-Avalokiteshvara", der aus der chinesischen Tang-Dynastie stammt. Goguryeo-Dynastie, 918–1329.

zur Entwicklung des Mahayana im buddhistischen „Heimatland" China beitrugen.

Ein Aspekt der Vorherrschaft der Silla fasziniert bis heute: die Rolle der Streitmacht Hwarang („Blüte des Jünglings"), die 576 gegründet wurde. Diese asketische Militärelite, die an der Spitze der Eroberung von Goguryeo und Baekje stand, soll einige der Kampfkünste, die auch heute praktiziert werden, entwickelt haben. Sie wurden aus einer Kombination konfuzianischer, daoistischer und buddhistischer Ideen inspiriert und waren damit typisch koreanisch in ihrem Synkretismus. Wie viele koreanische Mahayanisten verband man auch sie mit dem kommenden Buddha Maitreya (korean.: Miruk), während ihre Tänze von schamanistischen Ritualen abstammten.

Die Silla dominierten Korea auch über eine Allianz mit den Tang, und durch diese Verbindung wurde die Periode von Groß-Silla (668–935) zu einer Zeit großen Wohlstands und künstlerischer Errungenschaften. Die buddhistische Philosophie florierte und führte zu einer gutartigen und nicht-sektiererischen Fusion der verschiedenen Mahayana-Schulen, insbesondere des Madhyamaka („Der mittlere Weg") und Yogachara („Nur Bewusstsein"). Die Hauptstadt der Silla Seorabol (heute Gyeongju) wurde eine der reichsten Städte der Welt: Der Bulguksa-Tempel mit seinen beiden berühmten Pagoden (s. S. 144–145) zeugt von der Majestät der anderen buddhistischen Tempel, die in dieser Zeit gebaut wurden.

UNTEN
Bronzene Wassergefäße aus dem 12. Jh. In ihnen wurde das „Wasser des Lebens" aufbewahrt, das in buddhistischen Ritualen verwendet wurde. Sie werden mit dem *bodhisattva* Avalokiteshvara assoziiert, der auf zahlreichen Gemälden aus der Zeit der Goguryeo-Dynastie mithilfe eines Weidenzweiges Gläubige besprüht.

Eine ähnliche nationale und historische Bedeutung hatte der Haeinsa-Tempel aus dem 8. Jh., der auch in der Periode von Groß-Silla gebaut wurde. Seit dem frühen 15. Jh. ist im Haeinsa-Tempel einer der herausragendsten nationalen Schätze Koreas untergebracht, die *Tripitaka Koreana*, der ganze Kanon der buddhistischen *sutras*, *vinaya* und *abhidharma* mit über 52 Millionen chinesischen Schriftzeichen. Die über 80.000 fein geschnitzten Holzdruckstöcke für die *Tripitaka* sind heute in zwei Lagern des Haeinsa-Tempels aufbewahrt. Diese Version der *Tripitaka* war die Grundlage für eine spätere japanische Bearbeitung. Zusätzlich zu ihrer eindrucksvollen Armee und Marine wollten sich die Herrscher des mittelalterlichen Korea in Zeiten der nationalen Krise zur schützenden Kraft des Buddha wenden. Als sich dann das Goguryeo-Reich im frühen 13. Jh. einer Invasion der Mongolei gegenüber sah, wurde diese neue und vollständige *Tripitaka* als Talisman für die nationale Verteidigung geschaffen.

Von 1236 bis 1251 wurden über 80.000 Druckstöcke aus Birkenholz geschnitzt. Die Klostergebäude, in denen sie ursprünglich aufbewahrt wurden, existieren nicht mehr, die *Tripitaka* selbst ist aber vollständig erhalten. Das Holz für die Druckstöcke soll drei Jahre lang gekocht und danach

KOREA: DIE HARMONIE DER ORDNUNG 139

OBEN

Haupthalle des Haeinsa-Tempels von 1818. Der sich westlich von Taegu im heutigen Südkorea befindliche Tempel wurde im frühen 9. Jh. erbaut. Statuen des Buddha Vairochana aus Holz und Eisen und fünf *bodhisattvas* stehen auf dem aufwändig verzierten Altar.

GEGENÜBER

Gekrönter *bodhisattva* aus vergoldetem Holz aus dem 15. Jh. (Choson-Dynastie; 1392-1910). Die Hände machen die Geste der Unterweisung *(vitarka mudra)*.

lange getrocknet worden sein. Viele koreanische Tempel sind einem der „Drei Juwelen" des Buddhismus zugeordnet: dem Buddha, dem Dharma (der Lehre) oder der Sangha (der Gemeinde der Mönche). Der Haeinsa-Tempel wurde mit dem Dharma verbunden, als die *Tripitaka* dort untergebracht wurde. Die Druckstöcke sind vermutlich die ältesten noch existierenden, die noch für den Druck verwendet werden können.

SON UND DER AUFSTIEG VON KORYO

Der Son-Buddhismus (chin.: Chan, jap.: Zen) kam während der Silla-Dynastie nach Korea und etablierte sich schnell. Koreanische Mönche, die mit ihrem Üben des scholastischen Buddhismus unzufrieden waren, wurden von dem Ansehen der Chan-Lehrer angezogen, die die schriftliche Überlieferung ablehnten und sich nur auf die Meditation stützten. Sie lernten mit den Chan-Meistern in China. Die Mönche, die Daoxins Übungen nach Korea brachten, gründeten schließlich 879 die Schule des Berges Huiyang, die erste der „Schulen der Neun Berge" des Son. Diese haben den koreanischen Buddhismus vom 9. Jh. bis heute geprägt.

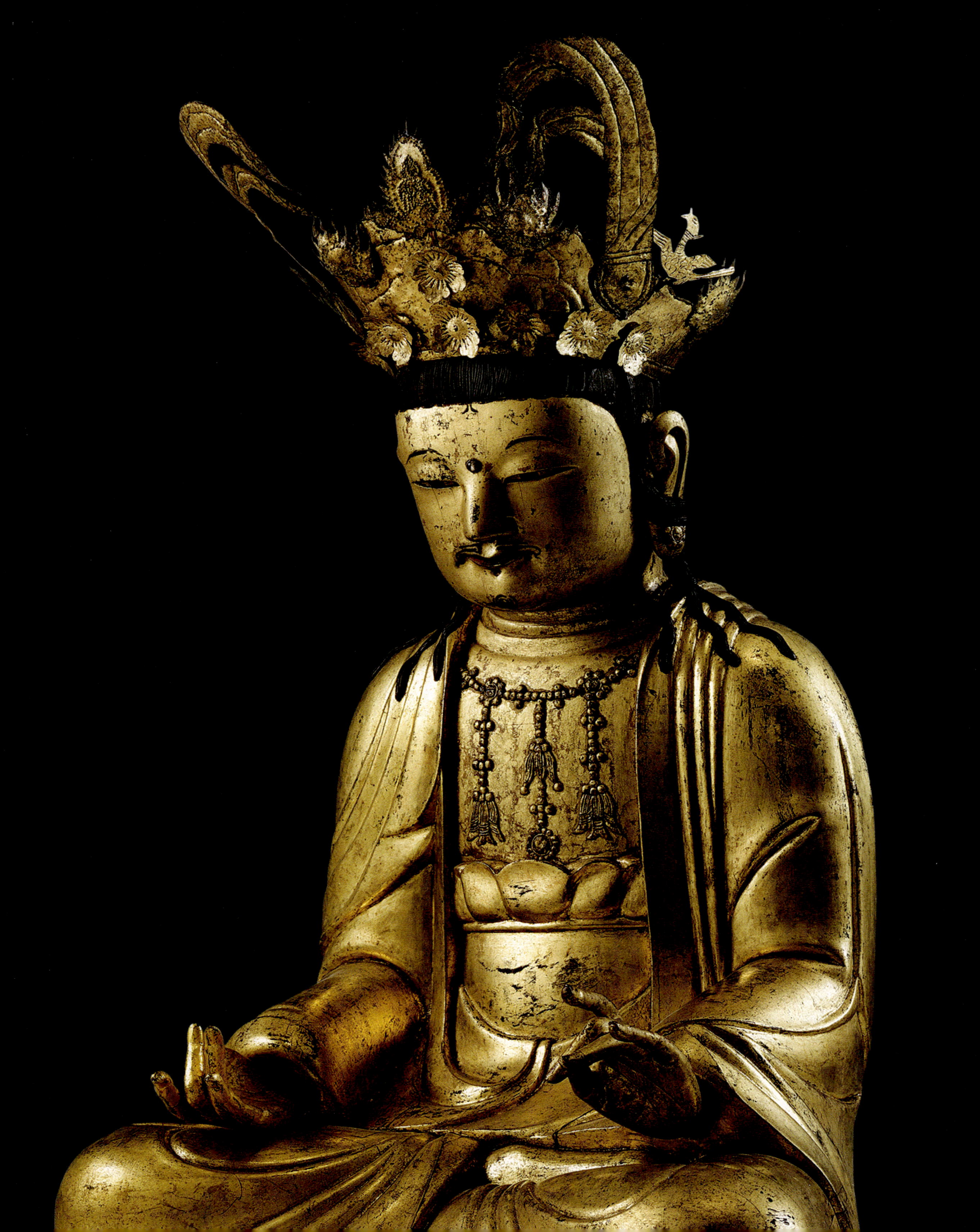

GEGENÜBER

Frontispiz in Golddruck eines Manuskripts des *Amitabha Sutra*. Es zeigt, wie der Buddha zu anderen Buddhas, *bodhisattvas*, Mönchen und Gottheiten predigt. Unten links betreten Seelen das Paradies aus einem Lotosteich und werden von zwei *bodhisattvas* begrüßt. Das Kopieren buddhistischer Schriften wurde während der Goguryeo-Periode gefördert, weil es große karmische Verdienste bringt. Dieses Manuskript schrieb ein Mönch namens Chonggo zum spirituellen Nutzen seiner Mutter. Goguryeo-Dynastie, 1341.

Das Silla-Reich befand sich zur gleichen Zeit im Niedergang wie die Tang-Dynastie in China. Die nachfolgende Goguryeo-Dynastie (918–1392) wurde in ihrer frühen Geschichte durch die einfallenden Mongolen unter Kublai Khan gefährdet, die die Halbinsel 1258 kolonisierten. Während die koreanische kulturelle Identität unter der Mongolenherrschaft teilweise unterdrückt wurde, konnten der Buddhismus und die buddhistische Kunst des Metallgießens sowie die Tempelarchitektur unter der Protektion des Staates weiter aufblühen.

Während das Son die dominante Sekte blieb, konnte der gelehrte Buddhismus in den urbanen Zentren weiter vorherrschen. Es waren vor allem zwei Son-Meister, die versuchten, den gelehrten und den Meditationspfad in Einklang zu bringen. Uich'on (1055–1101) reiste nach China, wo er das Chan neben einer Reihe anderer buddhistischer Disziplinen lernte. Nach seiner Rückkehr nach Korea hatte er das Ziel, den Spalt zwischen dem Son und dem textbasierten Buddhismus zu überwinden und einen Buddhismus zu lehren, der „parallel die Pflege der doktrinären Lehre und der Meditation" betonte. Uich'on starb, bevor er seine Arbeit beenden konnte, aber seine Lehre wurde von Chinul (1158–1210) in eine neue Richtung fortgeführt. Er gründete die Chogye-Schule des Son und wendete die Chan-Lehre der „plötzlichen Erleuchtung" auf das Textstudium an, dessen Ziel die stufenweise Aneignung der Weisheit (Sanskrit: *prajña*) war. Chinuls Synthese dieser Pfade wurde zur praktischen Grundlage der Chogye-Schule des Son.

Gegen Ende der Goguryeo-Dynastie wurde der Buddhismus seiner zentralen Stellung im koreanischen religiösen und philosophischen Leben verlustig. Zu Beginn der Choson-Dynastie 1392 zog eine neue konfuzianische Führung ihre Unterstützung der Sangha zurück und der koreanische Buddhismus ging seinem Untergang entgegen. Aber das Üben der intuitiven Meditation in abgelegenen Bergtempeln, die weder von staatlicher Unterstützung noch von einem Textlernen abhängig war, überlebte, und das Son ist bis zum heutigen Tag die führende Schule des koreanischen Buddhismus geblieben.

KOREA: DIE HARMONIE DER ORDNUNG 143

BULGUKSA UND SEOKGURAM

DIE TEMPEL DER DREI JUWELEN

Zu den bedeutendsten buddhistischen Denkmälern in Korea gehört Bulguksa („Tempel des Buddha-Landes"), der in der Periode von Groß-Silla errichtet wurde. Wie die meisten Silla- und Goguryeo-Tempel wurde auch Bulguksa hoch in den Bergen erbaut. Dadurch entkam er anders als die meisten buddhistischen Bauten der Zerstörung unter dem neuen konfuzianischen Glauben der Choson-Dynastie im 14. Jh.

Der Tempel wurde aber trotzdem von den Mongolen und dann im 16. Jh. von den Japanern zerstört. Die Steinkonstruktionen des Fundaments, der Treppen und der Pagoden aus dem 8. Jh. waren erhalten, und so konnte der Tempel in bemerkenswerter Weise restauriert werden. Dieses Projekt wurde in den 1970er-Jahren vollendet. Die erhaltenen Steinreste wurden restauriert und verschwundene Holzbauten mit alten Verfahren wiedererrichtet. Die heutigen Besucher erhalten einen lebendigen Eindruck des ursprünglichen Glanzes des Tempels, der als zentraler Schrein für die Silla-Hauptstadt Gyeongju diente. Die 16 km im Nordwesten liegende Stadt war einst eine der größten Städte Ostasiens.

Wie die indischen wurden auch die koreanischen Tempel nach heiligen Prinzipien erbaut. Das koreanische Design besteht in der *mandala*-Form: Die Tempelhalle befindet sich im Zentrum des Klosters. Das Zentrum einer *mandala* stellt den größten monastischen Wert dar. Deshalb ist es von Bedeutung, dass Bulguksa einst in einem kleinen See lag, der den weltlichen Raum von der heiligen Sphäre des Tempels trennte.

Vor dem Haupttempel stehen zwei Steinpagoden im Originalzustand, die heute zu den am meisten verehrten Nationalschätzen Koreas gehören. Die Pagode des Shakyamuni wurde in relativ konventionellem chinesischem Stil gebaut und soll einst Reliquien des historischen Buddha enthalten haben. Die Pagode des Prabhutaratna ist

OBEN
Eingang zum Bulguksa-Tempel nahe Gyeongju, Südkorea, der ursprünglich in der Silla-Periode erbaut wurde. Die berühmte 33-stufige Treppe – in jüngster Zeit aus dem ursprünglichen Stein wieder zusammengesetzt – wurde als „Brücke" beschrieben, weil sie von der säkularen Welt in das „Buddha-Land" des Tempels führt. Bulguksa und Seokguram gehören heute zum UNESCO-Welterbe.

einzigartig gestaltet: Auf vier Treppen gelangt man zu einer unteren Plattform, über der vier unterschiedliche Ebenen zu einem achtseitigen oberen Dach führen.

Über Bulguksa befindet sich auf der bewaldeten Höhe des Berges Tohamsan die Pilgerstätte Seokguram. Der Bau dieser Grotte, die an die buddhistische Tradition der Grottentempel erinnert, wurde Mitte des 8. Jhs. begonnen. Die kleine Vorhalle wird von göttlichen Wächtern mit erhobenen Fäusten dominiert. Reliefs von 30 anderen Figuren befinden sich an den Wänden der Vorhalle, eines schmalen Korridors und der runden Haupthalle, einige von ihnen in Nischen über der Hauptstatue. Diese, eine Granitskulptur des Buddha, macht die bhumisparsha mudra: er berührt im Augenblick seiner Erleuchtung die Erde.

OBEN
Unterseite des Tempeldachs in Bulguksa (Detail). Die mehrfachen Holzkonsolen stützen die schweren überhängenden Traufen. Die Konsolen sind in einer Vielzahl von symbolischen Farben mit komplizierten Mustern verziert.

RECHTS
Granitener Buddha aus der Grotte von Seokguram. In den massiven Körper wurde ein einfaches, aber naturalistisches Gewand eingeritzt. Das volle Gesicht, die kleine Nase und der Mund mit Spuren roter Farbe, sind typisch für die Silla-Periode. 8. Jh.

JAPAN

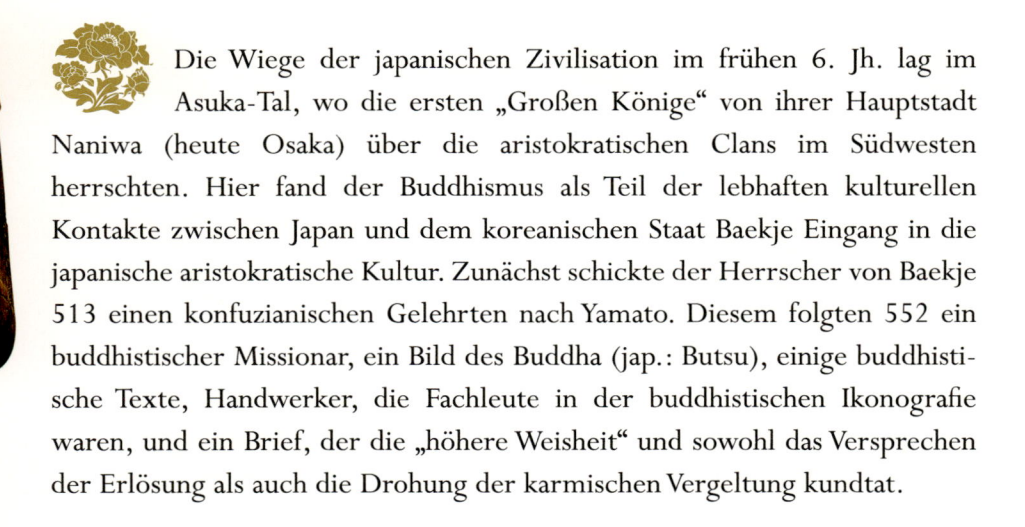

DIE VERFEINERUNG DES PFADES

Die Wiege der japanischen Zivilisation im frühen 6. Jh. lag im Asuka-Tal, wo die ersten „Großen Könige" von ihrer Hauptstadt Naniwa (heute Osaka) über die aristokratischen Clans im Südwesten herrschten. Hier fand der Buddhismus als Teil der lebhaften kulturellen Kontakte zwischen Japan und dem koreanischen Staat Baekje Eingang in die japanische aristokratische Kultur. Zunächst schickte der Herrscher von Baekje 513 einen konfuzianischen Gelehrten nach Yamato. Diesem folgten 552 ein buddhistischer Missionar, ein Bild des Buddha (jap.: Butsu), einige buddhistische Texte, Handwerker, die Fachleute in der buddhistischen Ikonografie waren, und ein Brief, der die „höhere Weisheit" und sowohl das Versprechen der Erlösung als auch die Drohung der karmischen Vergeltung kundtat.

DER PRINZ UND DAS DHARMA

Kaiserin Suiko (592–628) und ihr Regent, Prinz Shotoku, förderten den Buddhismus stark. Shotoku, der erste prominente japanische Buddhist, nutzte das Dharma, um die japanische Hofverwaltung nach dem chinesischen Vorbild radikal umzugestalten. Seine „17-Artikel-Verfassung" von 604 schlug eine Staatsordnung vor, nach der der Kaiser der Repräsentant des Himmels auf Erden sein soll. Der erste Artikel schreibt die konfuzianische Harmonie von Himmel, Erde und Mensch vor, der zweite, dass „die Drei Buddhistischen Juwelen (Buddha, Dharma, Sangha) aufrichtig zu ehren sind, dass sie die höchsten Objekte des Glaubens sind".

Mit der Ankunft des Buddhismus erlebte der Soga-Clan, dessen Anführer die Regierung des Yamato-Hofs zentralisierten, einen mächtigen Aufstieg. Der Buddhismus inspirierte somit das Hofleben mit neuer spiritueller und ethischer Autorität. Der anfängliche Kampf zwischen Buddhisten und Shintoisten führte bis zum Ende des 7. Jhs. immer wieder zur

Zerstörung buddhistischer Denkmäler. Ein kurzer Bürgerkrieg 588 endet mit der Niederlage der Shintoisten, und im nachfolgenden Frieden beauftragte der charismatische Shotoku den Bau von Tempeln und regte einen Buddhismus an, der auf der Verehrung des historischen Buddha und der göttlichen Wesen wie des kommenden Buddha Maitreya (jap.: Miroku) und des mitfühlenden *bodhisattva* Avalokiteshvara (jap.: Kannon / Kwannon) aufbauen sollte. Shotokus Einfluss nahm gegen Ende des 7. Jhs. Schaden von Seiten seines eigenen Clans, und Wakakusadera, der Tempel, den er direkt neben seine Residenz außerhalb von Nara baute, brannte 670 ab. Aber die neue Religion hat sich unter der Aristokratie in Yamato etabliert, und es wurde bald an der Stelle des Wakakusadera das berühmte Kloster Horyu-ji erbaut.

DER TEMPEL DER GOLDENEN HALLE

Die chinesischen Tempel wurden von frühester Zeit an nach dem Vorbild der Palastarchitektur gebaut. Dieses Modell wurde nun von koreanischen Architekten und Handwerkern in Horyu-ji nahe Nara modifiziert. Der chinesische Tempel, der an einer Nord-Süd-Achse ausgerichtet war, bestand aus ziegelgedeckten Holzgebäuden auf Terrassen auf einem von Mauern begrenzten Hof. Wenn der Gläubige den Hof durch ein Zeremonietor betritt, wird er auf gerader Linie zu einer Haupthalle und einer Pagode geleitet. In Horyu-ji aber betritt man den Tempel durch ein Tor im Süden und

OBEN

Kleine Holz-Stupas aus der Nara-Periode, Mitte des 8. Jhs. Kaiserin Suiko gab eine Million dieser Stupas, die Dankgebete für den Sieg über einen Aufstand im Jahre 764 enthalten sollten, in Auftrag. Viele wurden Klöstern in der Region Kansai geschenkt. Die Gebete sind die ältesten erhaltenen Beispiele für gedruckte japanische Schrift.

GEGENÜBER

Dieser stehende Holz-*bodhisattva* (*bosatsu*) aus der Nara-Periode (710–794) wurde von Skulpturen aus dem China der Tang-Dynastie inspiriert. Die Fülligkeit des Körpers und das eng anliegende Gewand sind ebenso wie die geschwungenen Bänder charakteristisch für die Tang. Die Gesten (*mudras*) der handlosen Figur können nicht genau bestimmt werden. Eine Hand war vermutlich zur *vitarka mudra* (Unterweisung) oder *abhaya mudra* (Ängste beseitigen) erhoben und die andere zur *varada mudra* (Wunschgewährung) gesenkt.

OBEN

Die Goldene Halle im Tempelkomplex Horyu-ji in Nara. Horyu-ji ersetzte einen im Jahre 670 abgebrannten früheren Tempel. Die zumeist koreanischen Planer und Baumeister wurden von chinesischen Vorbildern inspiriert. Die Halle *(kondo)* und die daneben stehende fünfstöckige Pagode gehören zu den ältesten Holzbauten der Welt.

geht dann entweder ostwärts zur fünfstöckigen Pagode oder westwärts zur „Goldenen Halle". Diese Modifizierung des kontinentalen Vorbilds wurde zu einem Prototypen für nahezu alle späteren japanischen Tempel und deutet auf einen frühen Beginn der formalisierten Asymmetrie hin, die auch andere Genres der buddhistischen Kunst in Japan kennzeichnete.

Ein überraschender stilistischer Rückgriff ist bei den Skulpturen in Tempeln zu sehen. Sie bestehen aus Kampferholz, Rotkiefer und Bronze. Der Künstler Shiba Tori fertigte einige von ihnen in einer schmucklosen, etwas archaischen, aber spirituell exaltierten Weise wie in Goguryeo im Jahrhundert zuvor an (s. S. 136). Andere Stücke wie die Figur eines Maitreya oder eines *bodhisattva* im Tempel Chugu-ji in der

Nachbarschaft des Horyu-ji sind stilistisch ähnlich, aber runder und mit einem weichen Ausdruck tiefer Meditation.

DIE BLÜTEZEIT DES DHARMA

710 wurde die Hauptstadt nach Nara verlegt. Hier wurden nach dem Vorbild von Chang'an (Xi'an) schachbrettartig breite Straßen, Tempel und Paläste angelegt. In der Nara-Periode (710–794) wurde der Buddhismus zu einer Nationalreligion, und die japanische Aristokratie übernahm immer mehr die kulturellen Werte Chinas. So wie Chang'an in dieser Periode immer kosmopolitischer wurde, so füllte sich auch Nara mit chinesischen und koreanischen Mönchen, Gelehrten und Künstlern, deren Lehren, Handwerkskunst und Kleiderstil von der lokalen Elite übernommen wurden.

Die Institutionalisierung des Buddhismus war bei dieser kulturellen Anpassung wichtig. Er wurde angenommen, um die Wohlfahrt zu stützen. So ließ Kaiser Shomu (701–756) nach einer Pockenepidemie 738 den großen Tempel Todai-ji errichten. Es wurden bereits sechs Schulen des Mahayana von China nach Japan gebracht, aber die Sekte, die am Nara-Hof Gefallen fand, war die Kegon-shu (chin.: Huayan zong; s. S. 122), die

UNTEN
Der Tod des Buddha, eine der vier anschaulichen Szenen in der Pagode in Horyu-ji. Einige Anhänger des Buddha zeigen Trauer, andere, spirituell fortgeschrittene, sind gleichmütiger. Ton auf Holz und Metall. Nara-Periode, ca. 711.

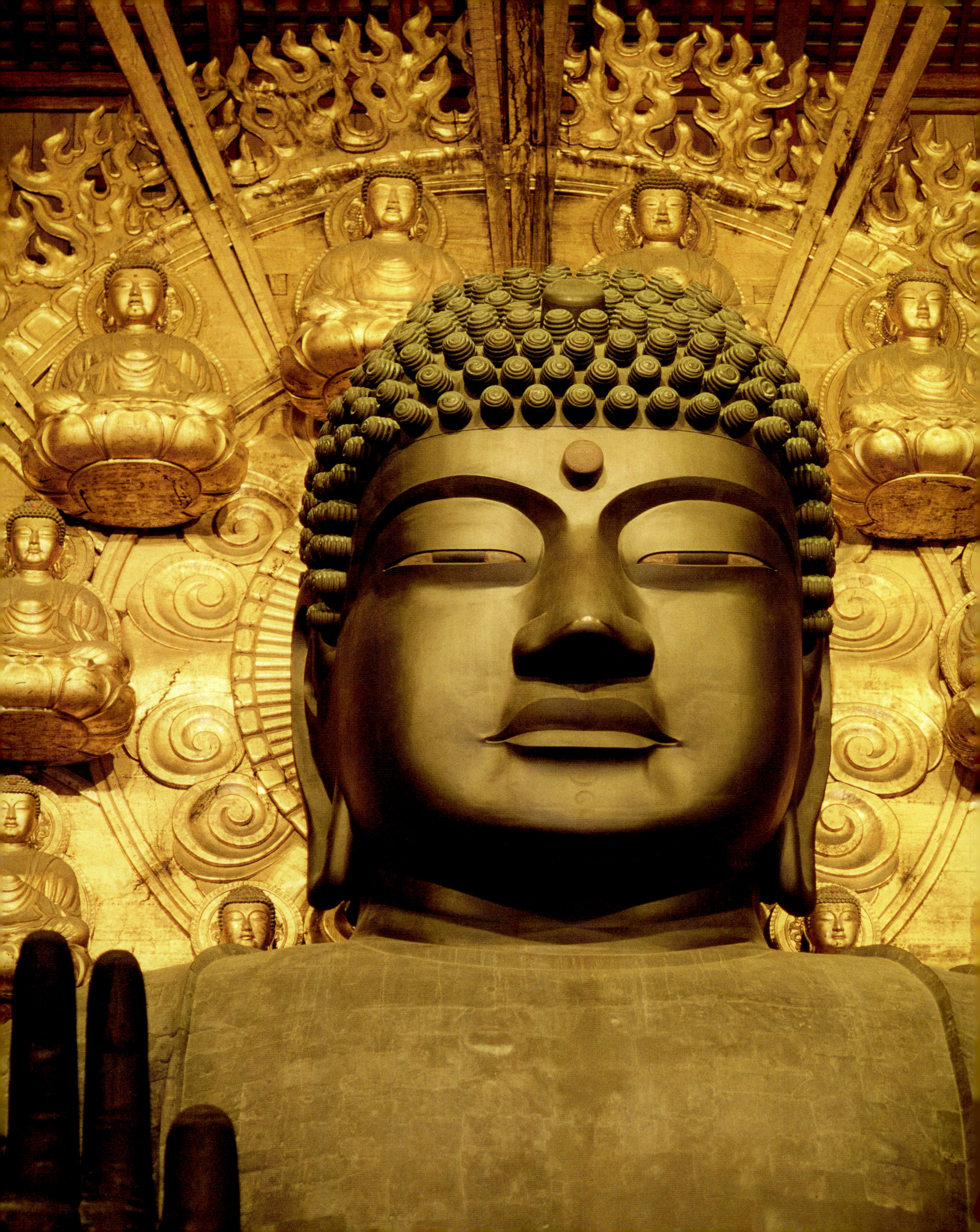

dem universellen Buddha Vairochana (jap.: Rushana) folgt. Der riesige Buddha Vairochana in Todai-ji band nicht nur Tausende Handwerker, er verbrauchte auch sämtliches Kupfer und brachte damit den Staat, den er schützen sollte, nahezu an den Rand des Ruins. Nach Goldfunden in Japan wurde das Kupfer noch vergoldet. Der alles durchdringenden Macht des Buddha Vairochana wurde eine besondere nationale Bedeutung gegeben, als der Kaiser erklärte, dass seine Vorfahrin, die Sonnengöttin des Shintoismus Amaterasu, ihm enthüllte, dass sie und der Buddha eins seien.

Auf kaiserliche Anordnung wurden in ganz Japan Tempel und Klöster gebaut, die von Todai-ji aus kontrolliert und in denen die Kegon-*sutras* kopiert und weiterverbreitet werden sollten. Während also der Buddhismus zunächst eine Art Schutzraum für die Nara-Elite war, führte die Zentralisierung der buddhistischen Macht in der Hauptstadt schließlich zu seiner Verbreitung.

DIE TEMPEL IN DEN BERGEN

784 verließ der konfuzianische Kaiser Kammu Nara und etablierte sich 793 in der neuen Hauptstadt Heian-kyo (heute Kyoto). Im gleichen Jahrzehnt entfloh auch der chinesische Mönch Saicho (oder Dengyo-daishi; 762–822) der weltlichen buddhistischen Gemeinde in Nara auf der Suche nach einem bescheidenen Ort auf dem Berg Hieizan bei Kyoto, der schließlich der mächtigste Tempelkomplex der Heian-kyo-Periode (794–1185) werden sollte. Die Lehre der Saicho-Schule, die Tendai-shu, folgte der älteren chinesischen Tiantai (s. S. 121–122). Sie bot Gläubigen unabhängig von ihrem Rang oder ihrer Bildung Erlösung und wurde zu einer der beiden einflussreichsten buddhistischen Schulen der Heian-kyo. Dies war ein Schlüsselaspekt des Erfolgs der Tendai-shu. Bis zum 9. Jh. banden einige Kloster der Tendai-shu den Kult des *nembutsu* – die Anrufung des Namens des Buddha (Butsu) –, während andere das Studium von *mandalas* aufgenommen haben.

Gegen Ende der Heian-kyo war die Bevölkerung am Berg Hieizan und Kyoto so angewachsen, dass es häufige Ausbrüche gewalttätiger Rivalitäten gab. Im 11. Jh. führten

GEGENÜBER

Detail der großen Bronzeskulptur des Buddha Vairochana im Todai-ji-Tempel in Nara. Einige untere Teile der heute 18 m hohen Statue stammen noch vom Original aus dem 8. Jh., aber die Schäden über die Jahrhunderte bedeuten, dass der größte Teil in der Edo-Periode (1603–1868) gefertigt wurde. Die Statue steht im *kondo* des Tempels, der als Daibutsu oder Große Buddhalle bekannt ist. Diese wurde im 18. Jh. errichtet, aber danach ebenfalls zerstört. Auch wenn ihre Größe heute nur noch zwei Drittel der ursprünglichen Größe aus dem 8. Jh. beträgt, ist sie mit 49 m Höhe noch immer der größte Holzbau der Welt.

LINKS
Fudo Myo-O, einer der „unbeweglich leuchtenden Könige", Schützer der Lehre, der auf die Erleuchtung jenseits aller geistigen Trübungen verweist. Er wird hauptsächlich mit der Sekte Shingon-shu assoziiert. Sein Schwert und eine dreizackige *vajra* (Donnerkeil) symbolisieren die ultimative Realität, die die Illusion zerschneidet. Holz, Heian-kyo-Periode, 12. Jh.

Kämpfe zwischen Mönchen der Tendai-shu und der Hosso-shu (Yogachara) zweimal zur Zerstörung des Mii-dera-Tempels der Tendai-shu.

805 führte der Aristokrat und Mönch aus Kukai (auch Kobo-daishi; 774–835) nach einem Chinabesuch in Kyoto noch eine beliebte Schule, die Shingon-shu, ein. Die Shingon-shu (von chin.: *zhen yan* „wahres Wort", sansk.: *mantra*) entwickelte sich aus dem Vajrayana, einer Form des indischen Tantra, das lehrte, dass der kosmische Buddha Vairochana die Quelle aller Erscheinungen war und dass alle Menschen ihre Identität mit diesem Buddha im Körper, in der Sprache und im Geist über rituelle Gesten *(mudras)*, die Wiederholung mystischer Silben *(mantras)* und Meditation über heilige Symbole *(mandalas)* erkennen können.

Während Kukai nur wenig Interesse an oder Zugang zu den Lehren des historischen Buddha hatte, bewahrten die *mudras*, *mantras* und *mandalas* der Shingon-shu erkennbar indische Identität. So bestand Kukai darauf, Sanskritsilben in *mantras* und *mandalas* zu verwenden: „Wahre Wörter in der Originalsprache besitzen eine tiefe Bedeutung. Diese ändern sich, wenn der Ton ein anderer wird. Deshalb müssen wir zur Quelle zurückgehen."

RINZAI-SHU: DER WEG DES BUDDHISMUS

Die beiden Schulen des Zen-Buddhismus, die im 12. Jh. in Japan entstanden, sind Beispiele für Bewegungen, die zu einem Ausdruck japanischer Kultur wurden, aber auf das Dharma zurückgriffen, wie es der Buddha praktizierte. Das Wort Zen stammt vom chinesischen Chan, das wiederum vom Sanskritwort *dhyana* „Meditation" abgeleitet wurde. Obwohl viele nachfolgende Aspekte des japanischen kulturellen und ästhetischen Lebens irgendwann einmal vom Zen beeinflusst wurden, besteht das Praktizieren des Zen größtenteils aus einem leisen, nicht-ritualisierten Meditieren im Sitzen (zazen) nach dem Vorbild des Buddha Shakyamuni während seiner Erleuchtungserfahrung.

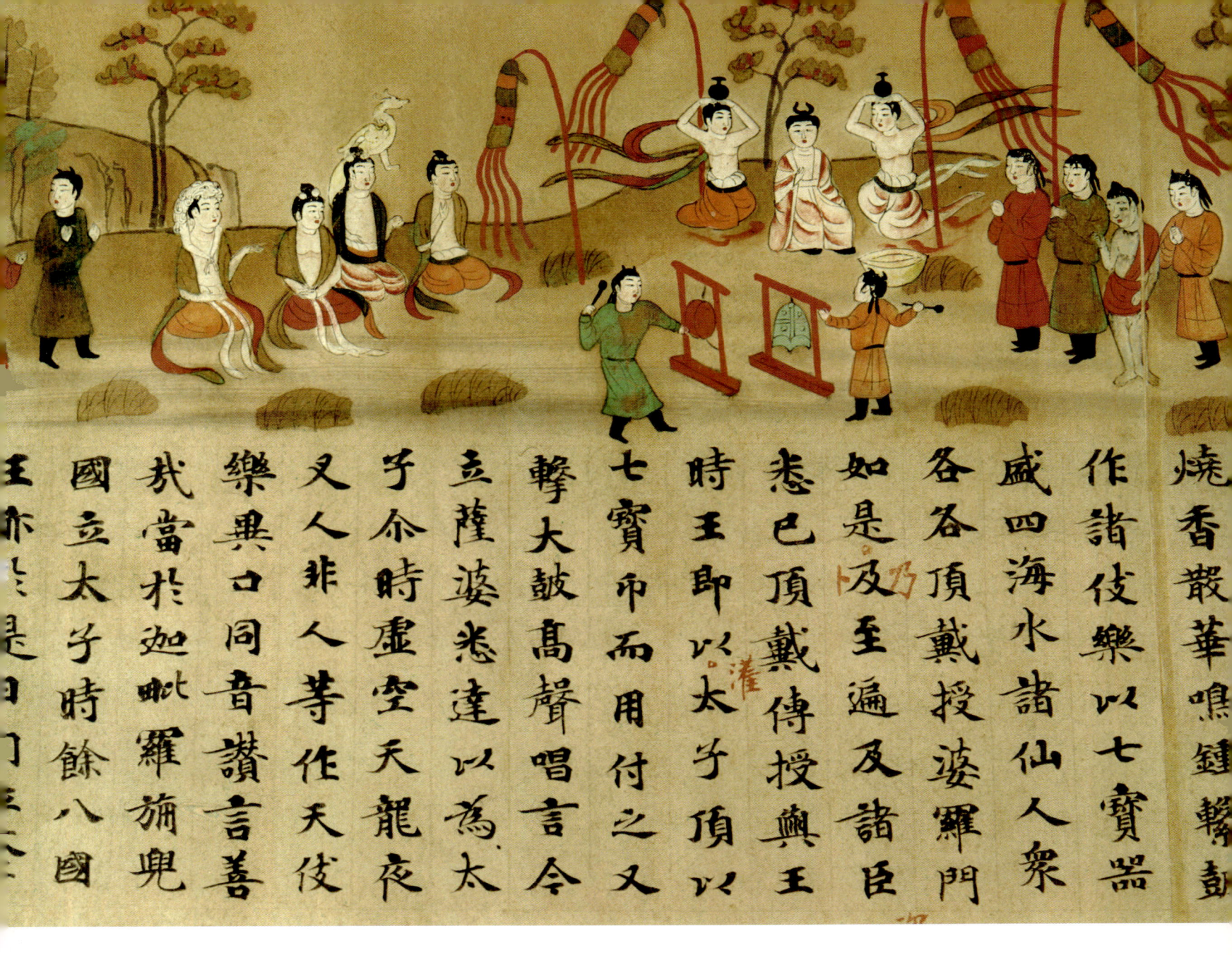

Die frühen Zen-Schulen kamen während der sogenannten Kamakura-Periode (1185–1333) nach Japan: In Kamakura hatte sich ein Militärshogunat etabliert, das 1192 den Kaiserhof in Kyoto nach 30 Jahren des Krieges verdrängte. Eisai (1141–1215), der japanische Mönch, der das erste Zen-Kloster in Kamakura errichtete, studierte die chinesische Tradition des Chan-Buddhismus Linji-zong (jap.: Rinzai-shu). Diese Schule beruhte

OBEN

Seite aus dem *Illustrierten Sutra über Ursache und Wirkung (E Inga-kyo)* aus dem Jobon-Rendaiji-Tempel in Kyoto. Dieses ausgezeichnete und seltene Beispiel eines Gemäldes aus der Nara-Periode berichtet über das Leben des Buddha und stellt verschiedene Episoden dar. Das Manuskript war Vorbild für illustrierte Handrollen der Heian-Periode (794–1185).

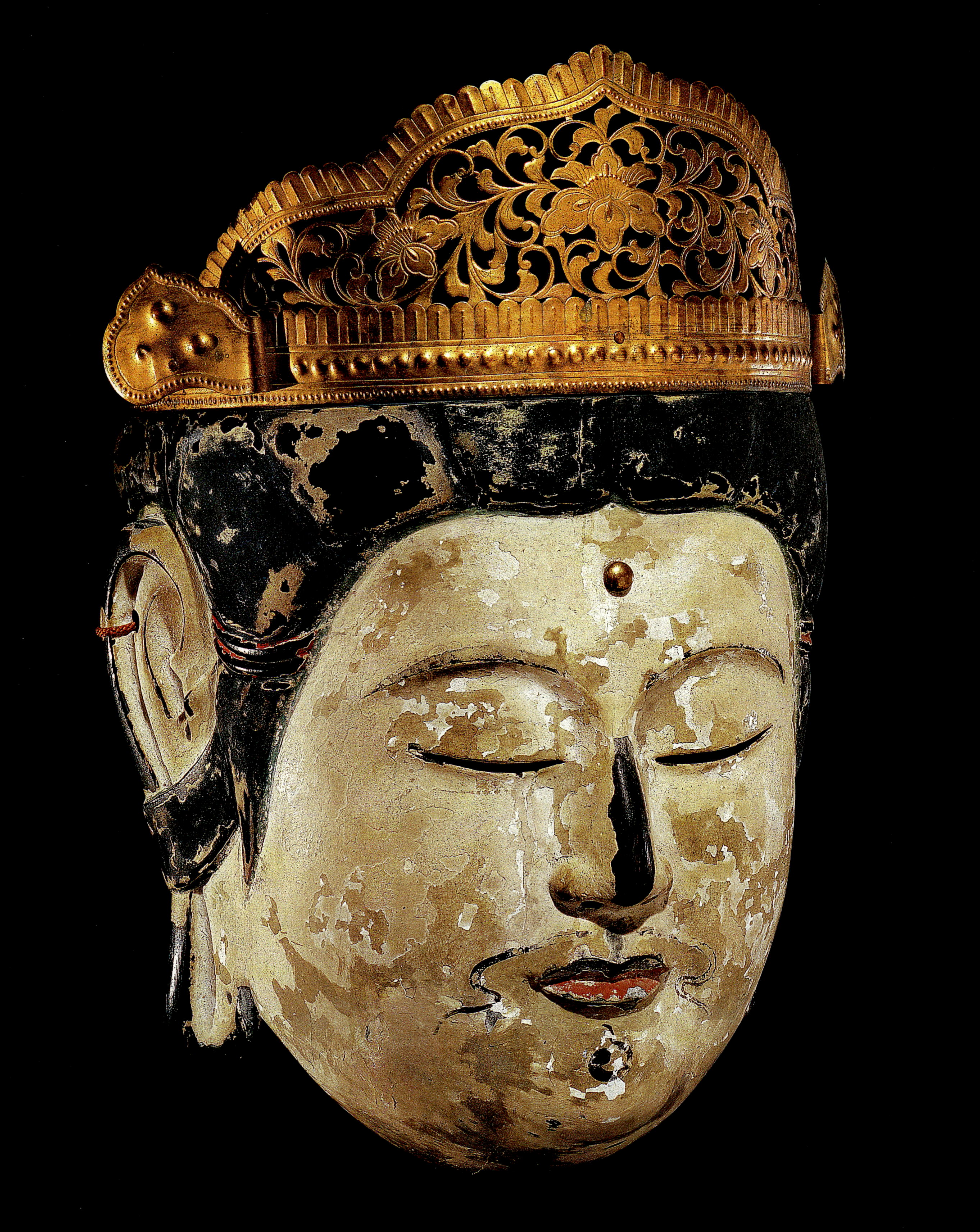

LINKS

Bodhisattva als bemalte, lackierte und vergoldete Holzmaske, die von Tempelpriestern während der Gyodo-Zeremonien getragen wird. In diesen Zeremonien, die auf die chinesische Tang-Dynastie zurückgehen, wird der Empfang der Seelen im Paradies durch den Buddha Amida (Amitabha) aufgeführt. Kamakura-Periode, 13. Jh.

zum großen Teil auf der Kontemplation der bilderstürmerischen Aussprüche ihrer eigenen Meister wie „Wenn du den Buddha triffst, töte ihn!" oder „Nirvana und *bodhi* (Erleuchtung) sind abgestorbene Baumstümpfe, an die man Esel bindet." Aufrichtige buddhistische Erfahrung hat also nichts damit zu tun, dass man Personen oder Bilder anbeten, Formeln wiederholen oder Lehren analysieren würde. All das wiederholt nur die zentrale Wahrheit, dass jeder Mensch denselben „Buddha-Geist" wie der Buddha selbst habe.

Um das zu verstehen, muss man jegliches rationales Fragen fallen lassen und geduldig arbeiten, um die Mahayana-Wahrheit der „Leere" *(shunyata)* aller Erscheinungen zu erkennen. Dieses Konzept ist im kurzen *Herz-Sutra* zusammengefasst, das von den meisten Zen-Mönchen täglich gesungen wird. Sie erklärt: „Die Form ist Leere. Leere ist die Form."

Die Meister der Rinzai-shu glaubten, dass ihre Schüler eine „plötzliche Erkenntnis" *(satori)* solch einer nicht verbalisierbaren Wahrheit erreichen können, indem sie schwierige *koans* (chin.: *gong an*) „lösen" – Meditationsrätsel und Scherzfragen, die zumeist aus dem Chinesischen übersetzt wurden. Die *koans* ermutigen Zustände eines wachen Bewusstseins, wo rationales Denken für das klare, freie Erkennen der Realität der *shunyata* zurücktritt. Heute haben einige der berühmtesten dieser schwer nachvollziehbaren und oft anscheinend sinnlosen Aussprüche – z. B. „Was ist das Klatschen einer Hand?" – eine breitere nicht-buddhistische Kultur der Folklore und der Legenden erreicht. Aber die *koan*-Anthologien enthalten auch Kommentare in Prosa- und Gedichtform von späteren Mönchen, die auch literarische Begabung ausstrahlen.

Nach einer Periode des Niedergangs wurde die Rinzai-shu durch die Lehre des Hakuin (1685–1768) wiederbelebt, der gleichzeitig Mönch, Dichter und Kalligrafiemeister war. Seit der Zeit von Eisai, der auch den Japanern das Teetrinken beigebracht haben soll, hat die Rinzai-shu viele Künste einschließlich der Feinheiten der Teezeremonie und mit der enthusiastischen Annahme des Zen durch die Kamakura-Samurais auch die japanischen Kampfkünste inspiriert.

OBEN

Detail einer großen Bronzestatue des Buddha Amida auf dem Gelände des Kotokuin-Tempels nahe Kyoto. Mit 11 m Höhe ist er nach Buddha-Statue im Todai-ji-Tempel in Nara die zweitgrößte Japans. Die 1252 gegossene Skulptur stand ursprünglich in einer Tempelhalle, aber seitdem diese durch einen Tsunami im späten 15. Jh. zerstört wurde, steht sie im Freien. Da sie hohl ist, können Gläubige sie betreten.

SOTO-SHU: DER PFAD DER STILLEN DISZIPLIN

Soto-shu, die zweite große Schule des Zen, hat Dogen Zenji (1200–1253) nach einem vierjährigen Studium in China von dem dortigen Caodong-zong übernommen und in Japan etabliert. Rinzai-shu war als Institution im Mittelalter erfolgreicher, weil sie mehr städtische Tempel hatte und in guter Beziehung zum Kamakura-Shogunat stand. Soto-shu, die im 21. Jh. stärker ist, war kleiner, weil Dogen Klöster „weit entfernt von Städten und Kaisern" errichtete, wie sein chinesischer Lehrer Juching ihm riet. Nach seiner Rückkehr aus China war Dogen von dem komfortablen Lebensstil in den Klöstern der Rinzai-shu abgeschreckt und entschied sich, zuerst im Kosho-ji-Tempel in der Umgebung seiner Heimatstadt Kyoto zu lehren. Das letzte Jahrzehnt seines Lebens verbrachte er im abgelegenen Eihei-ji-Tempel in der Region der heutigen Stadt Fukui. In dieser Abgeschiedenheit schrieb Dogen umfangreiche Werke von Anleitungen zum Üben des Zen bis hin zu dem mehrbändigen *Shobogenzo (Die Schatzkammer des wahren Dharma-Auges)*, einem komplexen spirituellen und literarischen Meisterwerk, das in der japanischen Zen-Literatur unübertroffen ist.

Rinzai-shu betonte den Wert der plötzlichen Erleuchtung *(satori)*, Soto-shu die Meditation über tägliche Aktivitäten wie die mühsame langfristige Fortführung des *zazen*.

LINKS

Seidenmalerei des *bodhisattva* Jizo (sansk.: Ksitigarbha). Der zu den beliebtesten japanischen Heiligen gehörende Jizo ist allen Leidenden zugetan, insbesondere denen in der Hölle. Er ist auch der Schutzheilige der Reisenden und der Kinder. Jizo-Schreine gibt es überall in Japan, vor allem auf Friedhöfen – sein Name ist eine Übersetzung aus dem Sanskrit und bedeutet Schoß *(zo)* der Erde *(ji)*. Tusche auf Seide, 13. Jh.

OBEN

Baldachin, der über Skulpturen des Buddha und des *bodhisattva* von einer Tempeldecke hängt, mit vergoldeten Kupfer- und Glasbeschlägen. In der Mitte ist eine Lotosblüte abgebildet, um sie herum Blumenmuster. Vorbild waren die Sonnenschirme, die in Indien genutzt wurden, um bedeutende buddhistische Bilder vor der Sonne zu schützen. Kamakura-Periode, 14. Jh.

Beide Schulen konzentrierten sich jedoch in ihrer Praxis auf das *zazen*, und ihr Ziel war im Wesentlichen dasselbe: die Befreiung von der Illusion einer eigentlichen Existenz oder eines „Selbst", die zum Verständnis einer absoluten Realität eines „Nicht-Selbst", einer Leere, führen würde. Aber die Erleuchtung war nur der Beginn einer Praxis, in der *satori* ständig „poliert", d. h. in kontinuierlicher eifriger Meditation bekräftigt und im Gelübde des *bodhisattva*, „andere zu retten, bevor man den eigenen Eintritt in die Auslöschung der *nirvana* erkennt", verwurzelt werden muss.

RECHTS
Der *bodhisattva* Kannon (chin.: Guanyin, sansk.: Avalokiteshvara) begrüßt die Seelen im Paradies. Wie in chinesischen Figuren aus der Tang-Dynastie ist dieser teilweise vergoldete Kannon gekrönt und kostbar gekleidet und er steht auf einer Lotosblüte. Der *bodhisattva* hielt ursprünglich eine Lotosblume in der Hand. Kamakura-Periode, 14. Jh.

Trotz der Unbilden der Disziplin in der Soto-shu, wie von Dogen vorgeschrieben, ist sie so einfach, das Anwärter ermutigt werden können, nicht nur Wissen über ihren Buddha-Geist zu erlangen, sondern auch eins zu werden mit der Natur. Das erreicht man, so Dogen, wenn man „hinter das Denken und das Nicht-Denken, Gut und Böse, Richtig und Falsch geht". Um einen „Buddha-Geist" zu erlangen, muss der Übende paradoxerweise „die Funktionen des Geistes stoppen und die Idee aufgeben, ein Buddha zu sein", schrieb Dogen irritierend direkt. Aber unsere Illusion ist so tief, dass die Aufgabe dringend ist: „Stell dir vor, dein Kopf stände in Flammen", schrieb er seinen Schülern vor. „Jetzt ist es an der Zeit, ihn zu retten!"

DARSTELLUNG DER ERLEUCHTUNG: ZEN UND DIE KÜNSTE

Eines der Paradoxa des Zen liegt in seiner eifrigen theoretischen Zurückweisung der Künste, während dieselbe strenge Energie oft eine intensive ästhetische Kreativität hervorbrachte. Sanskrit-Texte des Mahayana wie das *Herz-Sutra*, das *Diamant-Sutra* und das *Lankavatara-Sutra* stützten den Zen-Gedanken, aber die Essenz des Zen wohnt in seiner Unabhängigkeit vom Textlernen und in seinem Abstandhalten von Symbolen. Vielleicht ist das aufschlussreichste der wenigen Kunstwerke der Chan, das erhalten ist, eine Rolle aus dem 13. Jh. von Liang Kai, die darstellt, wie Huineng (638–713), der Sechste Chan-Patriarch, ein *sutra* zerreißt. Selbstdarstellung und künstlerische Aktivität fand ebenfalls im Kontext des asketischen Unternehmens statt, Erleuchtung durch Meditation und die Verleugnung des Selbst zu erlangen. Chan und Zen sind insofern einzigartig unter den Schulen des

LINKS

Rollengemälde von Daruma (Bodhidharma; gest. 532), des indischen Begründers („Erster Patriarch") des Chan- (Zen-) Buddhismus. Diese Porträts betonen seinen Bart und die starrenden Augen, die hinter die weltlichen Erscheinungen blicken. Anonymer Künstler, Momoyama-Periode, spätes 16. Jh.

Buddhismus, als beide keine Bildnisse des Buddha in ihren Klöstern und Tempeln haben.

Das einflussreiche Beispiel von Huineng zeigt ein weiteres Paradoxon: Erleuchtung konnte nie durch das Textstudium erlangt werden, und trotzdem proklamierte derselbe Sechste Patriarch seine eigene Erleuchtung mit einem herausragenden Gedicht – obwohl er Analphabet war und seine Erleuchtung zu den Geräuschen des Schlagens von Bambus erlangt hatte. Das ist das „antiliterarische" Sujet einer anderen berühmten Zeichnung aus dem 13. Jh.

Die Zen-Meister waren zwar negativ gegenüber ästhetischer Zurschaustellung eingestellt, aber trotzdem pragmatisch. Eine Kultur, die vollständig von leiser Erleuchtung abhänge, würde verkümmern und die mitfühlende Umarmung des Mahayana würde niemanden erreichen. Wie schon der indische Buddhismus wurde auch Chan / Zen mündlich übermittelt, und die erstaunliche poetische Schönheit des *zenkiga*, der Unterhaltungen zwischen Zen-Meistern und Schülern, wurden in chinesischen Werken wie *Die Übermittlung der Leuchte* und *Die Niederschrift vom blauen Fels* aufgezeichnet. Einige führende Zen-Meister dichteten auch: Große Werke wie Dongshan Liangjies *Das Lied vom kostbaren Spiegel-Samadhi* repräsentieren einen spontanen Ausfluss aus der Erfahrung der Erleuchtung, obwohl sogar in einem solchen Meisterwerk die Warnung steht, dass die Darstellung der Erfahrung des Erwachens ihrer

Deformierung gleichkommt. Jedoch schrieben viele der großen japanischen Dichter von *haikus* aus dem 17. und 18. Jh. wie Basho, Buson oder Issa aus derselben still ekstatischen Erfahrung der Einsicht wie ihre chinesischen Vorgänger. Die Kürze des 17-silbigen *haikus* deutet eine Qualität der Ruhe an, aus der die ungehinderte Zen-Einsicht des Dichters übermittelt wird.

BILDENDE KÜNSTE DES ZEN

Die bildenden Künste der Zen drückten oft diese ruhige Umgebung und das Gleichgewicht zwischen der passiven Empfänglichkeit und der freien Beschäftigung mit der Welt aus. Die Beziehung zwischen Künstler und seiner Umgebung kann in den chinesischen Landschaften aus der Song- und der Ming-Dynastie erspürt werden. In ihnen werden Weise dargestellt, die über die Berge, Wasserfälle und Flüsse nachsinnen, zu denen sie sich zurückgezogen hatten. Wenn der Weise inmitten der Naturveränderungen, deren Teil er ist, meditiert, bildet der Künstler diese Beziehung zwischen Geist und Umgebung nach. Japanische Versionen dieses Genres wurden im frühen 15. Jh. von den Muromachi-Shogunen in Auftrag gegeben. Einige nahmen die Form der *shigajiku* („Malerei mit Dichtung") an, bei denen gelehrte Mönche Verse in ein Gemälde einzeichneten. Nach einer langen Isolation vom Kontinent während der frühen Ming-Dynastie beschäftigten sich zahlreiche japanische

UNTEN

Teeschale im Raku-Stil mit der Darstellung des Fujisan vom Töpfer Takahashi Dohachi II (1795–1854) aus Kyoto. Die raue und asymmetrische Form solcher Schalen wird von der Etikette der *chanoyu* (Teezeremonie) gefordert. Der Teemeister vermittelt in ihr die Zen-Werte Harmonie und Einfachheit durch das kunstfertige Arrangement der Utensilien im Teehaus und den Akt des Zubereitens und Servierens des Tees.

OBEN
Ein Handrollengemälde mit der Darstellung des Lebens von Saigyo (1118–1190), der Familie und Hofleben zurückließ, um buddhistischer Priester zu werden. Eine halb-fiktionale Biografie beschreibt, wie er durch Japan reist und Gedichte schreibt. Hier ist er auf seiner ersten Reise zu sehen: Er läuft in der Nähe von Nara durch die Hügellandschaft von Yoshino, die für ihre Kirschblüte berühmt ist. Er hat den Fluss (rechts unten) überquert und ist auf dem Weg zur etwas entfernten buddhistischen Pagode (oben links). Edo-Periode, 18. oder 19. Jh.

Künstler wieder mit dem chinesi-schen Buddhismus und seiner Ästhetik: So hat der Zen-Priester Shubun (1423–1458) ein Genre der „Seelenlandschaft" eingeführt. In diesen repräsentieren leere Landschaftsräume die *shunyata* (Leere, Lücke), und in diesen werden einsame menschliche Figuren, die ebenfalls mit shunyata bedeckt sind, in Meditation dargestellt. Im 15. und 16. Jh. nutzten zahlreiche weitere große buddhistische Maler – insbesondere Sesshu, Tenyu, Bunsei und Soami – diesen eindringlichen Kontrapunkt der idealisierten Landschaft und des unergründlichen metaphysischen Raumes.

Kleine Studien von Blumen, Gras und Vögeln waren auch gut für die monochrome Tuschemalerei geeignet. Kompositionen mit Orchideen, Bambus und Felsen des Zen-Priesters und Dichters Bompo, Ryozens *Weißer Reiher* und *Frische Rübe* eines anonymen Künstlers aus dem 15. Jh. gehören zu den herausragenden Werken dieses Genres. Ihr Zweck war teilweise, die Energie und die Realität oder das „Sosein" *(tatatha)* der unbedeutendsten Naturerscheinungen auszudrücken.

In Abwesenheit von Zeichen eines meditierenden Buddha war die menschliche Figur in der Kunst des Zen eben nur die Darstellung eines Menschen. Der Buddha selbst, allgemein als Shakyamuni („der Weise aus dem Klan der Shakya") bekannt, erscheint zuweilen auf Rollengemälden, meist in Gestalt eines armen Mönches, der Enthaltsamkeit übt. Weil Kunst eher ein Mittel des Ausdrucks und des Hervorrufens einer Einsicht denn des Anbetens war, werden sogar die beiden *bodhisattvas* Manjushri (jap.: Monju) und Samantabhadra (Fugen) als die beiden berühmten Chan-Exzentriker Hanshan (Kanzan) und Shide (Jittoku) dargestellt, die häufige Sujets auf Chan- (Zen-) Bildern waren. Der erste Zen-Patriarch Bodhidharma (Daruma, s. S. 121 und Bild S. 160) ist auch ein verbreitetes Sujet, das mit der typischen Respektlosigkeit des Zen gegenüber der Verehrung von Individuen dargestellt wird, ganz gleich, wie gelehrt oder erleuchtet es ist.

Diese lachenden Erleuchteten kontrastieren die zehn mysteriösen Bilder *Der Ochs und sein Hirte*, eine ernste Reihe von Zen-Versen mit Bildern, die die Stationen eines Mannes auf der Suche nach seinem Ochsen – einem Symbol für den Buddha-Geist – zeigt, den er verloren zu haben glaubt. Zen-Mönche brachten diese in der Song-Dynastie beliebte Parabel im frühen 14. Jh. nach Japan, und eine schöne Bilderreihe, die Shubun zugeschrieben wird, zeigt den Hirten als einen sympathischen komischen „Jedermann" in einer halbgezähmten „Seelenlandschaft". Das achte Bild der Reihe war immer ein leerer Kreis, der im Zen ein verbreitetes Symbol für das Absolute oder die vollständige

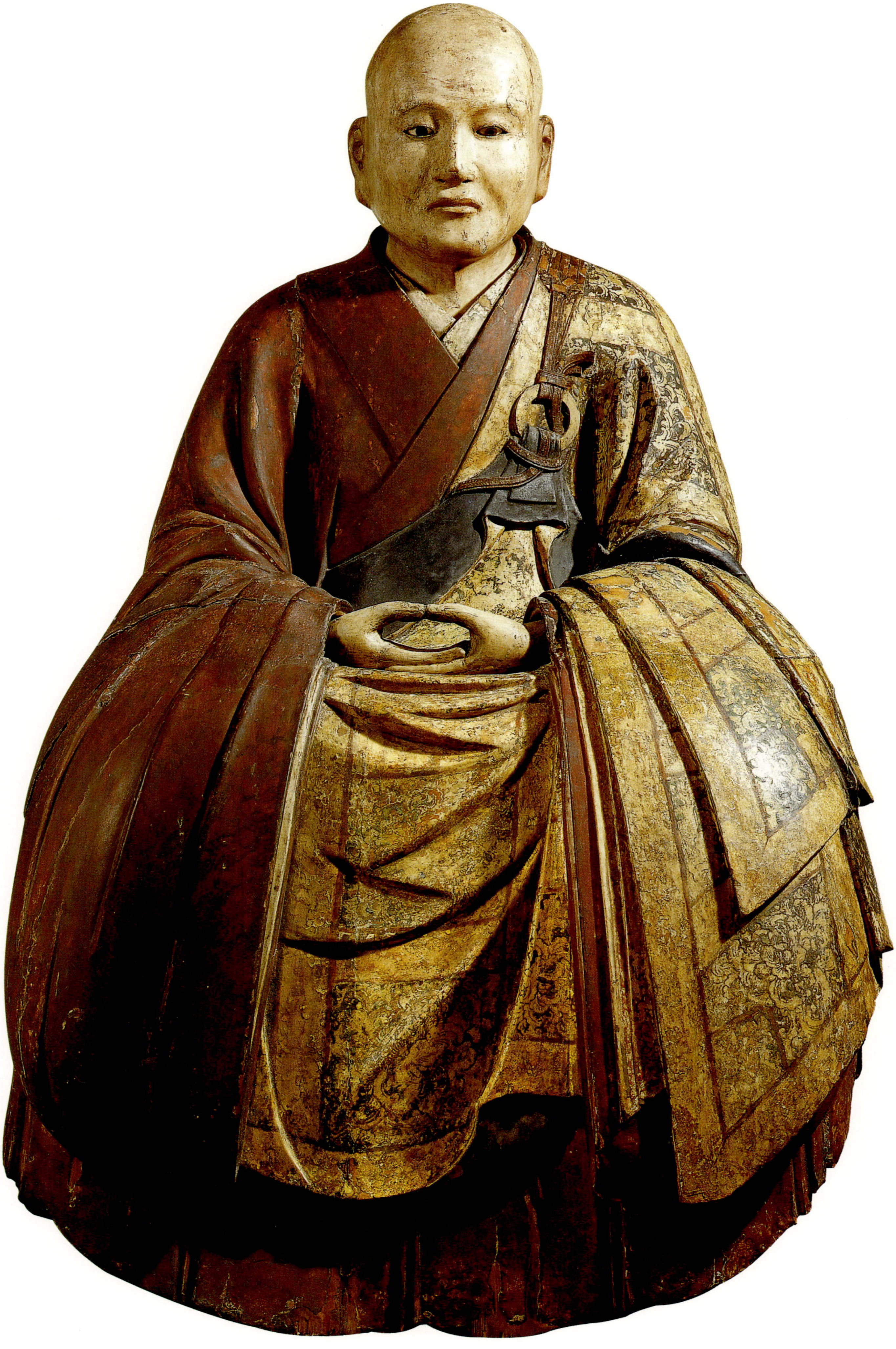

LINKS
Zen-Mönch aus lackiertem, bemaltem und vergoldetem Zypressenholz. Emotionale, sehr realistische Porträts von spirituell fortgeschrittenen Meistern waren im Zen wichtiger als solche des Buddha oder von *bodhisattvas*. Sie sollten die Hingabe des Schülers vermehren. Anonymer Künstler, Muromachi-Periode, 16. Jh.

RECHTS
Das achte Bild aus der Reihe *Der Ochs und sein Hirte* des Zen-Priesters Sobin Yamada. Der mit einem einzigen geschwungenen Pinselstrich gezogen Kreis symbolisiert die Leere, die der Realität (Ochse) und dem Selbst (Hirte) zugrunde liegt. Er wurde zum weit verbreiteten Symbol des Zen für die Erleuchtung.

Erleuchtung wurde. Shubuns Kreis hat einen erhabenen, sonnenartigen Charakter, der sich von den schnellen schwarzen Tuscheversionen unterscheidet, die als ein einziger, isolierter Pinselstrich von vielen Zen-Kalligrafen ausgeführt wurde.

Im Gegensatz zur Freiheit, mit der die Zen-Exzentriker und der Bodhidharma gemalt wurden, stehen die Porträts von Patriarchen (jap.: *chinso*) als weiteres Genre der Zen-Malerei, die einen visuellen Aspekt der Zen-Konversationen (*zenkiga*, s. S. 60) darstellen. Diese Porträts der Meister, die von diesem persönlich beschriftet wurden, waren für die Schüler gedacht, die ein gewisses Maß an Erleuchtung erlangt hatten. Sie sollten sie an ihre permanente spirituelle Verbindung mit ihrem Lehrer erinnern. Die Porträts waren mehr als ein Andenken. Sie halfen, die Kontinuität der Lehre des Dharma, wie sie von beiden Seiten verstanden wurde, aufrecht zu erhalten, und sicherten, dass die Lehre lebendig und authentisch blieb.

DAS REINE LAND UND NICHIREN

Der Buddhismus des Reinen Landes etablierte sich in China in einer Zeit sozialer und politischer Unsicherheit (s. S. 118–120). Ähnlich wurde der Amidismus, die Hingabe an den Buddha Amitabha (jap.: Amida) in Japan während der Heian-kyo-Periode zu einer Zeit aufgegriffen, als viele glaubten, dass Mappo – das vorhergesagte Zeitalter des

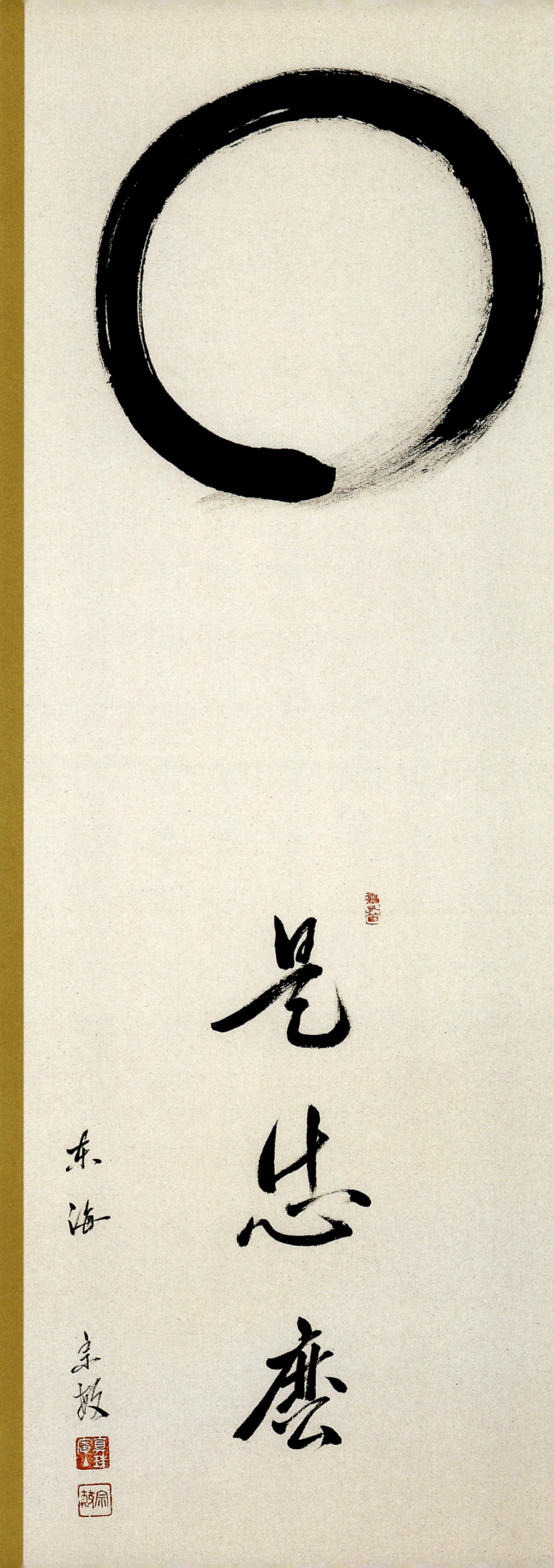

RECHTS
Der Abstieg des Buddha Amida, ein Hängerollengemälde aus dem Jahr 1796 von Kato Nobukiyo (1743–1819). Amida (Amitabha) und die *bodhisattvas* Kannon (Avalokiteshvara) und Seishi oder Dai-Seishi (Mahasthamaprapta, ein Aspekt von Vajrapani), steigen auf einer Wolke zur Erde hinab, um die Seelen der Toten ins „Reine Land" oder Paradies von Amida zu begleiten. Mit der steigenden Popularität des Buddhismus des Reinen Landes wurde die Darstellung des Abstiegs von Amida *(raigo)* für die japanischen Künstler immer beliebter. Er wird oft von den beiden *bodhisattvas* begleitet, die die höchsten buddhistischen Qualitäten Weisheit (Seishi) und Mitgefühl (Kannon) repräsentieren. Dieses *raigo*-Gemälde besteht aus Tausenden kleiner Schriftzeichen, die für die *sutras* des Reinen Landes stehen. In den fünf Jahren bis 1792 fertigte Kato Nobukiyo 50 Rollen auf die gleiche Art für den Ryukoji-Tempel in Edo (Tokio).

LINKS

Eine von zehn Hängerollen, die die „Sechs Daseinsbereiche" darstellen, in die ein empfindendes Wesen wiedergeboren werden kann. Diese erste Rolle zeigt eine Szene aus der Hölle mit dem Gott der Unterwelt Emma in der Mitte, wo Missetäter von Dämonen gefoltert werden. Edo-Periode, 19. Jh. Die anderen Daseinsbereiche neben der Hölle sind die der hungrigen Geister, der eifersüchtigen Götter, der Tiere, der Menschen und der Götter. Erst nach der Erleuchtung wird die Seele aus diesem Kreislauf befreit. Der Daseinsbereich, der die besten Möglichkeiten bietet, Erleuchtung zu erlangen, ist der der Menschen, und der Buddha ermahnte seine Anhänger, ihre „wertvolle menschliche Geburt" gut zu nutzen. Der Buddhismus des Reinen Landes bietet eine weitere Möglichkeit: Ein Mensch, der vor seinem Tode keine Erleuchtung erlangt hat, kann durch Hingabe an Amitabha wiedergeboren werden: im Reinen Land von Amitabha, einem Paradies, in dem man frei von weltlichen Lasten das *nirvana* erreichen kann.

GEGENÜBER

Detail des viel verehrten historischen Bildes – des Hauptbildes des Buddhismus des Reinen Landes – Taima Mandara aus dem Tempel Taima-dera in Nara. Das Motiv stammt ursprünglich aus dem 8. Jh. Der Buddha Amida (Mitte) – neben ihm die *bodhisattvas* Kannon (rechts) und Seishi (links) und um ihn herum weitere *bodhisattvas* und himmlische Wesen – predigt in seinem himmlischen Palast das Dharma an die, die im Reinen Land wiedergeboren wurden. Diese steigen aus dem Lotosteich im Vordergrund nach oben. Amida predigt auch unter zwei Bäumen sowie in Pavillons an den Rändern des Bildes. Stift, Tusche und Blattgold auf Seide, 15. Jh.

Niedergangs des Buddhismus – eingetroffen ist. Die vorherrschende buddhistische Sekte bis zu dieser Zeit war die Tendai-shu (s. S. 151), die sich auf die erlösende Kraft des *Lotos-Sutra* fokussierte. Aber mit dem Amidismus kam das Versprechen, dass jeder Erlösung erreichen kann. Dies war für jeden, vom hoch gebildeten Aristokraten bis zum des Lesens unkundigen Bauern, ohne Rituale oder Schriftkenntnisse möglich. Es genügte, seinen Glauben in Amida mit dem Mantra *Nembutsu* (*Namu Amida Butsu*: „Ich wende mich an dich, Buddha Amida") zu legen.

Der Amidismus hatte seinen größten Einfluss in der Kamakura-Periode, insbesondere durch die Lehre des Mönches Honen (1133–1212) und seines Schülers Shinran (1173–1263), der erklärte, dass Amida bereits allen vergeben habe. Das schöne Malereigenre *raigo*, das den erlösenden Abstieg des Amida aus dem Westlichen Paradies darstellt, war jetzt sehr beliebt, und Rollen mit dem *raigo* hingen oft an den Totenbetten von Gläubigen.

In einer gewissermaßen rebellischen Antwort auf die institutionalisierten Tendai-shu und Amidismus entwickelte der Mönch Nichiren (1222–1282) seine eigene prophetische Version der Hingabe an das *Lotos-Sutra*, in dem er das Rezitieren des Mantras *Namu Myoho-renge-kyo* („Gepriesen sei das wunderbare Lotos-Sutra") anstelle des *Nembutsu* des Amidismus vorschrieb, weil dieses, so behauptete Nichiren, in die Hölle führe.

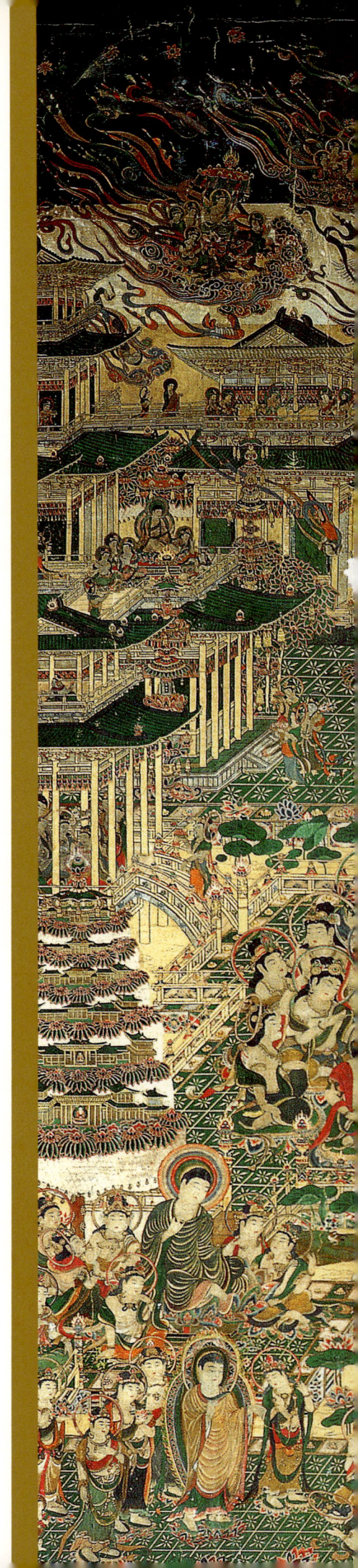

OSTASIEN: DIE MAHAYANA-TRADITION

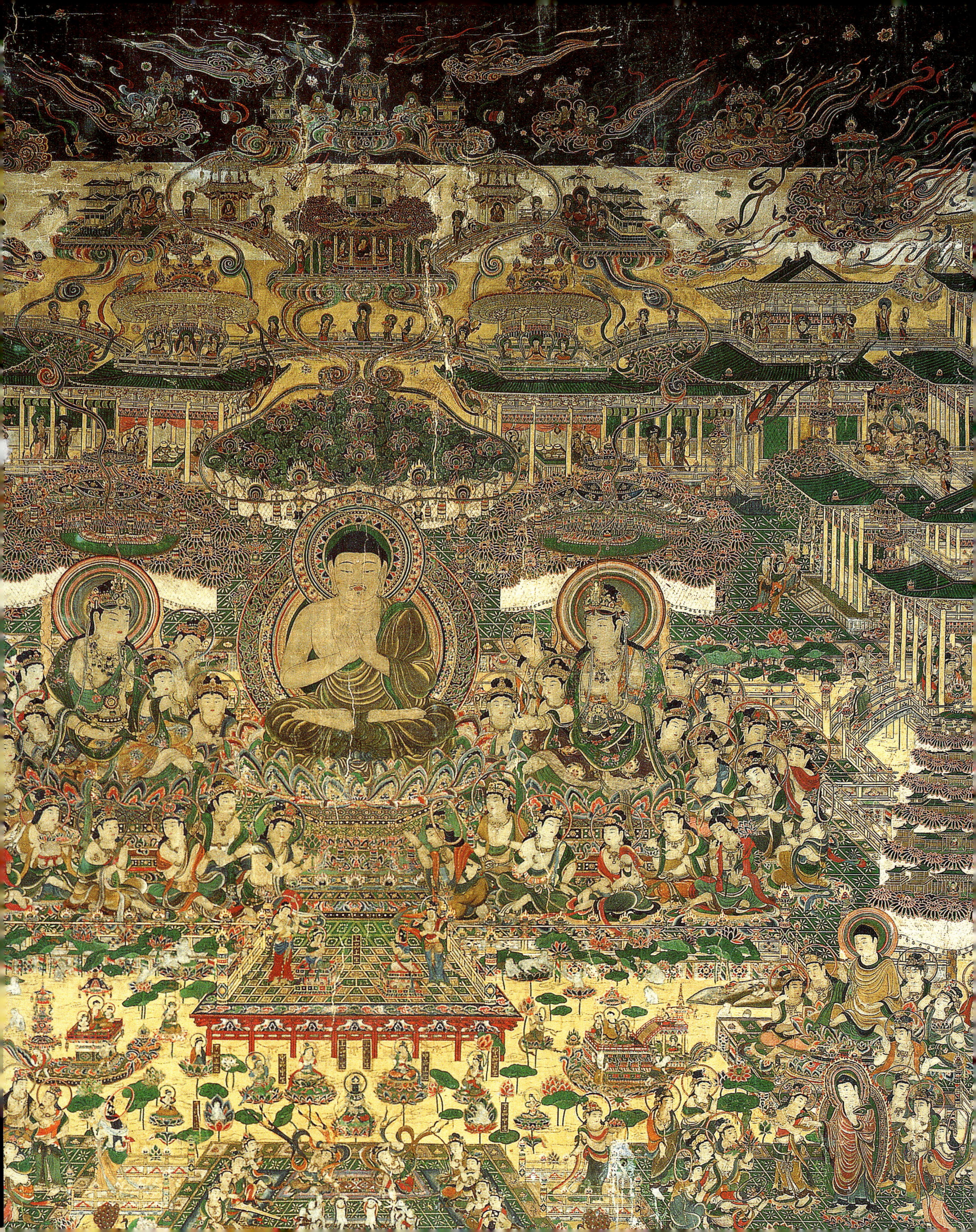

GEGENÜBER

Geschnitzter Knopf aus Elfenbein *(netsuke)*, den japanische Männer benutzten, um Beutel und andere Behälter mit einem Seidenband an ihrer Schärpe aufzuhängen. Dieses Exemplar aus dem 19. Jh. zeigt Pfingstrosen und einen wolkenverhangenen Mond. Die Blume symbolisiert Gesundheit und Wohlstand, während der hinter den Wolken hervortretende Mond *(getsu)* auf die ewige Wahrheit des Dharma verweist, die hinter der Verdunkelung der Dummheit liegt. Die runde Form des Mondes und des *netsuke* selbst erinnern an den leeren Kreis der Reihe *Der Ochs und sein Hirte* (s. S. 165).

DER BUDDHISMUS UNTER DEN SHOGUNEN

Die Periode der Kamakura-Shogune (1185–1333) und ihrer Nachfolger sahen ein Florieren des Buddhismus, insbesondere des Zen und des Reinen Landes. Die letzte Shogun-Dynastie, die Tokugawa (1603–1868), schloss Japan vom Rest der Welt ab und etablierte, obwohl sie weiter am Buddhismus festhielt, eine neue politische Ordnung auf der Basis strenger neokonfuzianischer Prinzipien. Diese Ordnung hatte eher eine soziale Kontrolle im Sinn als eine spirituelle Befreiung. Buddhistische Priester hatten neokonfuzianische Texte aus China mitgebracht, aber die Tokugawa entzogen den buddhistischen Klöstern die Kontrolle über den Neokonfuzianismus. Im Zentrum des religiösen und philosophischen Interesses standen in den folgenden Jahrhunderten praktische Fragen der Ordnung sowie Sozialfragen über die Beziehung des Individuums zum Staat, mit denen sich der Buddhismus selten befasste. Für die einfachen Gläubigen in den Tempeln und Klöstern war dies meist überhaupt nicht von Belang. Der Buddhismus existierte leise weiter, und auch schöne religiöse Kunstwerke entstanden weiterhin.

In den 1870er-Jahren, nach der Restauration der kaiserlichen Macht und dem Wiederbeleben des Shintoismus als „nationaler" Religion Japans, erlitt der „ausländische" Buddhismus einen kurzzeitigen Rückschlag: Es gab sogar Tempelplünderungen durch Glaubenseiferer. In den späten 1880er-Jahren beendete die Regierung jedoch solche aktiven Feindseligkeiten. Der Shintoismus blieb bis 1945 offizielle Staatsreligion, und das historische Gleichgewicht zwischen den beiden großen Glaubensrichtungen in Japan wurde wiederhergestellt und ist bis heute vorhanden.

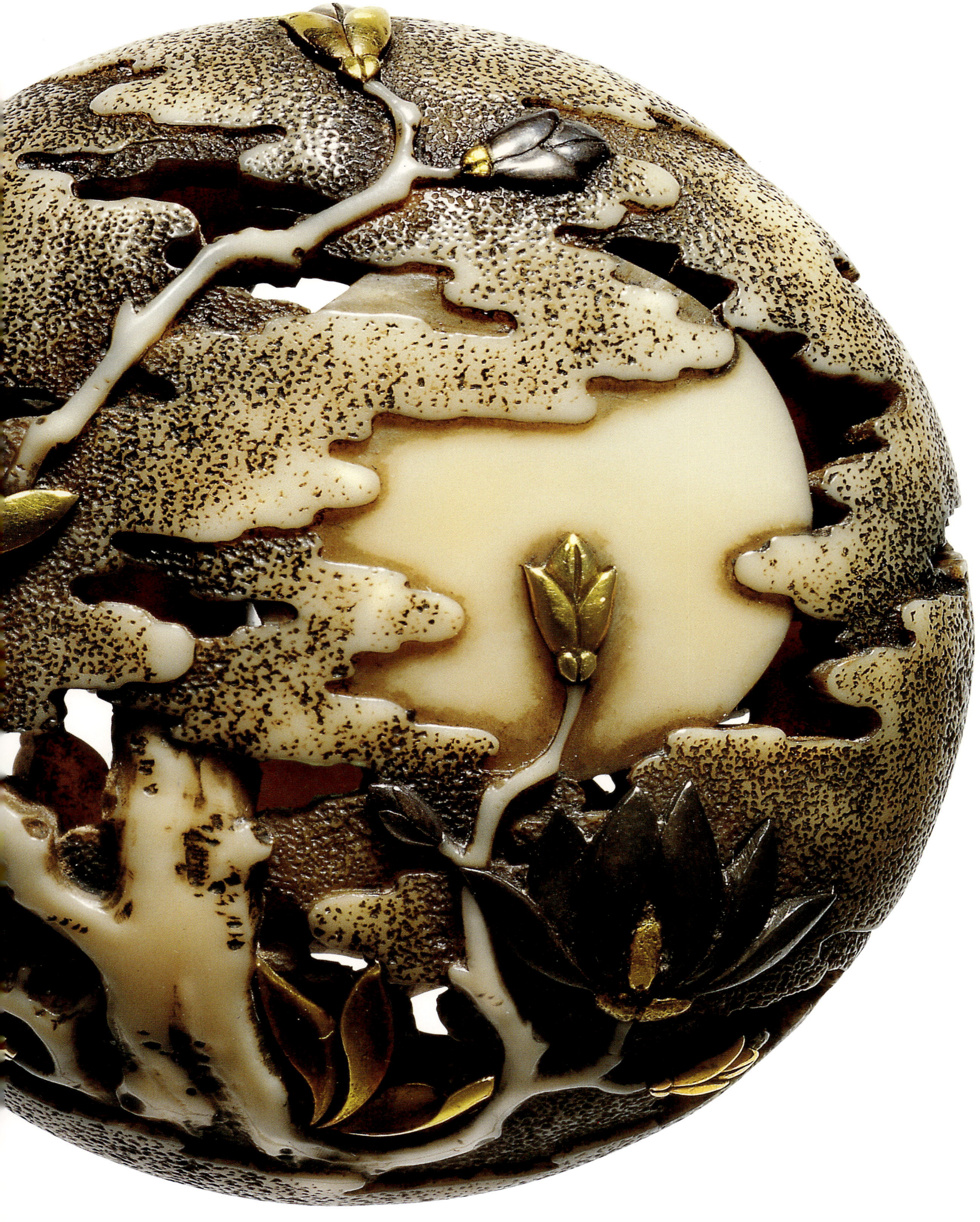

JAPANISCHE GÄRTEN
VISIONEN DES PARADIESES

GEGENÜBER
Der Bau des Kinkaku-ji (Goldener Pavillon), auch als Rukuon-ji bekannt, wurde 1397 als Teil der Altersresidenz für den Shogun Ashikaga Yoshimitsu begonnen. Nach dem Tode des Shoguns 1408 wurde er in einen Zen-Tempel umgewandelt. Im mit Blattgold bedeckten Goldenen Pavillon waren auch heilige buddhistische Reliquien untergebracht. Er wurde 1950 bei einem Brand beschädigt, aber 1955 wieder aufgebaut.

Vier Jahrhunderte bevor Zen-Mönche ihre auserlesenen asketischen Steingärten anlegten, in denen Kies zu Mustern geharkt wurde, die auf Wasser anspielen, war der japanische Garten bereits ein Ort, an dem der ästhetischen und meditierenden Lust nachgegangen werden konnte. Einer der ersten Hinweise auf formale japanische Gärten ist ein Gedicht aus dem 8. Jh., das den Göttlichen Quellgarten des Kaisers in Kyoto rühmt. Dort ist „alles ruhig und klar. Eine reine Quelle sprudelt. Im Drachenteich spiegeln sich Sonne und Mond."

Der Symbolismus der Gärten der frühen Heian-kyo ist weitgehend verloren gegangen. Felsen und waldige Inseln in Teichen repräsentierten verschiedene Aspekte der ungezähmten japanischen Natur. Aufgereihte Steine stellten wohl Boote dar, die über Nacht im Hafen anlegen. Andere Steine wurden vielleicht von shintoistischen Ideen bestimmt, denn Felsen und Wasser waren traditionell für Geister heilig.

In der späteren Heian-kyo-Periode wurden einige Gärten in irdische Repräsentationen des Westlichen Paradieses von Amida umgewandelt. Die Entspannungspavillons aristokratischer Vergnügungsparks wurden zu Tempelgebäuden und boten nun einen Vorgeschmack der Erlösung. Der erste Garten, der auf diese Weise umgewandelt wurde, war vermutlich der Byodo-in südlich von Kyoto in Uji. Der Paradiesgarten von Amida enthält auch die Phönixhalle in chinesischem Stil.

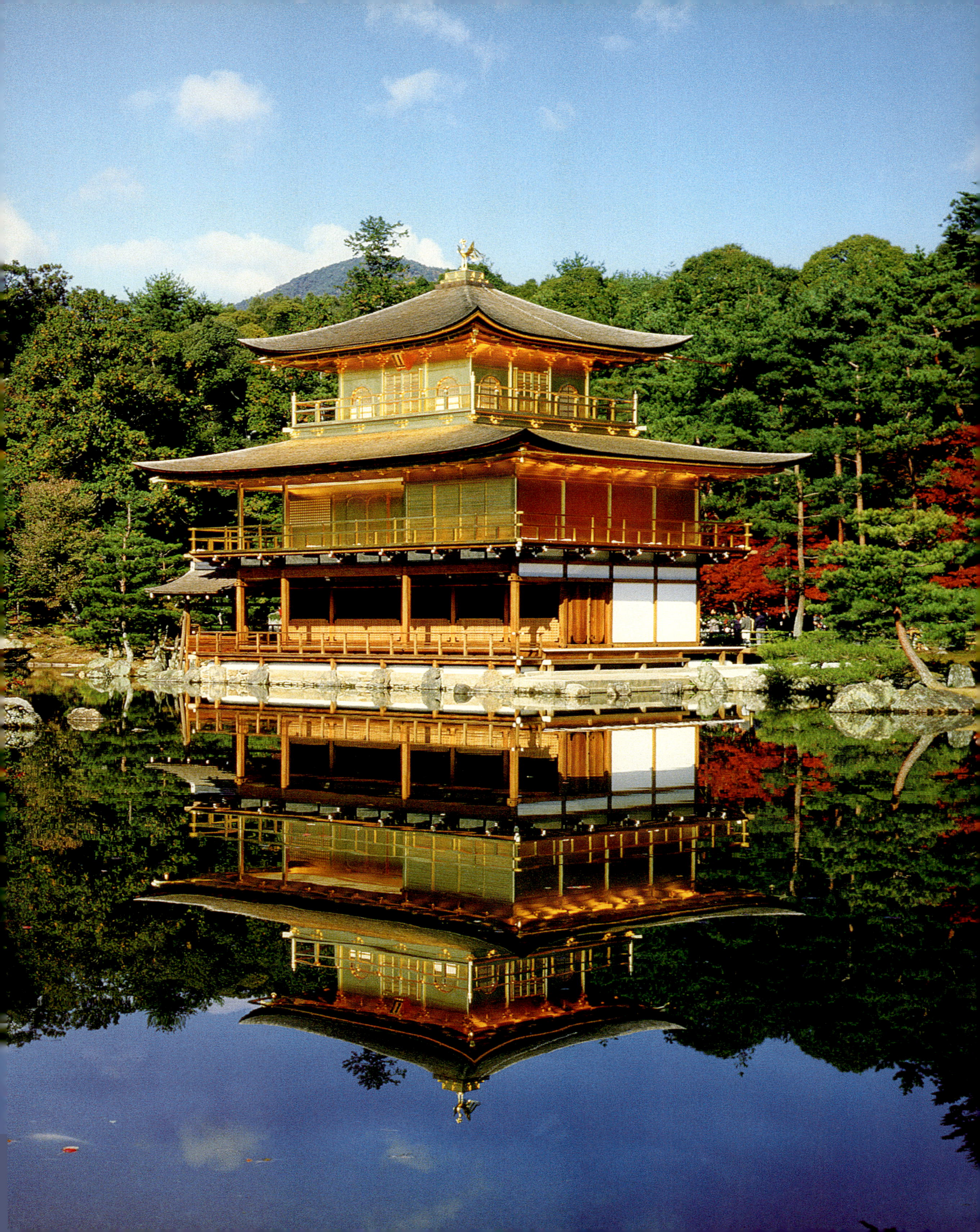

GEGENÜBER, OBEN
Geharkter Kies und Steine in einer kleinen ausdrucksstarken Ecke auf dem Gelände des Daitoku-ji, des Haupttempels der Rinzai-shu in Kyoto. Der Tempelkomplex ist für seine zahllosen Zen-Gärten am Haupttempel und an den etwa zwei Dutzend Nebentempeln wie Daisen-in, Koto-in und Ryogen-in berühmt.

GEGENÜBER, UNTEN
Über 120 Moosarten wachsen im Saiho-ji oder Kokedera („Moostempel") im westen von Kyoto, einem der ersten Gärten, die in der Nara-Periode (710–794) angelegt wurden. 1339 wurde er in einen Zen-Tempel umgewandelt. Während der obere Teil des Saiho-ji als Steingarten angelegt wurde, ist der untere bemooste Garten ein *chisen kaiyushiki teien* („Spaziergarten mit Teich"). Heute gehört der Tempel zur Schule des

ZEN-GÄRTEN

Der Saiho-ji-Tempel bot den Ort für den ersten Paradiesteichgarten, der 1339 in einen Zen-Garten als Ort der Meditation für Mönche umgestaltet wurde. Das Gelände ist heute mit einer Überfülle von Moos „gepolstert" und hat einen Teichgarten im Stil von Amida auf einer unteren Ebene, während die obere Ebene ein Trockenlandschaftsgarten (*kare-san-sui*; „Berg ohne Wasser") ist, in dem fließendes Wasser durch Felsen und Kies dargestellt wird. Ein weiterer berühmter Garten war in Tenryu-ji nordöstlich von Kyoto, der auf der westlichen Seite eines Teiches eine Ansammlung von charakteristischen Objekten hat: Das hervorstechendste ist die „Felseninsel" mit sieben „Bergsteinen", dessen höchster nach oben spitz zuläuft – gemäß der Theorie der Landschaftsmalerei der chinesischen Song-Dynastie. Hinter diesen Steinen befinden sich dicht gedrängte trockene Felsen, die einen Wasserfall andeuten.

Ein Garten der Rinzai-shu, als dessen Vorbild die chinesische Landschaftsmalerei gelten kann, ist Daisen-in, ein Nebentempel des Daitoku-ji im Norden Kyotos. Ein kleines Stück dieses Gartens ist das perfekte Beispiel für einen „Berg ohne Wasser": Ein Wasserfall wird durch Quarzadern in dunklerem Stein angedeutet, Flüsse durch geharkten weißen Kies. Ryogen-in ist ein weiterer Nebentempel von Daitoku-ji, dessen berühmteste Attraktion, ein Arrangement großer Steine in einem dicken rechteckigen Moosbett ist.

Der trockene Zen-Garten in seiner einfachsten, vollständigsten und zutiefst mysteriösesten Form ist Ryoan-ji, Kyoto, der aus 15 Steinen besteht, die in ein 30 m langes Rechteck geharkten Kieses gesetzt wurden. Ryoan-ji wurde vermutlich im frühen 16. Jh. angelegt. Die trockenen Steine und der Kies bieten ein perfektes, aber schließlich nicht interpretierbares Statement der Zen-Kunst. Die asymmetrisch und wie zufällig angeordneten Steine stellen etwas von dem Ideal materieller „Armut" (*wabi-sabi*) dar, das auch in der groben Keramik für die Teezeremonie (s. S. 161) ausgedrückt wird.

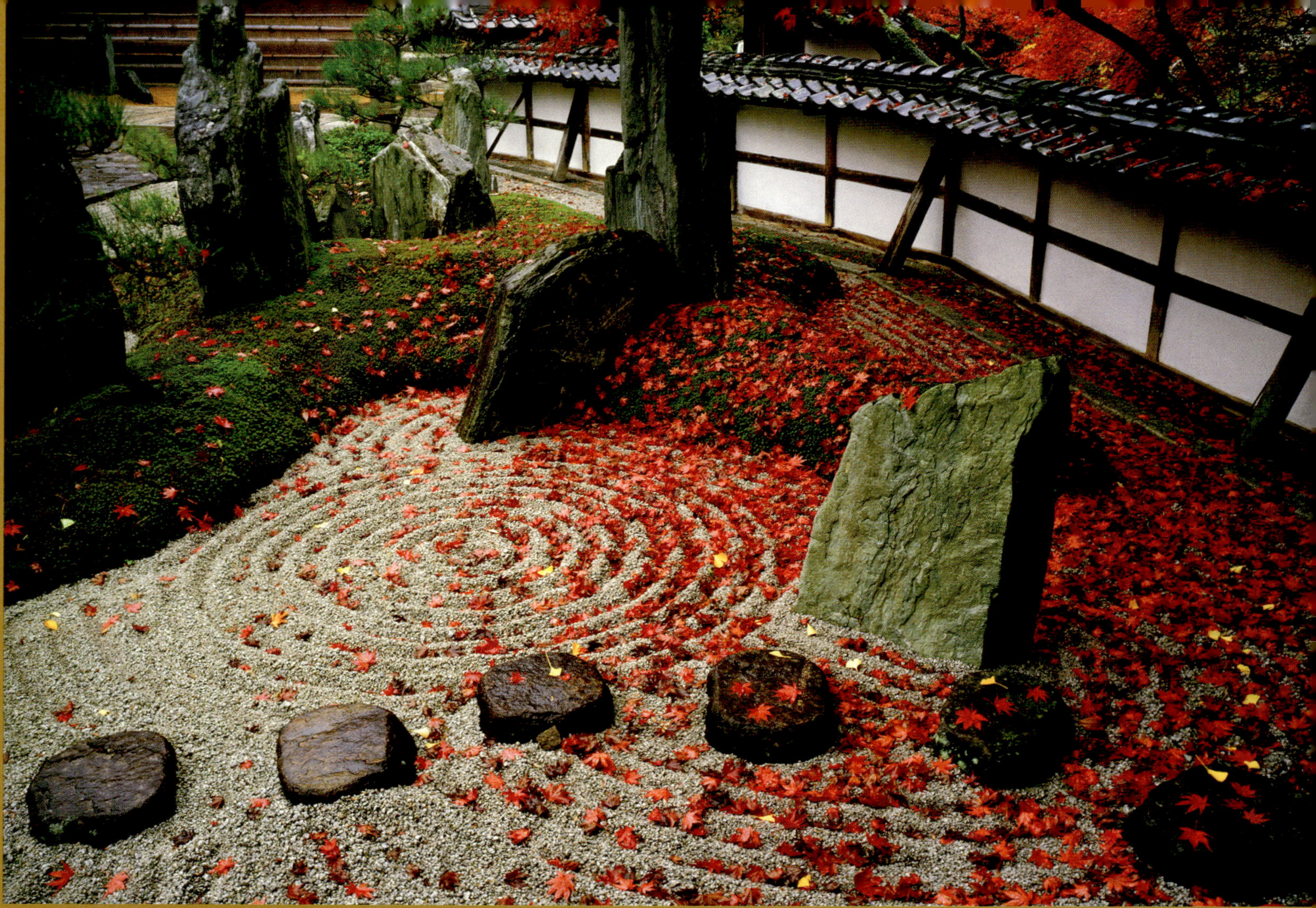

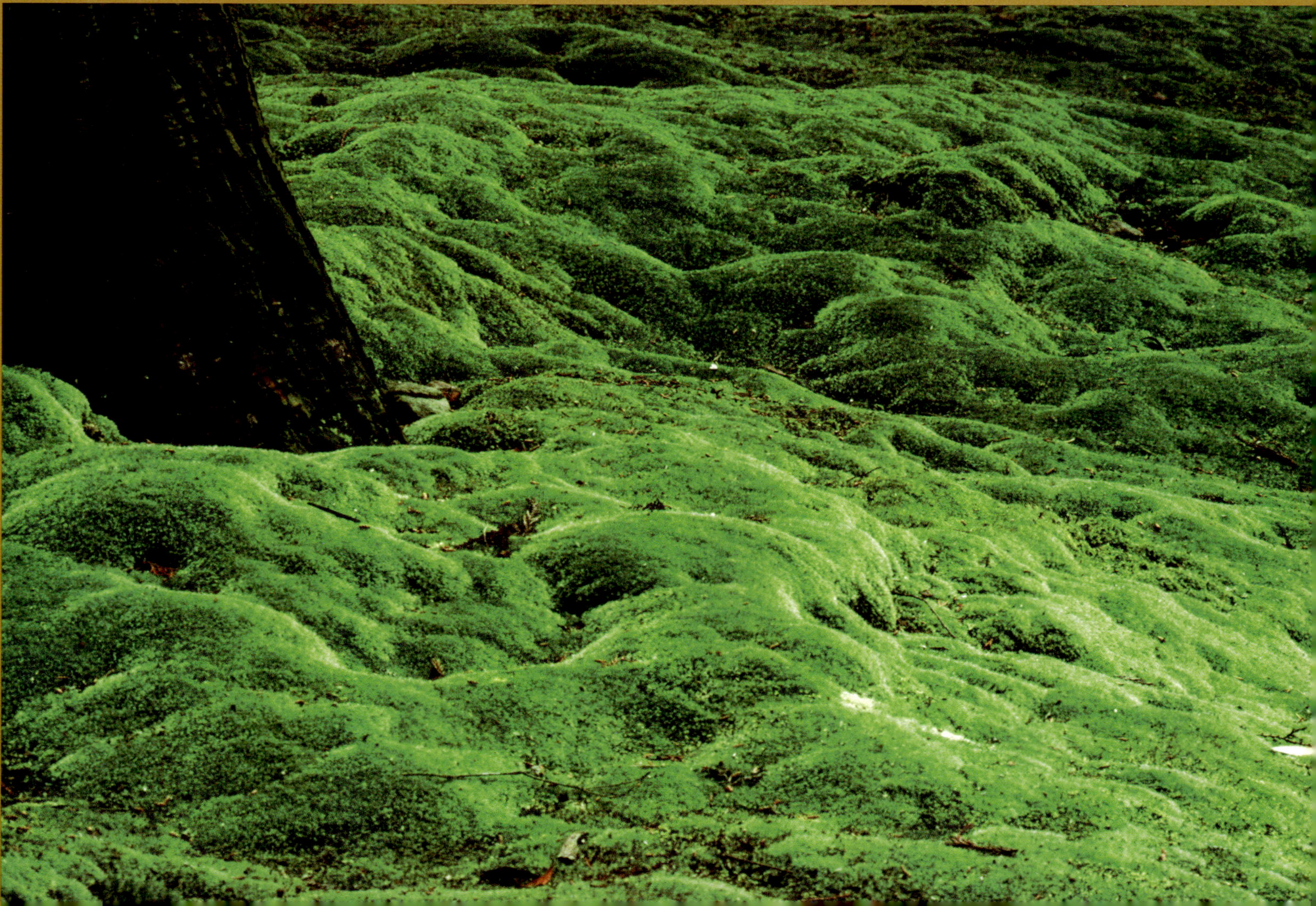

VIETNAM

EINHEIT IN DER VIELFALT

GEGENÜBER

Die Sandsteinskulptur aus dem 7. Jh. aus Tan Long in der vietnamesischen Provinz Soc Trang stellt den *bodhisattva* Lokeshvara (Avalokiteshvara) dar, die beliebteste buddhistische Gottheit. Er trägt einen komplizierten Haarschmuck, der ein Bild des Buddha Amitabha (Adida Phat) enthält, des himmlischen Buddha, von dem Avalokiteshvara eine Emanation sein soll. Die Staue wurde im Khmer-Stil aus der Vor-Angkor-Zeit (Phnom Da) angefertigt und steht auf einem Tempelgelände südlich von Phnom Penh. Das heutige südliche Vietnam gehörte in seiner Geschichte größtenteils zum Kulturkreis der Khmer und der Cham.

Vor der Ankunft des Buddhismus in Vietnam praktizierte die vietnamesische Elite eine Kombination des konfuzianischen und des daoistischen Systems, während sich die Masse der Bevölkerung wie in den meisten anderen asiatischen Gesellschaften schamanistischen Ritualen und lokalen Geisterkulten hingab. Nach allgemeiner Auffassung haben um 200 Priester aus Südchina in Vietnam eine Form des Theravada-Buddhismus eingeführt. Theravada war im Norden des Landes, das zu dieser Zeit zum chinesischen Reich gehörte, besonders stark, hier insbesondere in der Stadt Luy-Lau nördlich des heutigen Hanoi. Später wurde die Stadt zu einem Zentrum der Gelehrsamkeit: Zahlreiche Theravada-*sutras*, *Jataka*-Geschichten und andere kanonische Texte wie das *Milindapañha (Fragen des Königs Milinda)* wurden hier ins Chinesische und Vietnamesische übersetzt.

Der Hafenstadt Hanoi im Norden, die heutige Hauptstadt, war ein wichtiger Punkt auf der Seeroute zwischen Indien und China. 580 brachte der indische Mönch Vinitaruchi einen indischen Buddhismus, der auch über die Seidenstraße nach China gelangte und sich zum Chan oder Zen (vietn.: Thien) entwickelte. Ein zweites Mal wurde Zen im 8. Jh. aus China von Wu Yantong gebracht: Da das Königtum im nördlichen Königreich Dai Viet nach seiner Unabhängigkeit von China 938 das Zen praktizierte, wurde er weithin beliebt. Neben dem Zen wurzelte auch der *bodhisattva*-Buddhismus, der zur Erlösungsreligion des Reinen Landes wurde, die sowohl auf dem Lande als auch in den Städten sehr populär war. Dies ist in einer Fülle von Bildern und Skulpturen des himmlischen Buddha Amitabha (Adida Phat in Vietnam), des Buddha des Reinen Landes und seiner Emanation des *bodhisattva* Avalokiteshvara (Lokeshvara) sichtbar.

Der Buddhismus erlebte als Folge eines chinesischen Überfalls im 15. Jh. bei den Eliten einen Niedergang zugunsten des Konfuzianismus, aber zwei Jahrhunderte später mit der Einführung der Linji-zong und Caodong-zong wurden sie wieder erweckt. Zu dieser Zeit wurden zahlreiche Tempel und Klöster erbaut und restauriert.

HEILIGE ARCHITEKTUR

Vietnamesische buddhistische Tempel und Klöster ähneln in groben Zügen den chinesischen, aber viele weichen bezüglich Anlage, Konstruktionsweise, Verzierung in origineller Weise vom chinesischen Vorbild ab. So wurden viele der heiligen Bauten der Ly- und der Tran-Dynastie (1054–1400) monumental gebaut, häufig mit zwei bis zu 13 Stockwerken hohen Türmen. Die großen Klöster von Phat Tich und Dam wurden auf abgeflachten Bereichen im Gebirge errichtet, während die einzigartige Ein-Säulen-Pagode in Hanoi von 1049 wie eine Lotusblume aus einem Wasserbecken entspringt – ein Bild, das die Entstehung von Erleuchtung aus der Unwissenheit repräsentiert.

Zen breitete sich ab dem 15. Jh., als das nördliche Königreich das Land vereinigte, auch in den Süden aus. Diese Region wurde historisch von den Cham- und Khmer-Völkern bewohnt, die verschiedenen Linien des Mahayana und Hinduismus folgten. Verzierungselemente der Cham fanden sich auch in der buddhistischen Architektur in Vietnam wieder: der adlerartige Garuda – eine Beschützerfigur aus der hinduistischen Mythologie – neben anderen vietnamesischen

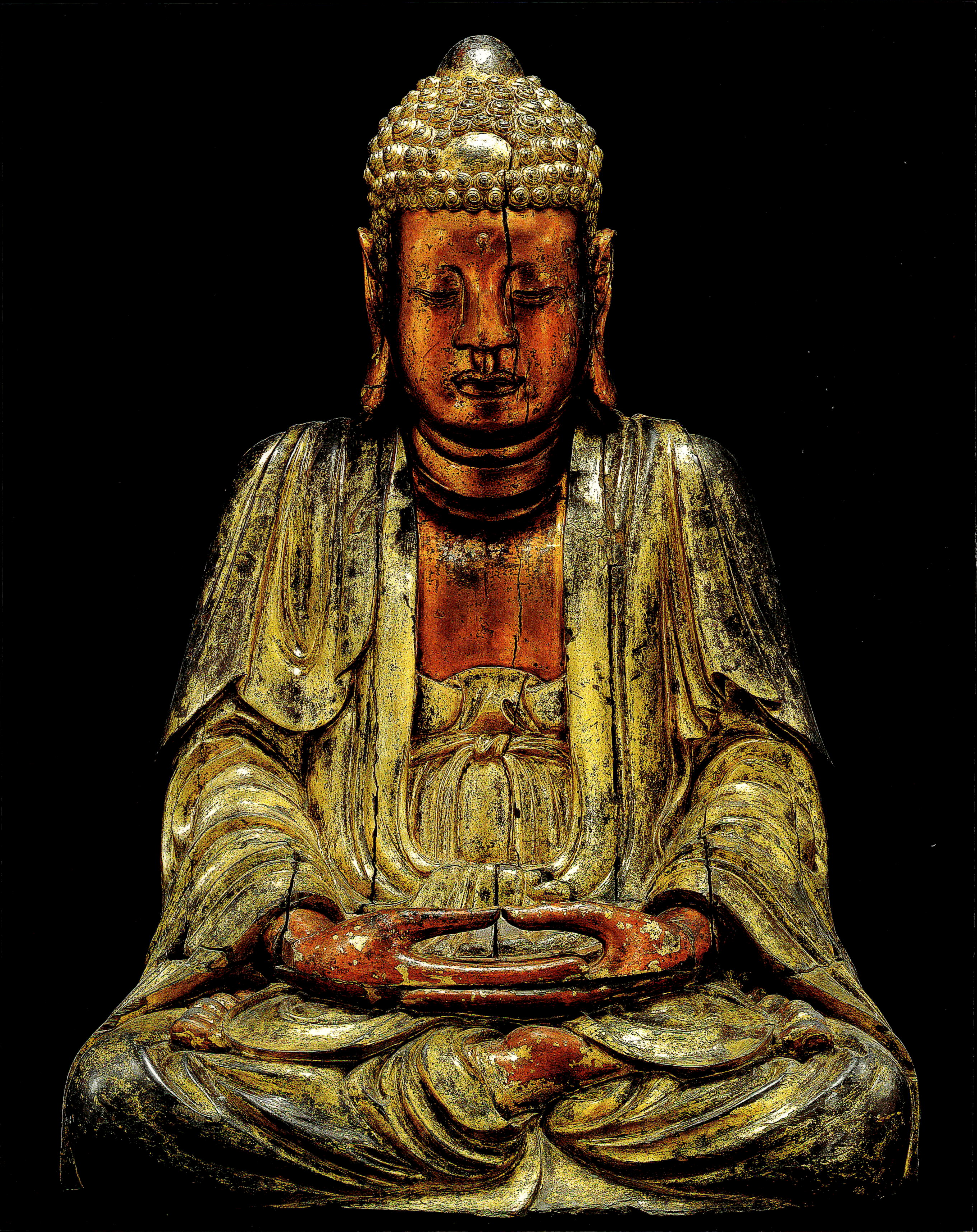

Motiven wie Wellen, Elefanten, Lotos, Drachen und Löwen.

Der Buddhismus in Vietnam war immer eine bemerkenswert synkretistische Religion. Und neben den traditionellen Schulen wie dem Zen sind hier im letzten Jahrhundert auch andere buddhistische Schulen entstanden. Hoa Hao, das 1939 entstand und von der 90 Jahre früher auf dem heiligen Berg That Son erlebten Vision des „Heilenden Buddha von Tay An" inspiriert wurde, ist besonders im Mekong-Delta beliebt. Eine weitere Schule, der Caodaismus („großes Gebäude"), wurde in den 1920er-Jahren gegründet und kombiniert alles großen Religionen einschließlich Buddhismus, um das gegenseitige Verständnis unter den Völkern zu fördern. Der Caodaismus ist das Nonplusultra der vietnamesischen Genialität in synkretistischen religiösen Möglichkeiten.

LINKS
Skulptur eines aufwändig gewandeten Buddha Amitabha aus lackiertem und vergoldetem Holz. Der Buddha sitzt in der Lotos-Stellung und hat die Hände in der *dhyanamudra* (Meditationsgeste). Die festen Locken und die langen Ohren stimmen mit der Ikonografie der indischen Tradition überein. Hanoi, Nordvietnam, 18. oder 19. Jh.

RECHTS
Avalokiteshvara, der *bodhisattva* des Mitgefühls, in seiner achtarmigen Form. Als er versuchte, alle Leidenden zu erreichen, fand Avalokiteshvara zwei Arme als unzureichend. Der Buddha Amitabha gab ihm darauf acht Arme, um seine Aufgabe zu erfüllen. Eine andere Legende schreibt dem *bodhisattva* 1.000 Arme zu. Vergoldete lackierte Figur aus Hanoi, 18. Jh.

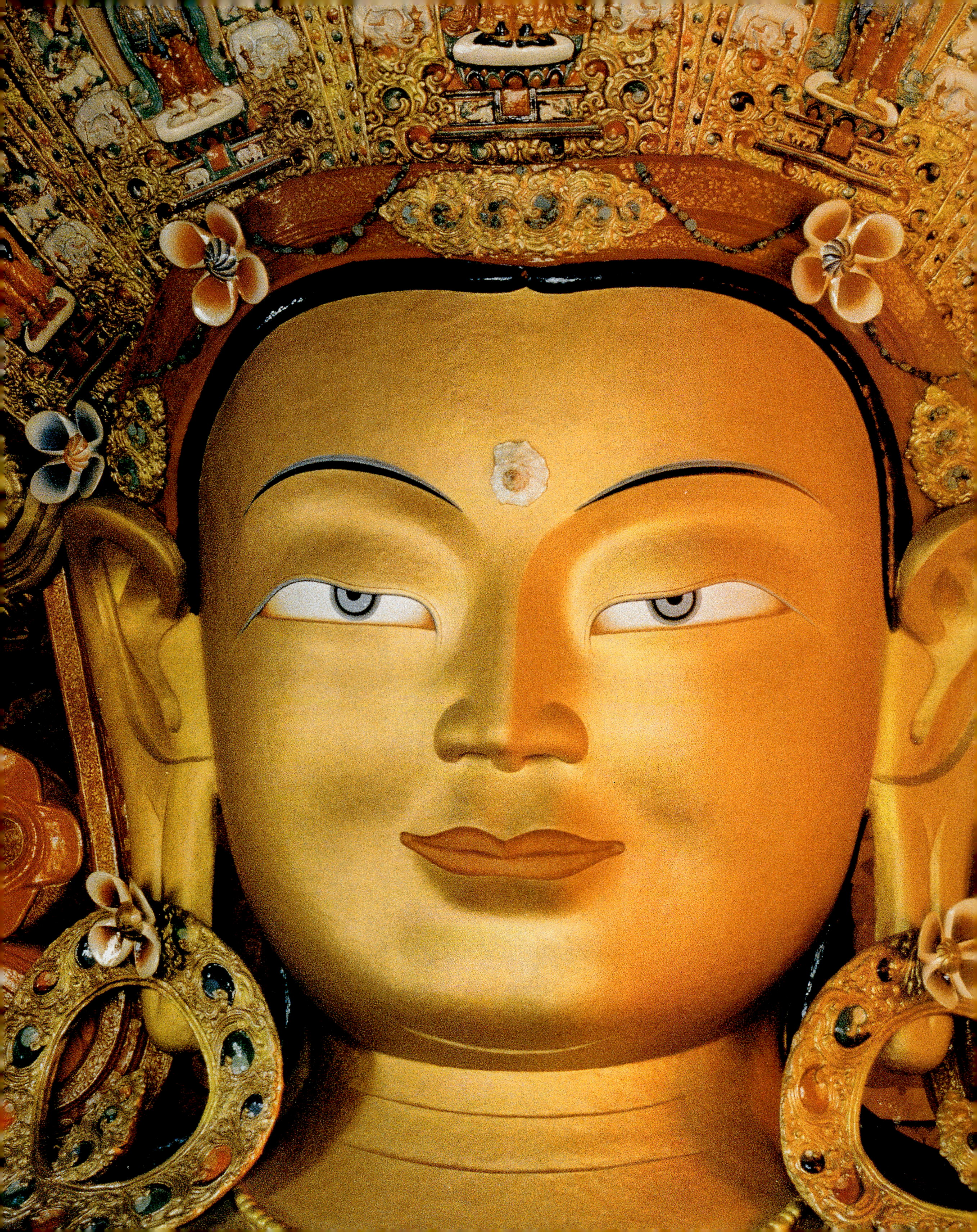

Fünftes Kapitel

DER HIMALAJA UND DIE MONGOLEI

DIE TRADITION DES VAJRAYANA

GEGENÜBER
Detail einer vergoldeten Statue des *bodhisattva* Maitreya, des kommenden Buddha, im Kloster Thikse in Ladakh, einer kulturell tibetischen Region im Norden Indiens. Maitreya soll im Tushita-Himmel wohnen und auf das „Dunkle Zeitalter", in dem er zur Erde herabsteigen muss, um das Dharma wiederherzustellen.

TIBET

DIE GLOCKE UND DER DONNERKEIL

Tibet gehörte zu den letzten asiatischen Ländern, die mit dem Buddhismus in Kontakt kamen, der vor dem 7. Jh. dort keine Bedeutung hatte. Aber nirgendwo sonst assimilierte sich das Dharma gründlicher in die nationale kulturelle Identität. Heute noch, nach einem halben Jahrhundert, in dem die tibetischen religiösen Traditionen Herausforderungen gegenüberstanden, die von den maoistischen Versuchen, sie total zu vernichten, bis zu einer Politik der begrenzten Toleranz unter strenger staatlicher Kontrolle reichen, bleiben die buddhistischen Wurzeln von Tibet stark. Tibet wurde anders als die anderen buddhistischen Nationen bis vor kurzem noch von einem König beherrscht, der nicht nur ein oberster *lama* (Lehrer) einer monastischen Linie war, sondern auch die von den Untertanen allgemein anerkannte Inkarnation des großen *bodhisattva* des Mitgefühls, Avalokiteshvara. Der derzeitige Amtsinhaber, der 14. Dalai Lama, lebt seit 1959 im Exil, aber er wird von den Tibetern in China und außerhalb als der geistliche Führer ihrer Nation anerkannt.

KUNST UND GLAUBE

Noch heute ist die Religion in der tibetischen Landschaft durch die zahllosen Stupas *(chörtens)*, Gebetsfahnen und Schreine am Wegesrand, Orte spiritueller Bedeutung, und durch bemalte Steine mit dem *mantra* des Avalokiteshvara – *Om mani padme hum* – an den noch so abgelegensten Bergpfaden zu sehen. In einem Land, in dem seit Menschengedenken ein Viertel der männlichen Bevölkerung einmal Mönche waren und in dem – einzigartig in der buddhistischen Welt – die Klostergemeinschaft immer Vorrang vor der weltlichen Macht hatte, ist es nicht erstaunlich, dass fast alle Kunstwerke zu einem religiösen Zweck angefertigt wurden: kleine

DER HIMALAJA UND DIE MONGOLEI

GEGENÜBER

Vergoldete zeremonielle Bronzehaube für einen tantrischen Priester. Die von einem *vajra* (diamantener Donnerkeil) gekrönte dreifache „Kuppel" repräsentiert das höchste Wissen, das im Tantra angestrebt wird. Auf der Haube ist ein Bild des Buddha in Lehrpositur in einem aufwändigen Rahmen, der von einem Garuda getragen wird (s. auch S. 190).

RECHTS

Der *bodhisattva* Avalokiteshvara (Chenrezi), die beliebteste Gottheit Tibets, in seiner achtarmigen und fünfköpfigen Form. Damit kann er Leidende sehen und trösten, wo immer er sie sieht. Der elfte Kopf soll Amitabha darstellen, den Buddha, dessen Emanation er ist. Er hält verschiedene Glück bringende Objekte. Vergoldete Bronze, 19. Jh.

Tonreliefs (Talismane; *tsha-tsha*), Stoff-Gebetsfahnen, die mit heiligen Gebeten und *mantras* bedruckt sind, auserlesene Holz- und Metallskulpturen zahlloser tibetischer Gottheiten in vielen Formen sowie leuchtend bemalte *thangkas* (Gemälde auf Stoff, die zur Meditation und andere Rituale aufgehängt werden). Auf den *thangkas* werden u. a. *mandalas* dargestellt, die auch in verschiedenen anderen Formen angefertigt werden (s. S. 198–201)

Die kunstreichen Riten und Zeremonien des tibetischen Buddhismus bedürfen eine Reihe von kleinen heiligen Mitteln: eine Miniaturglocke *(ghanta)* und einen „diamantenen Donnerkeil" *(vajra)* sowie aufwändig verzierte Musikinstrumente. Im tibetischen Buddhismus wird auch häufig ein magischer Ritualdolch verwendet, um böse Kräfte zu verjagen.

DÄMONEN BEZWINGEN

In Tibet wurde der Buddhismus unter der Herrschaft von König Songtsen Gampo (gest. ca. 650) etabliert: Seine Vorfahren kamen aus dem Yarlung-Tal. Songtsen Gampo konnte Tibet vereinigen und obwohl er selbst kein Buddhist war, hatte er zwei buddhistische Königinnen, eine chi-

RECHTS

Der Potala-Palast, der vom 5. Dalai Lama im 17. Jh. erbaut wurde, thront über der tibetischen Hauptstadt Lhasa. Er repräsentiert den heiligen Berg Potalaka, Sitz des *bodhisattva* Avalokiteshvara, dessen Inkarnation jeder Dalai Lama sein soll. Der Palast, der gleichzeitig ein Kloster und eine Burg ist, war bis 1959 Sitz der Dalai Lamas und der tibetischen Regierungen. Im Vordergrund rechts ist die Dachkrone des Jokhang-Tempels zu sehen, des heiligsten Tempels in ganz Tibet, der im 7. Jh. von Bhrikuti, der nepalesischen Königin von König Songtsen Gampo, errichtet wurde. Das vergoldete „Rad des Dharma" mit den beiden Rehen (die die erste Lehrrede des Buddha in Sarnath repräsentieren) wurde 1927 hinzugefügt. Der Jokhang zieht Pilger aus ganz Tibet an, die einem Buddha-Bildnis, dem Jowo Rinpoche ihre Ehrerbietung darbieten. Das Bildnis, das in Indien angefertigt worden sein soll, wurde von Weng Chen, der chinesischen Königin von König Songtsen Gampo, nach Tibet gebracht. Dort befindet es sich seit 650.

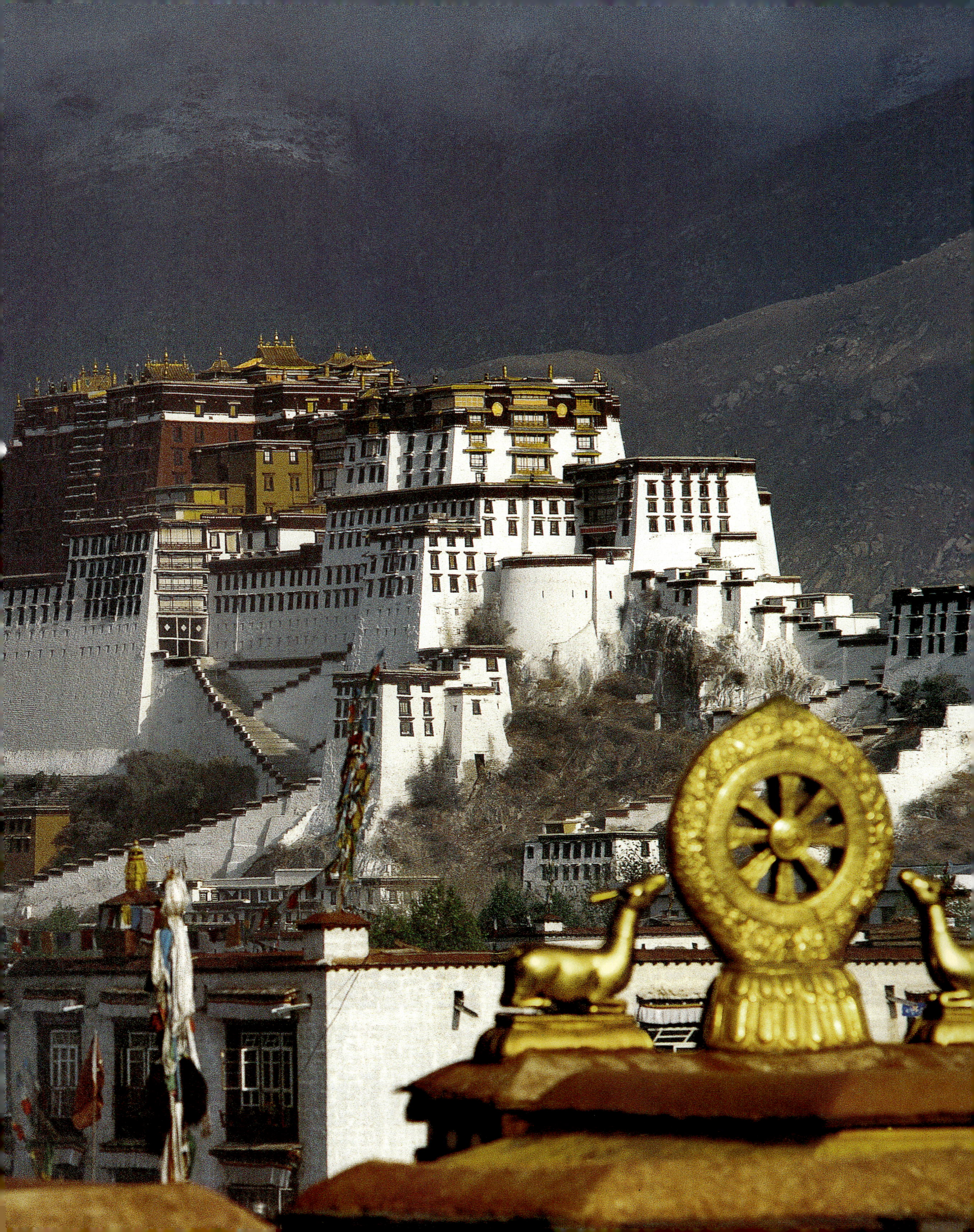

GEGENÜBER

Manuskript des sogenannten *Tibetischen Totenbuchs*, tibetisch: *Bardo Thodol (Befreiung durch Hören im Zwischenzustand)*, aus dem einem Toten oder Sterbenden vorgetragen wird. Die Bilder stellen zornige Gottheiten dar, denen das Bewusstsein beim Übergang vom Tod zur Wiedergeburt begegnen kann. Eine höhere Form der Geburt – oder sogar Erwachen und *nirvana* – wird erreicht, wenn diese Wesen richtig einfache als Aspekte des Selbst erkannt werden.

FOLGENDE SEITEN

Samye, das älteste tibetische Kloster, wurde im 8. Jh. am Brahmaputra von den indischen Meistern Shantarakshita und Padmasambhava gegründet. Der Komplex hat die Form eines riesigen kosmischen Modells, eines *mandala*. Der mehrstöckige Tempel in der Mitte – der tibetische, indische und chinesische Stile kombinieren soll – repräsentiert Meru (oder Sumeru), den Berg im Zentrum des Universums

nesische und eine nepalesische. Sie sollen den Bau des ersten buddhistischen Tempels in Tibet angeordnet haben, des Jokhang, des am meisten verehrten Schreins in Tibet (s. S. 184–185). Die nepalesische Königin Bhrikuti soll Tibet als eine große Dämonin angesehen haben, die nur bezwingbar sei, wenn man Tempel auf ihrem Körper baue. Deshalb wurden im ganzen Land weitere Tempel erbaut; der Jokhang steht angeblich auf dem Herz der Dämonin, ursprünglich ein kleiner See.

Zu dieser Zeit wurde auch die erste tibetische Schrift entwickelt, die auf den alphabetischen Schriften Nordindiens basierte. Tibetische Manuskripte, die oft illustriert waren und in einen aufwändig geschnitzten Holzumschlag gebunden waren, hatten die traditionelle waagerechte Form der Palmblätter aus Indien und Sri Lanka (s. S. 70–71).

Etwa ein Jahrhundert später lud König Trisong Detsen (756–ca. 780) zwei berühmte indische Lehrer ein, Shantarakshita und Padmasambhava, um in Samye das erste buddhistische Kloster Tibets zu gründen (s. S. 188–189). Hier berichtet eine Inschrift auf einer Stele vom Gelübde des Königs, das Dharma zu bewahren.

Padmasambhava wird von den Tibetern einfach als Guru Rinpoche („Kostbarer Meister") verehrt. Er war der erste große buddhistische Heilige Tibets und der Begründer der Nyingma, der ältesten der vier monastischen Schulen (Nyingma, Kagyü, Sakya und Gelug). Er war

186 DER HIMALAJA UND DIE MONGOLEI

ༀ་ཨཱཿ༔ ༔ཙོའོཾཛཿ༔ ཧཱུཾ༔ གུར་
བཞང་ཆེ་མཆོག་འཁོར་ལོ།།

ༀ་ཨཱཿ༔ ༔ཚོགས་དག༔ ཧཱུཾ༔ དཔལ་
དགའ་བཀྲ་འདུས་པའི་འཁོར་ལོ་རྣམ་
ལཿ༔ གུར་བས་ཕྱག་འཚལ་བར་

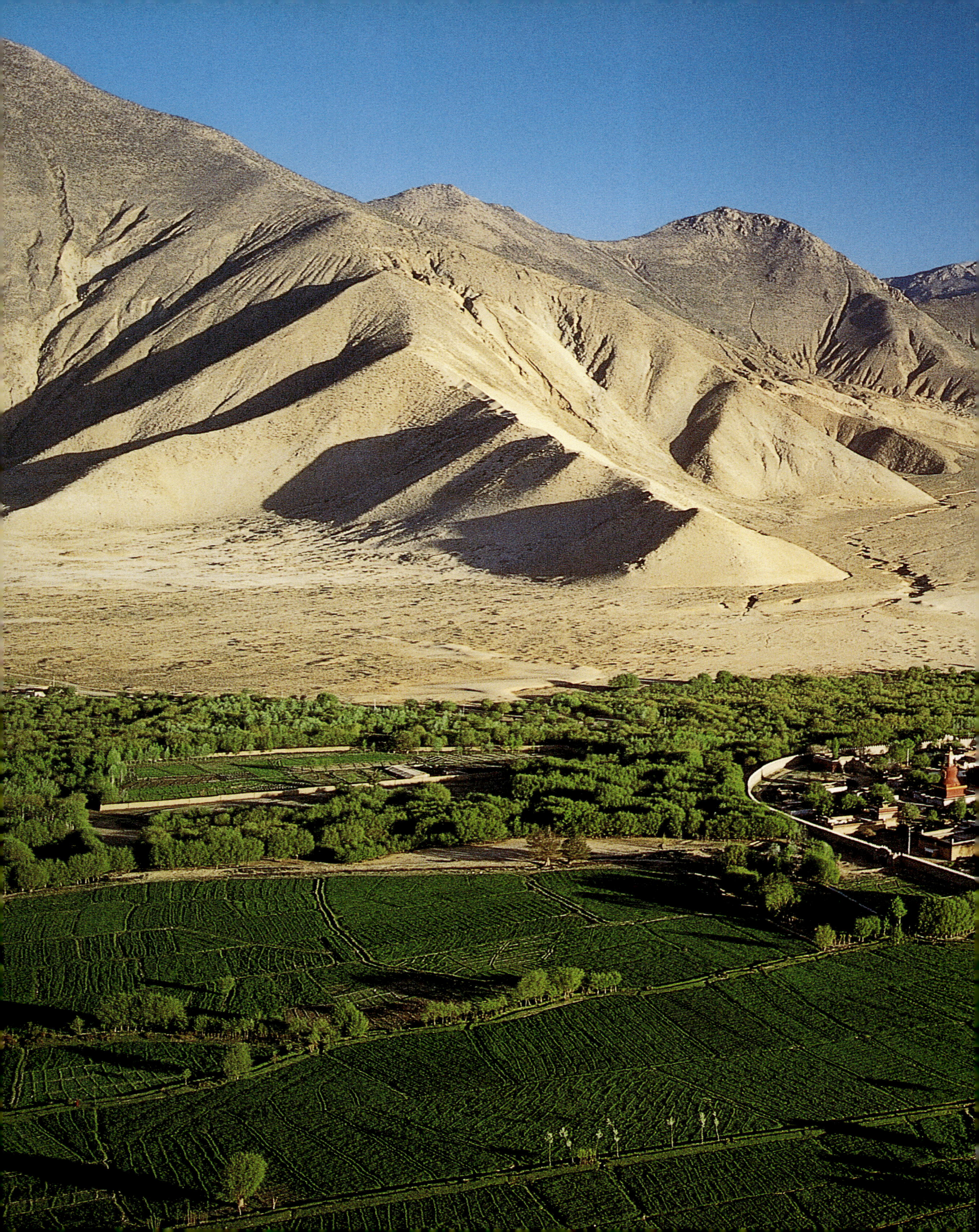

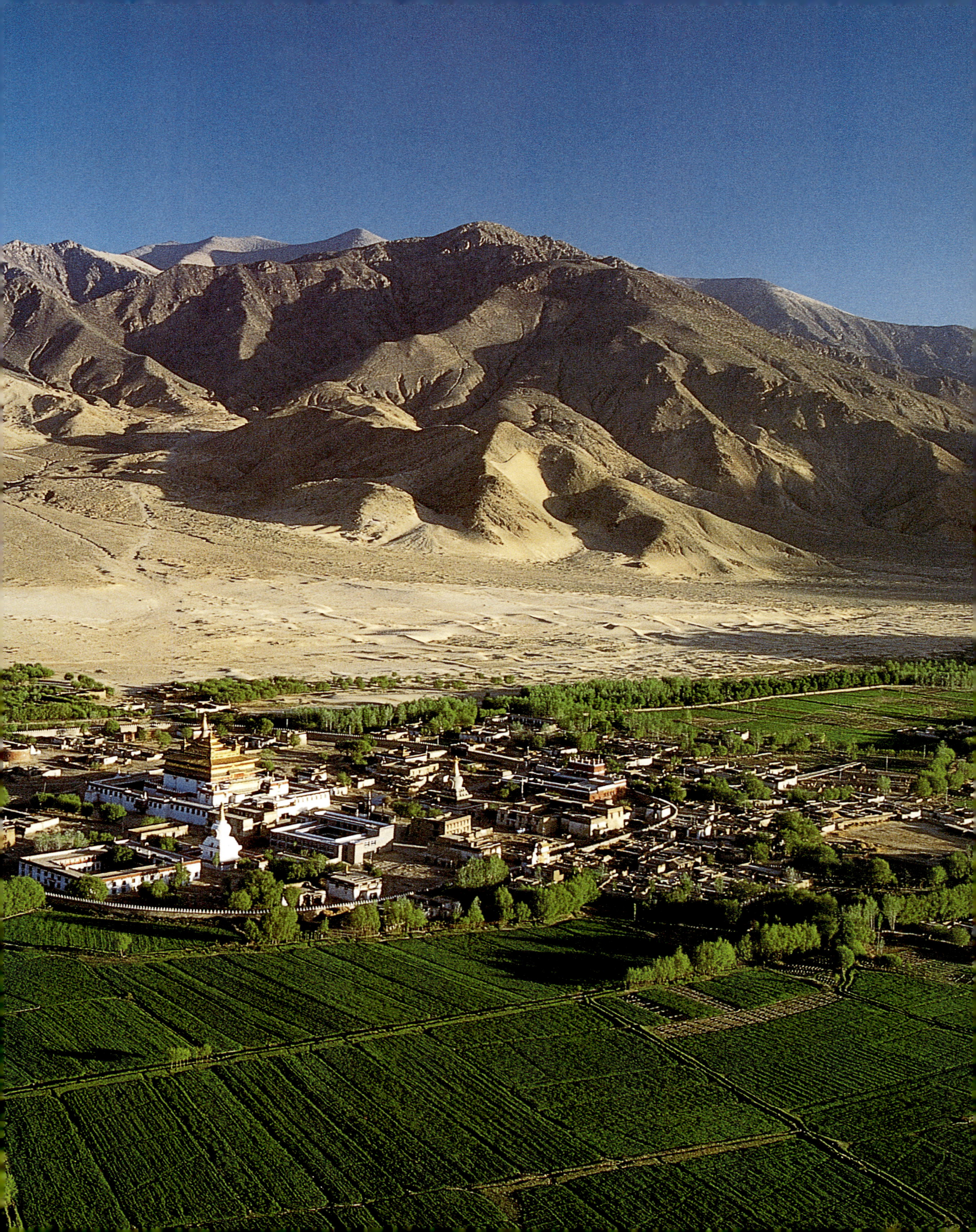

OBEN

Der Garuda, der teils Adler, teils Mensch ist, wird in vielen Teilen der buddhistischen Welt als Beschützer vor bösartigen Kräften verehrt. Gezeigt wird häufig, wie er eine Schlange verschlingt, in Tibet auch als Beschützer des Throns des Buddha. Vergoldetes Holz, 19. Jh. (s. auch S. 96 und 182).

auch verpflichtet, schlagkräftige Mächte zu überwinden, um Samye zu erbauen, und die alten Gottheiten und Dämonen von Tibet sollen von seiner Macht so eingeschüchtert gewesen sein, dass sie von dieser Zeit an die Vorherrschaft des Buddhismus anerkannten. Einige assimilierten sich in der neuen Religion als Dharmapalas („Beschützer des Dharma"), und die tibetische Kunst ist angefüllt mit solchen schrecklichen Wesen. Diese sind oft mit abgeschlagenen Köpfen oder menschlichen Schädeln, die mit Blut gefüllt sind, ausgestattet. Viele sind in der tantrischen Praxis wichtig als Symbole für „Zorn ohne Hass", mit denen der Gläubige die Kräfte in seinem Kopf wie Gier, Hass oder Wahn konfrontieren muss.

UNTEN

Die Glocke und der *vajra* (tibet.: *dorje*), der „diamantene Donnerkeil", werden – wie diese bronzenen Exemplare – in den meisten tantrischen Ritualen verwendet. Der *vajra* repräsentiert den Pfad zur höchsten Weisheit, die Glocke symbolisiert die Wahrheit der Leere *(shunyata)*. Zusammen stehen sie für das „maskuline" Mitgefühl und die „geschickten Mittel" des Buddha und seine „feminine" Weisheit.

Von ca. 840 versank die Yarlung-Monarchie im Bürgerkrieg und ohne staatliche Unterstützung erlebte der Buddhismus einen solchen Niedergang, dass er später von Gelehrten und *siddhas* (Erleuchteten) wiedererweckt werden musste. Tibeter reisten nach Nalanda und in andere große buddhistische Studienzentren in Indien, und indische Lehrer machten die lange gefährliche Reise über den Himalaja nach Tibet. Die Ankunft von Atisha (982–054) aus Ostindien 1042 kennzeichnet die „Zweite Übertragung" des Buddhismus. Atishas Schüler gründeten die Kadampa-Schule, aus der später die Gelug entstand. Ein prominenter Gelug-*lama*, der Dalai Lama, regierte Tibet als Staatsoberhaupt bis in die 1950er-Jahre.

DER DIAMANTENE DONNERKEIL

Die Hauptübertragungsrouten des Buddhismus nach Tibet vom 7. bis zum 12. Jh. gingen von den großen buddhistischen Zentren in Nord- und Nordostindien aus. Zu dieser Zeit herrschte das Mahayana vor, zusammen mit seinem esoterischen Ableger, dem Tantra oder Vajrayana, dem „Diamantfahrzeug". Der tibetische Buddhismus spiegelte beide Zweige des Mahayana wider. Die etablierte Praxis und Lehre, die von den Mahayana-*sutras* abgeleitet ist, war auf das ständige, bis zu 100-jährige, Streben nach Erleuchtung durch die Pflege des Mitgefühls *(karuna)* und der Weisheit *(prajña)* gerichtet. Das Vajrayana dagegen versicherte, dass es einen „schnellen Pfad" zur Buddhahaftigkeit in einem einzigen Leben gebe. Dieser gründe sich auf Tantras oder „geheime Lehren" des Buddha, die über 85 *Mahasiddhas* („Großer Beherrscher vollkommener Fähigkeiten") nach unten gegeben wurden.

OBEN

Dieses Räuchergefäß aus Kupfer und Silber trägt die acht buddhistischen Glück bringenden Symbole, die in der tibetischen Kunst häufig dargestellt werden: der königliche Schirm (Buddha), die Fische (Glück und Nutzen), die Vase (Überfluss), der Lotos (Reinheit), das Muschelhorn (Zuwendung zum Dharma), der endlose Knoten (endlose Wiedergeburt), das Siegeszeichen auf dem Berg Meru und das Rad des Dharma. Auf dem Deckel gibt es ein weiteres Rad des Dharma und zwei Rehe, die die erste Lehrrede des Buddha in Sarnath symbolisieren.

Die tantrische Praxis umfasst das enge Arbeiten mit einem Lehrer *(lama)*, der den Schüler mit einer Reihe von durchdachten spirituellen Übungen, die auf die Pflege der Weisheit und des Mitgefühls gerichtet sind, unterweist. Dazu gehört die Meditation zu einer Vielzahl von Buddhas und Gottheiten. Einige davon sind Furcht erregend und „zornig" und repräsentieren damit auch Aspekte der menschlichen Psyche. Diese göttlichen Wesen werden detailreich auf *thangkas* abgebildet. Das höchste tantrische Ziel der Vereinigung von Weisheit und Mitgefühl wird besonders in *yab-yum* genannten Bildnissen symbolisiert, die eine männliche (Mitgefühl) und eine weibliche Gottheit (Weisheit) in sexueller Vereinigung zeigen.

EINFLUSSREICHE NACHBARN

Anscheinend waren hier in den frühesten Jahren auch chinesische Einflüsse zu spüren, und von 792 bis 794 soll es in Samye große Auseinandersetzungen zwischen chinesischen Mönchen des Chan (s. S. 120–121) und indischen Mönchen gegeben haben, die einen

RECHTS

Reliquienschrein in der Form eines *chörten* (Stupas) aus Bronze und Halbedelsteinen. Der tibetische *chörten* zeigt den Einfluss des südlichen Nachbars Tibets, Nepals, insbesondere in dem langen, aus Ringen bestehenden Spitze mit dem darüber liegenden Schirm und den Symbolen für Mond und Sonne. Dieser *chörten* stand vermutlich auf einem Altar.

moderateren Pfad zur Erleuchtung befürworteten. Die chinesischen Mönche sollen dabei unterlegen gewesen sein, und der tibetische Buddhismus orientierte sich seitdem stark nach Indien. Die Ablehnung der chinesischen Lehren kann politisch wie religiös motiviert gewesen sein, um den Einfluss des mächtigen Nachbarn einzuschränken. Auch wenn die chinesischen Lehren nicht zugelassen wurden: In der tibetischen Kunst gab es sichtbare Einflüsse chinesischer Stile, insbesondere ab dem 13. Jh., als China und Tibet von der Yuan-Dynastie beherrscht wurden, die den tibetischen Buddhismus ausübten. Der entstandene sino-tibetische Stil erhielt in der letzten chinesischen Dynastie, den Mandschu (Qing), die auch Anhänger des tibetischen Buddhismus waren, neuen Auftrieb.

Der Einfluss des südlichen Nachbarn Nepals ist in einigen Gebieten der tibetischen Kunst auch sichtbar. Am sichtbarsten ist er im Stil der tibetischen Stupa, dem *chörten*, vor allem in dem Abschlussstück an der Spitze und in einigen Fällen in den gemalten Buddhaaugen, die von jeder Seite der *harmika*, dem Schrein zwischen Kuppel und Spitze, nach unten schauen.

ERLEUCHTETE WESEN

Der tibetische Buddhismus umfasst die größte Menge heiliger Wesen, die man im Buddhismus generell finden kann. Bildnisse himmlischer Buddhas, *bodhisattvas*, zornige Beschützergottheiten, große Lehrer (*lamas*) und berühmte indische und tibetische Erleuchtete (*siddhas*) werden in nahezu jedem Medium dargestellt wie Szenen aus dem Leben des Buddha Shakyamuni und alte tibetische Legenden. Ein reiches und komplexes System heiliger Symbole vervollständigt diese Sujets: Reine Verzierung ist in der tibetischen Kunst relativ selten – so gut wie jedes Detail und jede Farbe eines *thangka* besitzt eine religiöse Bedeutung.

RECHTS

Die Göttin Tara ist auf diesem *thangka* in ihren beiden häufigsten Erscheinungsformen zu sehen. Unter der Grünen Tara (Mitte) ist die Weiße Tara (links) und Avalokiteshvara, aus deren mitfühlenden Tränen Tara geboren wurde. Oben sind drei Gelug-*lamas* abgebildet, in der Mitte der Gründer der Schule Tsong Khapa.

OBEN

Manjushri, der *bodhisattva* der Transzendenten Weisheit, hält das „Schwert der Erkenntnis", mit dem er die Wurzeln der Unwissenheit zerschlagen haben soll. In der anderen Hand hält er ein heiliges Buch, das die Weisheit symbolisiert. Bronze mit Silber-, Kupfer- und Halbedelsteineinlagen. 12. Jh.

Schlüsselaspekt des Mahayana ist die Betonung des Mitgefühls. Einige Schüler des Buddha sollen Erleuchtung erlangt haben: Sie werden als *arhats* („die Würdigen") verehrt. Nach dem Mahayana wollten die *arhats* jedoch nur durch ihr eigenes Beispiel zeigen, dass das Dharma der richtige Weg zum *nirvana* sei, sie zeigten nicht das Mitgefühl gegenüber all den Leidenden, das sie zu Buddhas gemacht hätte. So waren die *arhats* zwar verehrungswürdig, aber standen unter den *bodhisattvas*, die nach zahllosen Leben, in denen sie anderen in Akten der Selbstaufopferung halfen, an der Schwelle zur Buddhahaftigkeit standen.

Infolgedessen werden im tibetischen Buddhismus viele *bodhisattvas* verehrt. Wie in anderen Mahayana-Traditionen auch ist der beliebteste Avalokiteshvara (Chenrezi; „der Herr, der betrachtet" und Mitgefühl für die Leidenden empfindet). In alten tibetischen Legenden wird denn auch behauptet, dass die ersten tibetischen Menschen aus der Verbindung einer zornigen Göttin und einem Affen erstanden, der eine Emanation des Avalokiteshvara war. Der *bodhisattva* wohnte auf dem Berg Potalaka in Südindien, dessen Repräsentation der Potala-Palast in Lhasa ist (s. S. 184–185). Er wird oft als elfköpfige und achtarmige Figur dargestellt, die seine ewige Wachsamkeit und seine Bereitschaft, Leidenden zu helfen, darstellt.

Ein weiterer *bodhisattva* ist Manjushri, der Buddha der Weisheit. Er nimmt viele Formen an und wird häufig mit dem „Schwert der Erkenntnis" dargestellt, mit dem er alle Illusion zerschneidet. Maitreya, der kommende Buddha, sitzt in „westlicher" Manier

194 DER HIMALAJA UND DIE MONGOLEI

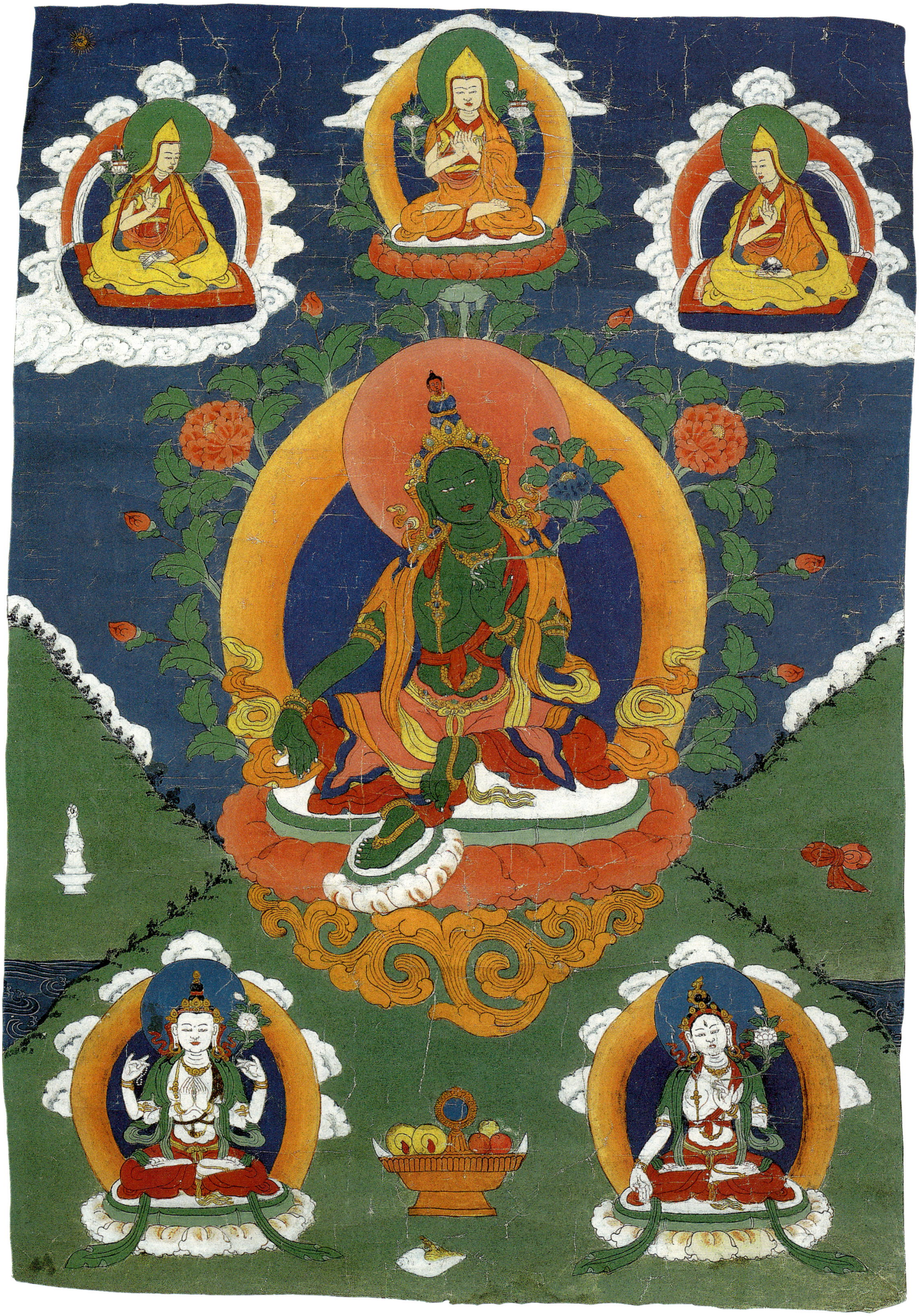

OBEN
Buchcover mit Darstellungen der fünf kosmischen Buddhas (von links nach rechts): Vairochana, Ratnasambhava, Amoghasiddhi, Amitabha (Amitayus) und Akshobya. Amitabha, der beliebteste, manifestiert sich auch als die *bodhisattvas* Avalokiteshvara und Manjushri. Tibet, vermutlich 14. Jh.

auf einem Stuhl oder Thron. Die Tibeter verehren auch die Göttin Tara (tibet.: Dölma) – die weibliche Manifestation von Avalokiteshvara –, die als eine junge Frau von 16 Jahren dargestellt wird. Sie erscheint in 21 Formen, von denen die häufigsten die Grüne Tara und die Weiße Tara sind.

Jeder *bodhisattva* wird als eine Manifestation der fünf „himmlischen" oder „kosmischen" Buddhas betrachtet, die Aspekte der höchsten Weisheit des Buddha und seiner Lehre verkörpern. Alle zusammen konstituieren sie den Adibuddha („Ur-Buddha"), die absolute oder höchste Wahrheit, die jenseits der Welt der Erscheinungen liegt.

Avalokiteshvara ist z. B. eine Emanation von Amitabha, des Buddha des Unermesslichen Glanzes, Herr des Reinen Landes (s. S. 118–119). Die himmlischen Buddhas werden in der tantrischen Praxis in Anspruch genommen und repräsentieren Aspekte der Psyche. Sie sind auch mit den fünf Elementen, den fünf Sinnen und den fünf Hauptenergiezentren des Körpers in den Füßen, dem Nabel, dem Herzen, dem Mund und dem Kopf verbunden. Der höchste Adibuddha wird von jeder der tibetischen Schulen in verschiedener symbolischer Form dargestellt und wirkt damit an der einzigartig reichen und kunstvollen religiösen Bildsprache und dem Symbolismus mit, die die tibetische Kunst auszeichnen.

MANDALA
DER BERG DES GEISTES

GEGENÜBER
In diesem *mandala* wird die Gottheit Vasudhara in einem heiligen Kreis von heiligen Figuren umringt. Sie ist die Gefährtin von Vajrasattva (Name der Kadampa-Schule für Adibuddha)

UNTEN
Mandala von Vajrabhairava, einer zornigen Form von Manjushri, aus dem 16. Jh. Oben links ist Vajradhara (Name der Gelug-Schule für Adibuddha).

Eines der bemerkenswertesten Sujets tibetischer Kunst ist das kosmische Modell, das *mandala*. Es gibt es in einer großen Vielzahl von Medien: von kleinen holzblock-gedruckten Bildern auf Papier und unaufwändigeren Malereien auf Stoff über dreidimensionale Holz- oder Metallmodelle bis hin zu ganzen Gebäuden wie das Kumbum in Gyangze oder das Kloster in Samye. Es wird auch in vergänglicheren Medien wie Sand, Ton oder Reis erschaffen.

Das *mandala* besteht meist aus einem Kreis innerhalb eines Quadrats und repräsentiert sowohl den Makrokosmos des Universums als auch den Mikrokosmos des individuellen Gläubigen. Als solcher ist es der Schlüssel auf dem Pfad zur Erleuchtung und dient als Anleitung für die mentale Transformation. In der tantrischen Meditation visualisiert der individuelle Gläubige das *mandala* und die vielen Gottheiten in ihm als Repräsentation seines eigenen Geistes. Die visualisierten Gottheiten werden nicht als reale physische Wesen aufgefasst, sondern als Manifestationen der Weisheit und des Mitgefühls. Und so zielt der Gläubige letztendlich dahin, diese Eigenschaften zu bekommen. Der tantrische Pfad ist schwierig und kulminiert in einer fortgeschrittenen esoterischen Praxis, die beinhaltet, sich selbst als diese Gottheit im Herzen des *mandala* vorzustellen, als die Verkörperung von Weisheit und Mitgefühl.

Die Gottheit im Herzen des *mandala* ist der *yidam* („persönliche Gottheit"), den ein erfahrener *lama* für seinen Schüler aussucht. Es gibt drei Typen von Gottheiten: „friedliche", „zornige" und „halb-zornige". Welche der Lehrer auswählt, hängt von der Persönlichkeit und dem seelischen Zustand des Schülers ab. Der *yidam* einer Person repräsentiert den jeweiligen Ausdruck der

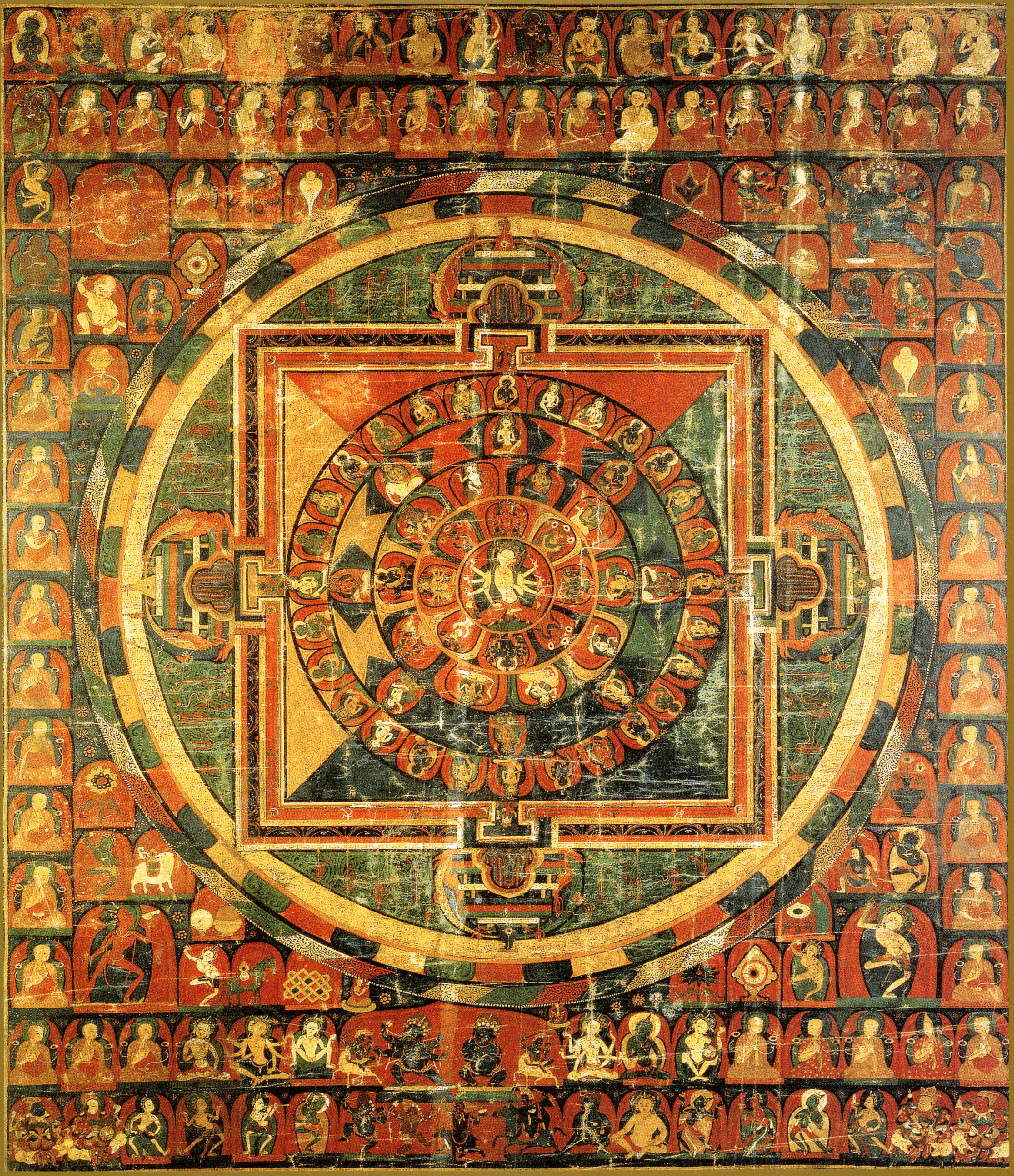

GEGENÜBER
Das Kloster von Gyangze wird von dem außergewöhnlichen pyramidenartigen Tempel Kumbum dominiert, der in Form eines riesigen dreidimensionalen *mandala* konstruiert wurde. Der Tempelkomplex hat mehr als 70 Kapellen, die mit Bildnissen buddhistischer Gottheiten angefüllt sind. Oben auf dem Tempel (Zentrum des *mandala*) ist ein Schrein, der ein Bildnis von Vajradhara (Name der Gelug-Schule für den höchsten Adibuddha; s. S. 197) enthält. Das Kumbum wurde 1463 geweiht, als Gyangze das Zentrum eines kleinen, aber florierenden Fürstentums war. Die „alles sehenden Augen" und das Abschlussstück zeigen den Einfluss nepalesischer Künstler, die vermutlich beim Bau des Tempels mitgewirkt haben.

Buddha-Natur dieser Person und deshalb wird zu einem Mittel, mit dem er diese Natur manifestieren kann.

VISIONEN DER GÖTTER

Die bekannteste Form des *mandala* ist die, die detailreich in tibetischen Hängerollen, *thangkas*, dargestellt sind. Solche farbenfrohen und komplizierten *mandala*s zeigen eine einzelne Gottheit in ihrem Zentrum, z. B. einen der fünf kosmischen Buddhas (s. S. 196–197), dessen Eigenschaften und Symbolgehalt im Fokus der Meditation des Gläubigen in einer bestimmten Phase auf dem spirituellen Weg steht. Die zentrale Gottheit wird innerhalb einer quadratischen „Mauer" mit vier Toren von anderen heiligen Wesen umgeben. Dieses Bild wiederum, das den Berg im Zentrum des Kosmos symbolisiert, ist von mehreren Kreisen umgeben, die mit heiligen Symbolen verziert sind wie dem *vajra* (ritueller Donnerkeil) oder Blütenblättern des Lotos. Außerhalb dieser Kreise kann es zahlreiche weitere heilige Figuren geben, oft berühmte Erleuchtete *(siddhas)* und Beschützergottheiten.

Zu den bemerkenswertesten *mandala*s gehören die sorgfältig aus farbigem Sand geschaffenen Modelle, die in tantrischen Zeremonien genutzt werden. Wenn die Zeremonie vorbei ist, wird das *mandala* – dessen Erschaffung vielleicht mehrere Wochen gedauert hat – einfach weggefegt, als Erinnerung an die Unbeständigkeit aller Erscheinungen.

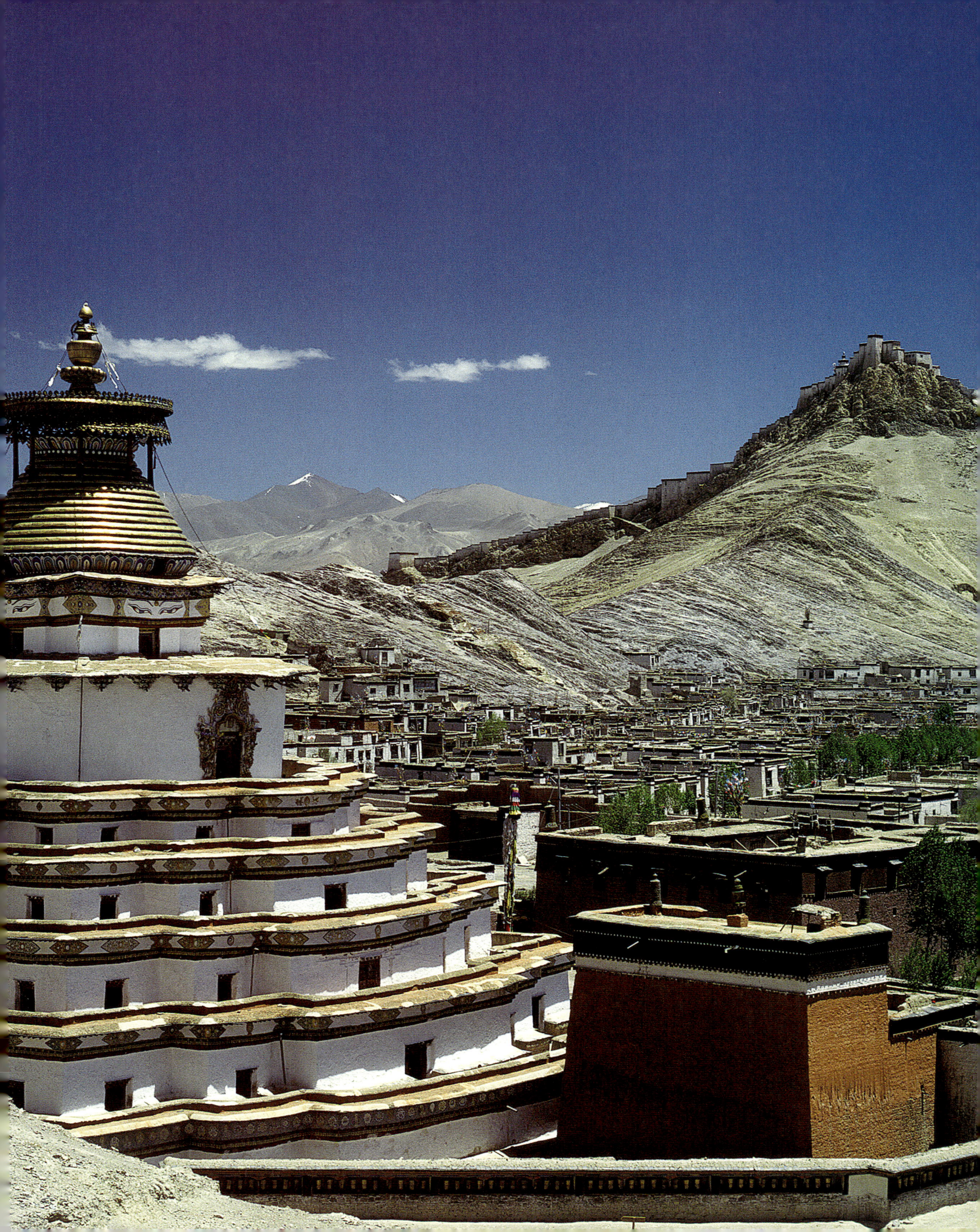

DIE UNGEBROCHENE TRADITION
TIBETISCHER BUDDHISMUS AUSSERHALB TIBETS

An den Südhängen des Himalaja gibt es eine Reihe von tibetischen Regionen, die heute innerhalb der Grenzen Indiens oder Nepals gelandet sind bzw. wie im Einzelfall Bhutan ihre Unabhängigkeit von ihren größeren Nachbarn bewahrt haben. In diesen oft abgelegenen Berggebieten haben die Buddhisten ihre alten religiösen und künstlerischen Traditionen ungestört von den unheilvollen Ereignissen bewahrt, die ihr Heimatland ab der Mitte des 20. Jhs. heimgesucht haben. Zudem wird der tibetische Buddhismus weit entfernt vom Himalaja, in der Mongolei, einem Gebiet mit engen historischen Verbindungen nach Tibet, praktiziert.

DIE TIBETER IN INDIEN UND WEST-NEPAL

Ladakh, heute größtenteils in Indien gelegen, war bis zur Annexion durch die Jammu 1834 und der nachfolgenden Einverleibung in Britisch-Indien ein unabhängiges tibetisches Königreich. Seine zahlreichen Klöster *(gompas)* wie in Alchi, Lamayuru und Thikse gehören zu den drei großen tibetischen Schulen, dem Gelug, Kagyü und Drukpa. Die Tempel von Alchi in der Nähe der Hauptstadt von Ladakh Leh gehören zu den frühesten tibetischen Denkmälern, die erhalten sind. Der um 1200 gegründete Tempel ist bekannt für seine ausgezeichneten Gemälde und Holzschnitzereien. Das

UNTEN
Das Königreich Pala war eine wichtige Quelle des Einflusses auf den tibetischen Buddhismus. Viele Tibeter studierten an den großen Klöstern Nalanda und Vikramashila. Atisha, der Erneuerer des tibetischen Buddhismus im 11. Jh. (s. S. 191), war vermutlich Abt in Vikramashila. Dieses Detail eines Palmblattmanuskripts aus Pala zeigt eine tantrische Vajrayana-Gottheit. Sie ist datiert auf die Herrschaft von König Ramapala (reg. ca. 1082–1124), eine Periode, als der Einfluss von Pala auf den tibetischen Buddhismus seinen Gipfelpunkt erreichte.

vor mehr als 500 Jahren gegründete Kloster Thikse erhebt sich mächtig auf einem Hügel über dem Industal. Es beherbergt eine bedeutende Bibliothek sowie eine berühmte moderne Skulptur von Maitreya, des kommenden Buddha.

Im indischen Staat Himachal Pradesh südlich von Ladakh wohnt ebenfalls eine traditionell tibetische Bevölkerung sowie viele Flüchtlinge aus dem eigentlichen Tibet. Hier befindet sich auch Dharamshala mit dem Sitz des Dalai Lama und der tibetischen Exilregierung. Ein weiteres altes tibetisches Königreich, Sikkim, war bis zu seiner Annexion durch Indien 1975 unabhängig. Dort gibt es den Klosterkomplex von Rumtek, wo in den 1960er-Jahren ein neues Kloster im traditionellen tibetischen Stil für den 16. Karmapa, das exilierte Oberhaupt des Karma-Kagyü-Ordens, erbaut wurde. Ein älteres Kagyü-Kloster aus dem 17. Jh. steht daneben.

Im Westen Nepals gibt es drei Hauptregionen der tibetischen Kultur: Dolpo, Mustang und Sherpa. In Mustang, einem alten tibetischen Fürstentum, stehen zahlrei-

OBEN

Die tibetische Architektur des Klosters Lamayuru dominiert bergige Landschaft im indischen Ladakh. Das Kloster, das vermutlich im 10. Jh. gegründet wurde, beinhaltet eine Grotte, in der der Mahasiddha („Großer Beherrscher vollkommener Fähigkeiten") Naropa viele Jahre der Meditation verbracht haben soll. Er wird besonders von der tibetischen Kagyü-Schule verehrt, zu der Lamayuru gehört.

GEGENÜBER

Tantrisches Wandgemälde im traditionellen Stil im modernen Kloster in Ura, Ost-Bhutan. Die grimmige, vielarmige und vielköpfige Gottheit in der Mitte ist ein Mahakala, ein männlicher Dharmapala („Beschützer des Dharma"), in sexueller Verbindung mit seiner „Partnerin der Weisheit". Klöster haben ein *gonkhang* („Schutzgottheitentempel"), der ausschließlich genutzt wird, um Dharmapalas zu beschwören.

che *gompas*; unweit des *gompa* von Luri gibt es einige Grottentempel aus dem 13. oder 14. Jh., die der breiten Öffentlichkeit erst seit den 1990er-Jahren bekannt sind. Seit den 1950er-Jahren haben tibetische Buddhisten auch im Kathmandu-Tal, im kulturellen Herzland Nepals (s. S. 209), eine stattliche Präsenz aufgebaut.

BHUTAN: DAS LAND DES DONNERDRACHENS

Bhutan bedeutet „Ende Tibets" und mit der Ausnahme des Darjeelingtals in Indien bildet das kleine Himalaja-Königreich die südlichste Region des historischen Tibet. Heute ist es das einzige unabhängige Land im Himalaja, in dem die Mehrheit der Bevölkerung eine Form des tibetischen Buddhismus ausübt. Der Buddhismus herrscht seit dem 7. Jh. hier vor, und seit dem 17. Jh. ist die mächtigste Schule die Drukpa, eine Unterschule der Kagyü, die traditionell in Ost- und Südost-Tibet einflussreich war. Die Drukpa wurde vom tibetischen Meister Lingrepa (1128–1189) mit der Gründung des Klosters in Ralung 250 km südlich von Lhasa, unweit der heutigen Grenze zu Bhutan, etabliert. Die nächstgrößere Schule ist die ältere Nyingma-Schule.

In Form und Stil erinnert die traditionelle buddhistische Kunst und Architektur in Bhutan der in Tibet. Fresken und Gemälde von *thangkas* und *mandalas* sind die Hauptsujets der bhutanischen religiösen Kunst, zudem meisterlich gestaltete Skulpturen des Buddha, von Gottheiten und heiligen Personen aus Holz, Stein, Bronze und Edelsteinen. Bhutanische Architektur wendet Verfahren der Holzkonstruktion an, ohne zu nageln. Wie in Tibet werden hauptsächlich Klöster, Tempel, *dzongs* (befestigte Klöster) und *chörtens* (Stupas) gebaut. Und die bhutanischen *chörtens* erinnern ebenso wie in Tibet an den Buddha und an verstorbene heilige Personen und dienen als Talismane an Orten, die nach allgemeiner Auffassung eine große und möglicherweise gefährliche spirituelle Kraft enthalten, wie Straßenkreuzungen oder Zusammenflüsse von Flüssen. Neben den vielen *chörtens* des tibetischen Typs gibt es auch zahlreiche Exemplare, die an die nepalesischen erinnern.

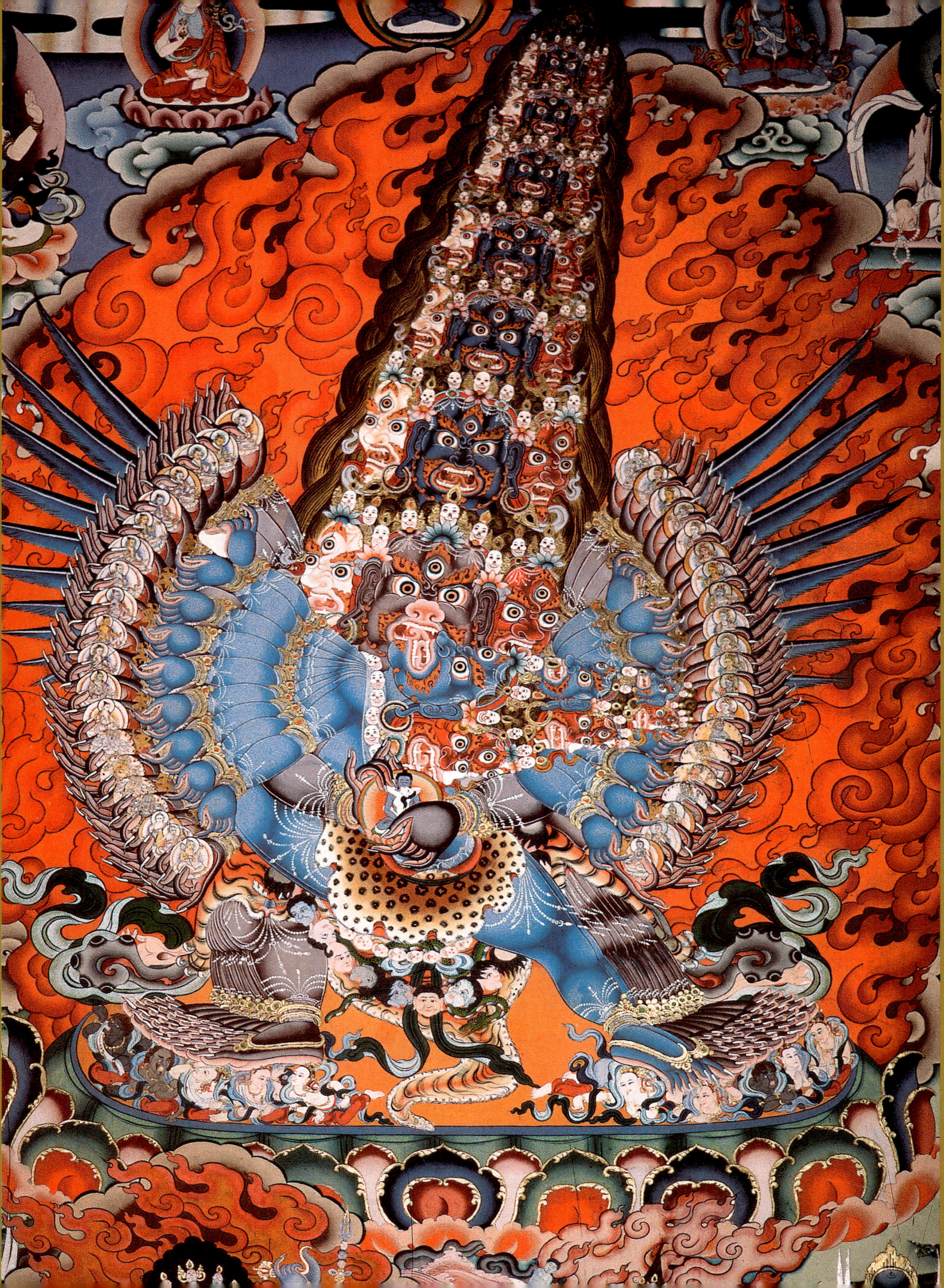

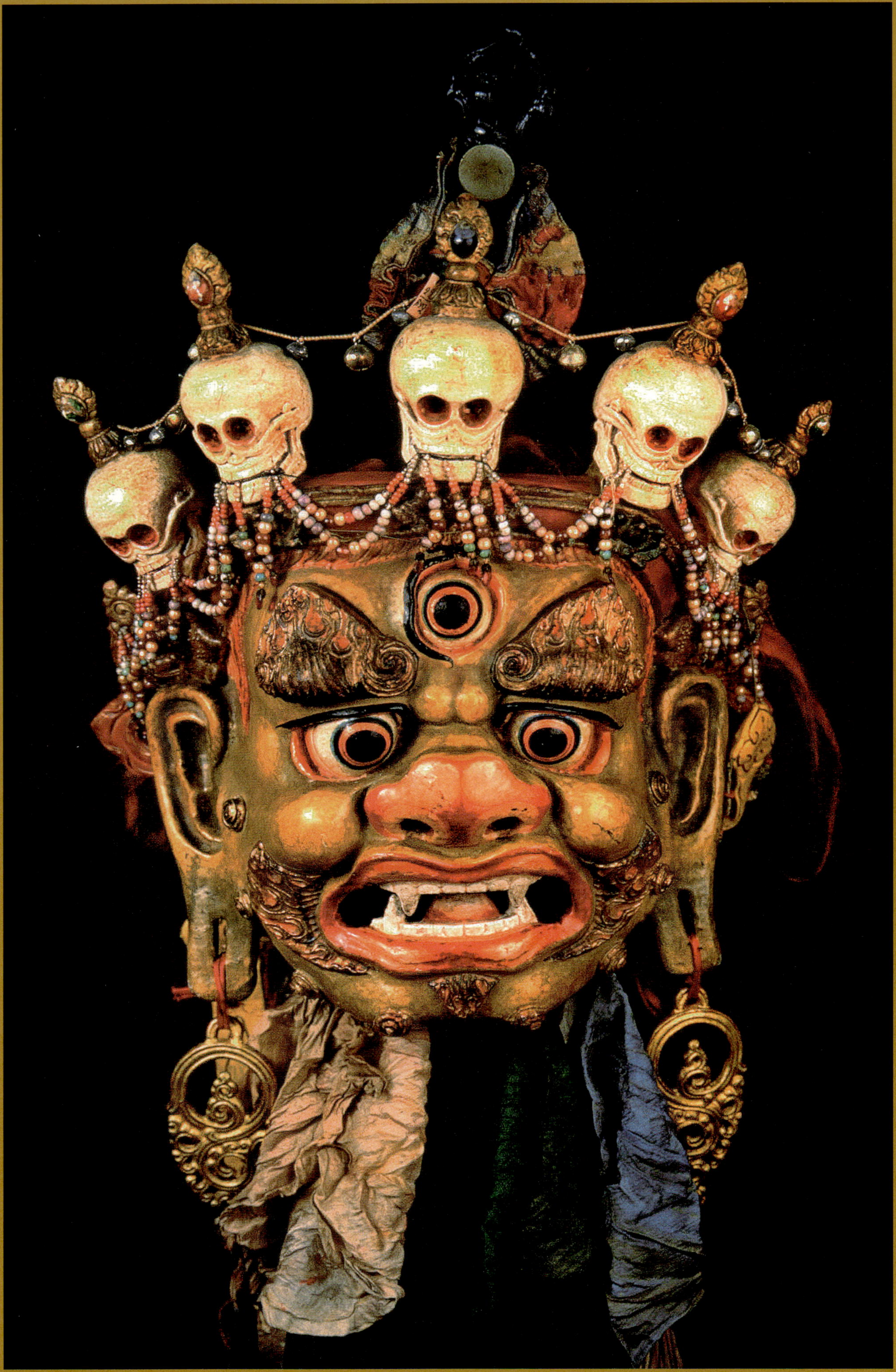

DIE MONGOLEI: DAS DHARMA IM LAND DER KHANE

Außerhalb des eigentlichen Tibet und anderer historisch tibetischer Gebiete war die Mongolei die bedeutendste Region, die den tibetischen Buddhismus annahm. Bereits im 4. Jh. soll es chinesische buddhistische Mönche unter den Mongolen gegeben haben. Aber entscheidend waren die Kontakte zwischen den Mongolen und tibetischen Autoritäten. 1244 wurde der oberste Lama der Shakyapa, der buddhistischen Schule zu dieser Zeit in Tibet, als Dank für die Erteilung der Souveränität zum Stellvertreter des Mongolenanführers Godan Khan ernannt. Sein Nachfolger, Kublai Khan (1215–1294), konvertierte zum tibetischen Buddhismus, aber die Religion verbreitete sich im Volk erst weiter, nachdem Sonam Gyatso (1543–1588), ein ranghoher Gelug-*lama*, 1578 Altan Khan besuchte. Der Mongolenführer war so beeindruckt von dem Lama, dass er ihm den Titel eines „Dalai" („Ozean [der Weisheit]") verlieh. Die Mongolei wurde zu einem Bollwerk der Gelug-Schule, und ein Jahrhundert später halfen die Mongolen Ngawang Lobsang (1617–1682), dem 5. Dalai Lama, sich und seine Nachfolger als tibetische Staatsoberhäupter zu etablieren.

Die Mongolen folgten den tibetischen monastischen und künstlerischen Traditionen mit einigen regionalen Unterschieden: So waren umherziehende Lamas nicht an ein bestimmtes Kloster gebunden. Wie in Tibet litt auch der mongolische Buddhismus im 20. Jh. unter Verfolgungen. Heute gibt es jedoch Anzeichen einer Wiederbelebung des Buddhismus in der Mongolei.

OBEN

Stupas im Kloster Erdeni Dzuu (gegr. 1586) in der Mongolei, die an namhafte Lamas erinnern. Nachdem die Mongolei 1921 sozialistisch wurde, wurden alle 600 Klöster bis auf eines zerstört oder säkularisiert. Etwa 200 Klöster wurden nach der Einführung der Marktwirtschaft 1990 wiederbelebt und restauriert.

GEGENÜBER

Pappmaschee-Maske aus dem 19. Jh., die bei den traditionellen mongolischen Tsam-Tänzen zu Neujahr verwendet werden. Die Tänzer nehmen die Rolle buddhistischer Gottheiten ein, um das Böse zu bannen. 1937 wurde der Tsam verboten, aber heute wird der Tanz von älteren Mönchen, die die Verfolgung überlebt haben, wiederbelebt.

NEPAL

HEIMATLAND DES BUDDHA

Auch wenn der Buddha in Indien die Erleuchtung erlangte, lehrte und starb, wurde er doch auf dem Gebiet des heutigen Nepal im Vorhimalaja geboren. Wie anderswo soll das Dharma nach der nepalesischen Überlieferung im Zuge der missionarischen Tätigkeit des Herrschers der Maurya, Ashoka, im 3. Jh. v. Chr. in das Geburtsland seines Begründers gekommen sein. Der Geburtsort des Buddha hatte aber wahrscheinlich schon Pilger angezogen, bevor Ashoka zur Erinnerung an seine eigene Pilgerreise um 254 v. Chr. eine Säule errichtete.

Die Ashoka-Säule steht noch heute im Lumbini-Gehölz, das zwischenzeitlich vernachlässigt, aber im 19. Jh. wiederentdeckt wurde. Auch einen Ziegeltempel für Maya, die Mutter des Buddha, fand man dort. Dieser Tempel wurde auf den Fundamenten eines Denkmals errichtet, vermutlich aus der Zeit Ashokas. In der Stadt Patan (heute Lalitpur) – bis zum 16. Jh. kulturelles Zentrum Nepals – in der Nähe von Kathmandu stehen noch die Überreste von vier antiken Stupas in den vier Himmelsrichtungen an der Stadtgrenze, die auch Ashoka zugeschrieben werden. Andere kleinere Stupas in vielen der Klosterhöfe im Kathmandutal werden noch heute als „Ashoka-*chaityas*" (Stupas) bezeichnet. Sicher ist das nicht, aber die größeren Stupas besitzen schon die typische halbkugelförmige Kuppel der ältesten indischen Stupas.

DAS KATHMANDUTAL

Das heutige Nepal erstreckt sich über einen 800 km langen Streifen des Himalaja im Ganges-Becken. Sein kulturelles Herzland jedoch und die bevöl-kerungsreichste Region war immer das zentrale Kathmandutal, in dem der Hinduismus und der Buddhismus für mindestens zwei Jahrtausende nebeneinander existierten. Bis zur Annexion durch die Gurkha 1769, wurde in erster Linie diese Region als „Nepal" bezeichnet. Der chinesische Gelehrte Xuanzang lernte im 7. Jh., dass Tausende Mönche verschiedener indischer buddhistischer Schulen im Kathmandutal lebten. Bis zum 3. oder 4. Jh. florierte der Buddhismus insbesondere unter den Newar, einer ethnischen Gruppe mit einer tibeto-burmesischen Muttersprache, deren Vorfahren vor langer Zeit aus dem Norden oder Nordosten in dieses Tal kamen. Zur Zeit der frühen Malla-Könige (ca. 1200–1480) besetzte die Newar-Minderheit einen bedeutenden Platz in der überwiegend hinduistischen Gesellschaft Nepals, und der Buddhismus der Newar geriet immer mehr unter den Einfluss des späten tantrischen Buddhismus Indiens (Vajrayana).

Nach dem Niedergang des Buddhismus in Indien wurde die Lehre und Praxis des Buddhismus der Newar weiter vom Hinduismus der Mehrheit beeinflusst. Daraus resultierte über die Jahrhunderte eine Form des Mahayana, der dem tibetischen Buddhismus ähnelte und durch die Betonung des Rituals, des Kultes des himmlischen *bodhisattva* Avalokiteshvara und des umfassenden Pantheons buddhistischer Erlöser und göttlicher Beschützer charakterisiert war. Andererseits hielten sich die Newar-Buddhisten anders

OBEN

Detail eines *mandala* des kosmischen Buddha Vairochana. Das dominante Rot und Blau sowie die reichliche Verwendung von Laubwerk als Motiv sind charakteristisch für den Newari-Stil. Frühes 19. Jh., Nepal oder Tibet.

GEGENÜBER

Königin Maya lehnt sich an einen Baum im Lumbini-Gehölz und gebiert Siddhartha. Der kommende Buddha erscheint auf der rechten Seite ihres Oberkörpers. Messing, Kupfer und Halbedelsteine; Nepal, frühes 19. Jh.

RECHTS
Die große Buddhnath-Stupa außerhalb von Kathmandu, Nepal. Die „allsehenden Augen", die auf jede Seite der *harmika* (dem Element zwischen Kuppel und Spitze) nepalesischer Stupas aufgemalt sind, repräsentieren vermutlich den schützenden Blick des Buddha oder die Beschützergottheiten der vier Himmelsrichtungen.

als die tibetischen an ihre hinduistischen Herrscher und akzeptierten eine auf Kasten basierte gesellschaftliche Schichtung, die von zwei Stufen von Priestern (*vajracharyas*, tantrische „Diamantmeister", und *shakya-bhikshus*, „Shakya-Mönche" – ein Verweis auf den Klan des Buddha, die Shakya) angeführt werden. Buddhistische Priester der Newar dürfen heiraten und mit ihren Familien in den Klöstern leben, die infolgedessen über die Jahrhunderte weiter wuchsen, um die Priesterhaushalte aufnehmen zu können.

DIE KUNST DES NEPALESISCHEN BUDDHISMUS
Die nepalesischen Klosteranlagen sind in der Regel zweistöckig und befinden sich um einen zentralen Hof herum. Hinter einem Eingangstor *(torana)* mit seinen zwei Beschützergottheiten, dem hinduistischen Gott Ganesh und dem tantrischen Verteidiger Mahakala, sind Stupa-Schreine. Im Tempel gegenüber dem Eingang gibt es typischerweise im Erdgeschoss Buddhas wie Shakyamuni, den östlichen Buddha Akshobya oder Maitreya, im Obergeschoss gibt es Schreine für die esoterischen tantrischen Gottheiten wie Chakrasamvara oder Akash Yogini. Nepalesische Stupas haben in der Regel eine halbkugelförmige Kuppel nach indischem Vorbild und „allsehende Augen" auf jeder Seite der quadratischen *harmika* unter der Spitze. Tibetische Tempel wie der Kumbum in Gyangze (s. S. 200–201), an deren Bau ver-

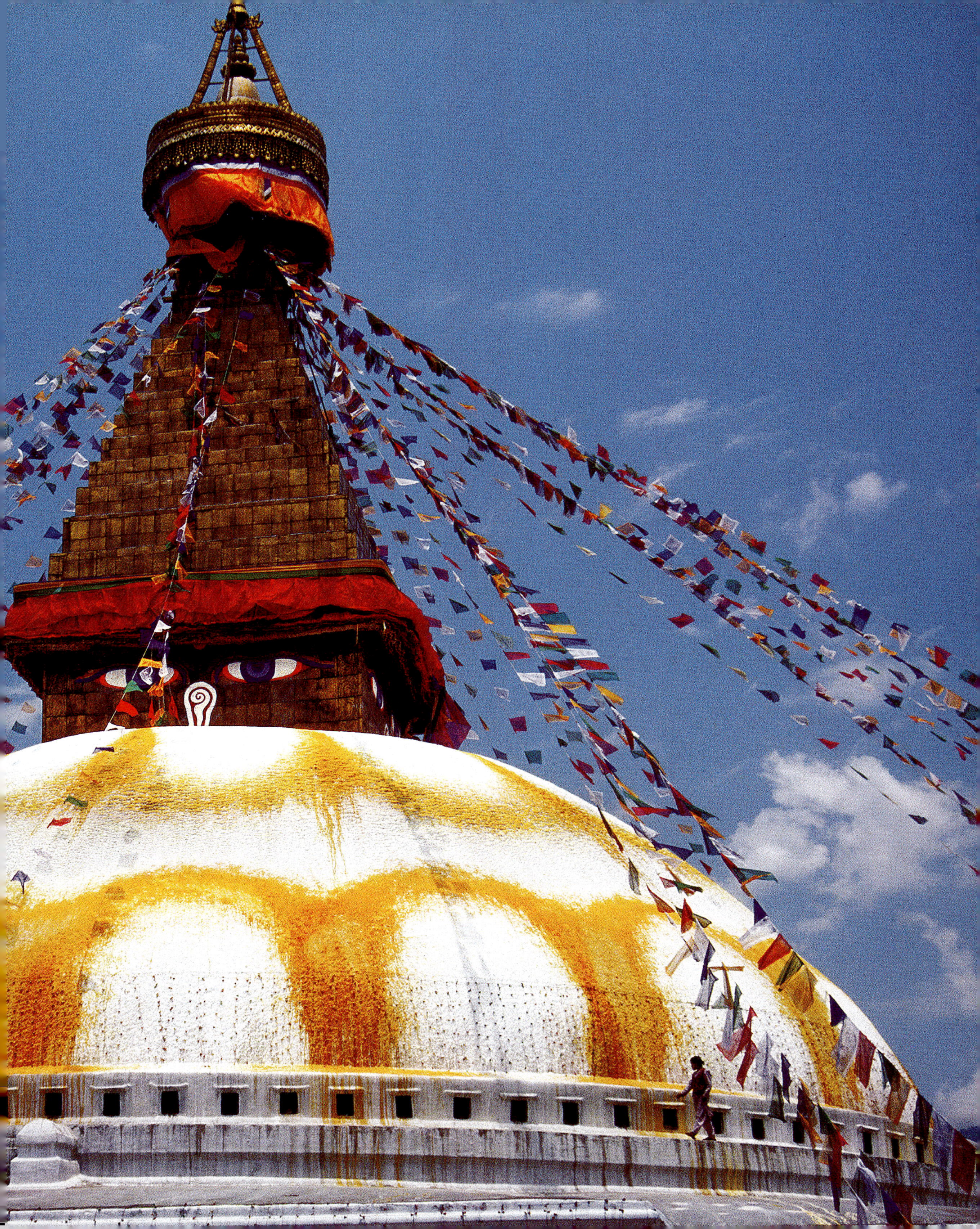

GEGENÜBER

Gekrönte Buddhafiguren aus vergoldetem Kupfer im Goldenen Tempel von Patan (Lalitpur). Patan war das wichtigste architektonische und künstlerische Zentrum des Buddhismus der Newar. Auf der gegenüber-liegenden Seite des Flusses Bagmati liegt Kathmandu.

mutlich auch nepalesische Handwerker mitwirkten, wahren das Muster hierfür.

Neben den Stupas gibt es einen typisch nepalesischen Schrein mit mehrstöckigen Dächern. Jedes Dach hat eine andere Größe als das darüber; es hat eine überhängende Traufe, die durch geschnitzte und verzierte Balken gestützt wird. Solche Bauten, die auf einem quadratischen Grundriss gebaut wurden, sind entweder buddhistische Schreine wie der Goldene Tempel in Patan oder hinduistische wie der Nyatapola in Bhaktapur. Im Allgemeinen werden sie als „Pagoden" bezeichnet, und in der Tat sind sie Vorbild für die buddhistischen Pagoden in China und anderswo im Fernen Osten.

Einige der eindrucksvollsten buddhistischen Kunstwerke aus Nepal findet man als Buchillustrationen, denn die Gelehrten und Handwerker aus Newar kopierten viele der buddhistischen Sanskrittexte, die heute erhalten sind. Deren Illustrationen besitzen oft eine Flüssigkeit und Dynamik, die äußerlich wie qualitativ die Skulpturen in Sanchi und die hervorragenden Wandgemälde in Ajanta in Erinnerung ruft (s. S. 46–49 und 50–51). Die Bilder in nepalesischen Manuskripten lassen einen Blick auf die reiche Tradition der indischen buddhistischen Malerei erhaschen, von der Ajanta ein seltenes Überbleibsel ist. Andere Genres der nepalesischen Malerei haben mit spezifischen Ritualen zu tun: das Lampe-Anzünden und Lebenszyklusriten, die sich auf die Kindheit und das Alter beziehen.

Neben dem Mahayana- und Vajrayana-Buddhismus der Newar werden Formen des tibetischen Buddhismus in der indigenen ethnisch tibetischen Bevölkerung in den nördlichen Grenzgebieten Nepals wie Mustang und Dolpo und in der ethnischen Gruppe der Sherpa praktiziert. Der Buddhismus in Nepal ist heutzutage sehr kräftig und aktiv in der beträchtlichen tibetischen Minderheit, die sich seit der chinesischen Okkupation Tibets in den 1950er-Jahren im Kathmandutal niedergelassen hat. Die Gemeinschaft hat etwa 1.200 Klöster im tibetischen Stil, in denen alle großen tibetischen Schulen vertreten sind. Es gibt auch eine wachsende reformistischen Theravada-Bewegung, deren Kunst aus Burma, Thailand und Sri Lanka geborgt ist.

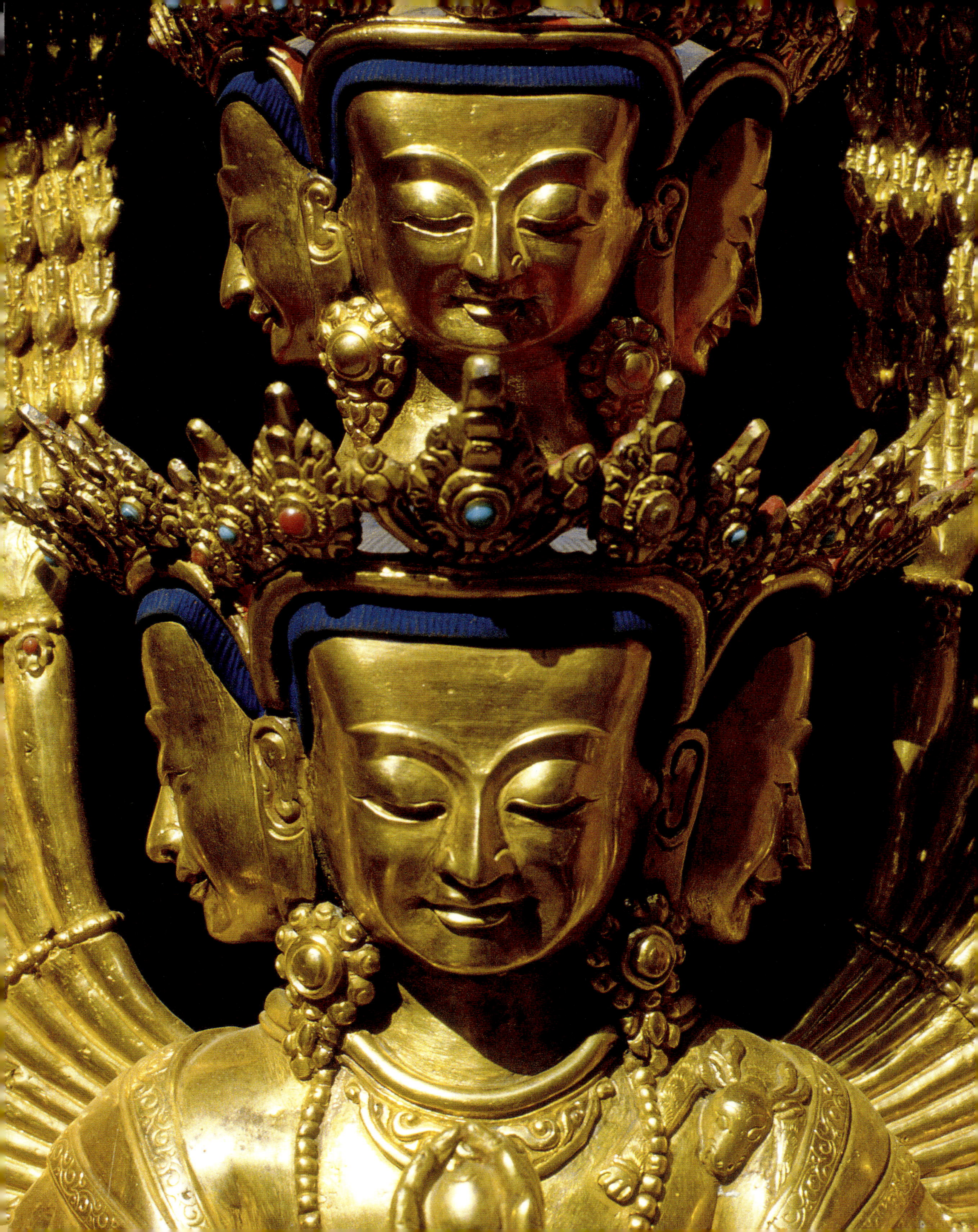

GLOSSAR

Falls nicht anders angegeben, sind alle Begriffe Sanskrit. Für andere Sprachen werden folgende Abkürzungen verwendet.

B	Burmesisch	P	Pali
C	Chinesisch	S	Sanskrit
J	Japanisch	Si	Singhalesisch
Kh	Khmer	Th	Thai
K	Koreanisch	T	Tibetisch
M	Mongolisch	V	Vietnamesisch

abhidharma (P. *abhidhamma*) Fortgeschrittene philosophische Lehre. Siehe auch *Tripitaka*.

Amitabha (C. Amituo, J. Amida etc.) Mitfühlender himmlischer Buddha des Westlichen Paradieses.

anatman (P. *anatta*) „Nicht-Ich", Abwesenheit des Selbst, eines der *trilakshana* (Drei Daseinsmerkmale), gemäß dem Buddha. Siehe auch *anitya, duhkha*.

anitya (P. *anicca*) Wandel, eines der *trilakshana* (Drei Daseinsmerkmale), gemäß dem Buddha. Siehe auch *anatman, duhkha*.

arahat (P. *arhat*) Erleuchteter der frühen buddhistischen Geschichte, der das *nirvana* erlangt hat. Arhats sind von besonderer Bedeutung im Theravada-Buddhismus, werden aber auch in der Kunst des Mahayana abgebildet. Siehe auch *bodhisattva*.

ashura Dämonenfigur, die vom Hinduismus zum Buddhismus gelangt ist. Häufig in indischen Skulpturen repräsentiert.

Avalokiteshvara Der *bodhisattva* des Mitgefühls, eine Hauptgottheit des Mahayana, in China als Guanyin, in Japan als Kwannon oder Kannon, in Tibet als Chenrezi, in Südostasien als Lokeshvara bekannt.

bhikshu (P. *bhikkhu*) Buddhistischer Mönch, zölibatärer Anhänger des Buddhas; „Bettler".

bhikshuni (P. *bhikkhuni*) Buddhistische Nonne.

bodhi Die Erfahrung der Erleuchtung, des Erwachens.

bodhi-Baum Pappelfeige (*Ficus religiosa*), unter der der Buddha Bodhgaya (heute Prov. Bihar, Indien) die Erleuchtung erlangt hat.

bodhisattva (P. *bodhisatta*) „Erleuchtetes Wesen". Im Theravada jemand auf dem Pfad zur Buddhahaftigkeit, ein kommender Buddha. Im Mahayana ein Wesen, dass durch Mitgefühl (*karuna*) motiviert zum Nutzen aller empfinden Wesen nach dem Erlangen der vollen und perfekten Buddhahaftigkeit strebt. Einige *bodhisattva*s sollen in himmlischen Paradiesen leben, die sich der Gläubige als Ziel seiner Wiedergeburt wünschen kann.

Buddha Voll erleuchtetes Wesen, insbesondere der historische Buddha Shakyamuni.

chaitya Tempel oder Klosterhalle.

chakravartin „der das Rad in Bewegung setzt". Beiname des Buddha; in indischen Legenden entweder ein Weltherrscher oder großer spiritueller Anführer.

Chan (C.) „Meditation", von sansk. *dhyana*. Chinesische Schule des Buddhismus, von der sich Son (K.) und Zen (J.) ableiten.

chedi (Th.) Thailändische Form der Stupa.

chörten (T.) Tibetische Form der Stupa.

dagoba (Si.) Srilankische Form der Stupa.

deva Gottheit; entweder Hauptgottheit wie Brahma oder Shiva oder kleinerer Naturgeist.

Dharma (P. Dhamma) Buddhistische Lehre, der „Mittlere Pfad", wie ihn der Buddha lehrte.

duhkha (P. *dukkha*) Leiden, eines der *trilakshana* (Drei Daseinsmerkmale), gemäß dem Buddha. Siehe auch *anatman, anitya*.

dhyana (P. *jhyana*) „Meditation", Ursprung des chinesischen Wortes Chan, J. Zen, K. Son, etc.

harmika Quadratische Plattform auf einer klassischen indischen Stupa, zwischen Kuppel und Spitze.

Jataka Eine der über 500 Volkslegenden über die früheren Geburten des Buddha.

Kannon, Kwannon (J.) Siehe Avalokiteshvara.

karma (P. *kamma*) Aktion; die Wirkungen der Aktion auf die Psyche, Hindernis für die Erleuchtung.

koan (J.) In der Meditation der Rinzai-shu verwendetes Rätsel; von C. *gong an*.

lama (T.) Spiritueller Lehrer; von sansk. *guru*.

Linji (C.) Schule des Chan-Buddhismus.

mandala Kosmisches Modell, Repräsentation des buddhistischen Kosmos, das als Meditationshilfe genutzt wird. Oft in der Form eines Kreises innerhalb eines Quadrats mit einer bestimmten Gottheit in der Mitte. Es wird auch als „Landkarte" der menschlichen Psyche verstanden.

Mahayana „Großes Fahrzeug". Tradition des Buddhismus, der in Ostasien und Tibet vorherrscht. Betont das Ideal des *bodhisattva* und dessen Doktrin der „Leere". Im Mahayana entstanden die Schulen Chan (Zen). Siehe auch *bodhisattva; shunyata*.

Maitreya Beliebter *bodhisattva* des Mahayana. Wird als der kommende Buddha verehrt. Messianischer Erlöser, der in der Zukunft erscheinen wird.

mantra Gesprochene oder gesungene heilige Wörter oder Silben, die in buddhistischen Gebeten oder bei der Meditation wiederholt werden.

Mara Der Böse. Verkörperung der Versuchung.

Mon Volk und Kultur. Dominierte vom 6. bis 11. Jh. das Hochland und die Ebenen des heutigen Thailand and Burma.

mudra Bedeutsame Handgeste in der Meditation oder der Lehre. Wichtiges Element buddhistischer Skulpturen.

nirvana (P. *nibbana*) Auslöschen. Zeitlose Bedingung spiritueller Freiheit und Bewusstsein der Realität, die das Ziel buddhistischer Praxis ist. Das Erreichen des *nirvana* ist der Ausgang aus dem Kreislauf des *samsara*.

Pagode Bezeichnung für die Form der Stupa, die sich vor allem in China entwickelte. Die Bezeichnung ist vermutlich über das Portugiesische von Si. *dagoba* entstanden. Siehe auch *chedi, zedi*.

paramita „Vollkommenheit". Die sechs (später zehn) Tugenden, die der *bodhisattva* pflegen soll.

prajña (P. *panna*) „Weisheit" oder „Einsicht".

Rinzai-shu (J.) Schule des Zen-Buddhismus, die sich vom chinesischen Linji-zong ableitet.

samsara Wiederholte Wiedergeburt (befördert durch *karma*). Unbefriedigende alltägliche Realität. Gegensatz des *nirvana*.

Sangha Buddhistische monastische Gemeinschaft, manchmal die gesamte Gemeinschaft der gläubigen Buddhisten.

Sanskrit Antike indische Sprache. Schriftsprache der klassischen indischen Literatur und des Mahayana-Buddhismus. Viele ursprünglich in Sanskrit geschriebene Mahayana-Texte sind nur in chinesischer, tibetischer oder anderer Übersetzung erhalten.

satori (J.) Plötzliche Erleuchtung in der japanischen Zen-Praxis.

Seidenstraße Ausgedehnte antike Handelsroute, die Nordwestindien, Zentralasien, China, den Nahen Osten und Europa verband.

Shakyamuni „Weiser des Volkes der Shakya". Titel des Buddha im Fernen Osten.

Shingon (J.) Esoterische Form des japanischen Buddhismus, die *mantras, mandalas* und *mudras* verwendet.

shunyata „Leere", das Absolute. Die Mahayana-Doktrin der Leere betont, dass es allen Erscheinungen, sogar der Idee der Leere selbst, an wesenhaften, dauerhaften, identifizierenden Merkmalen mangelt.

Siddhartha Gautama (P: Gotama) Eigentlicher Name des Buddha.

Son (K.) Koreanische Schule der Meditation, von C. Chan. Siehe auch *dhyana*.

Soto (J.) Schule des Zen-Buddhismus, der auf dem chinesischen Caodong-zong basiert.

Stuck Gipsputz, der auf Außenwände aufgetragen wird und häufig für einen visuellen Effekt geformt oder verziert wird.

Stupa Überkuppelter Reliquienschrein, der Überreste buddhistischer Ältester oder heilige Gegenstände und Texte enthält. Es gibt viele regionale Formen wie die *dagoba* in Sri Lanka oder die Pagode in China.

sutra Buddhistischer Text, ursprünglich in Sanskrit oder Pali, insbesondere ein dem Buddha selbst zugeschriebener. Siehe auch *Tripitaka*.

Tantra Siehe Vajrayana.

thangka (T.) Im tibetischen Buddhismus ein gestiftetes Gemälde auf einer Stoffrolle. Wird bei Gebeten und bei der Meditation verwendet. Stellt Gottheiten, heilige Wesen oder Personen wie berühmte *lamas* dar.

Theravada (P.) „Schule der Ältesten". Antike indische Schule des Buddhismus vorwiegend in Sri Lanka und in großen Teilen Südostasiens.

Thien (V.) Vietnamesische Schule der Meditation, von C. Chan. Siehe auch *dhyana*.

trilakshana Siehe *anatman; anitya; duhkha*.

Tripitaka (P. *Tipitaka*) Die „Drei Körbe". Ältester Kanon buddhistischer Lehre (*Sutra Pitaka, Vinaya Pitaka, Abhidharma Pitaka*). Wird von allen Linien des Buddhismus geteilt.

ushnisha „Weisheitshöcker" auf dem Kopf einer Darstellung des Buddha oder *bodhisattva*. Zeigt höchste spirituelle Errungenschaft.

Vairochana Mächtiger „kosmischer Buddha", oft als Skulptur oder in *mandalas*.

vajra (T. *dorje*) „Diamantener Donnerkeil". Emblem der höchsten Weisheit, die das Ziel buddhistischer Praxis ist.

Vajrayana „Diamantfahrzeug". „Pfad des Diamantenen Donnerkeils". Esoterische Weiterentwicklung des Mahayana in Nordindien, die im tibetischen Buddhismus bestimmend wurde. Auch bekannt als Tantra von den esoterischen, *Tantras* genannten Texten.

vinaya Monastische buddhistische Disziplin, wie sie durch den Buddha gelehrt und von der frühen Sangha niedergeschrieben wurde. Siehe auch *Tripitaka*.

yaksha (m.) and *yakshi* (w.) Naturgeist in der alten indischen Folklore, manchmal in der frühen buddhistischen Kunst und Architektur dargestellt.

zedi (B.) Burmesische Form der Stupa.

Zen (J.) Japanische Schule des „Nur-Meditation"-Buddhismus. Siehe auch Chan, *dhyana*.

BIBLIOGRAFIE

ALLGEMEIN

Bechert, Heinz und Richard Gombrich. *Die Welt des Buddhismus*. Orbis: München, 2002.

De Silva-Vigier, Anil. *Das Leben des Buddha*. Phaidon: Berlin, 1956.

Eliade, Mircea. *Geschichte der religiösen Ideen in vier Bänden*. Herder: Freiburg, 2002.

Fisher, Robert E. *Buddhist Art and Architecture*. Thames and Hudson: London und New York, 1993.

Gethin, Rupert. *The Foundations of Buddhism*. Oxford University Press: Oxford und New York, 1998.

Ghose, Rajeshwari. *In the Footsteps of the Buddha*. University Museum and Art Gallery, University of Hong Kong: Hongkong, 1998.

Harvey, P. *An Introduction to Buddhism*. Cambridge University Press: Cambridge, 1993.

Howard, Angelo Falco. *The Imagery of the Cosmological Buddha*. E. J. Brill: Leiden, 1986.

Seckel, Dietrich. *Kunst des Buddhismus. Werden, Wanderung und Wandlung*. (= Kunst der Welt in 23 Bden.; 8). Holle: Baden-Baden, 1964.

Thich Nhat Hanh. *Wie Siddharta zum Buddha wurde. Eine Einführung in den Buddhismus*. dtv: München, 2004.

Trainor, Kevin (Hrsg.). *Buddhism: The Illustrated Guide*. Duncan Baird Publishers and Oxford University Press: London und New York, 2001.

Zwalf, W. *Buddhism: Art and Faith*. British Museum Publications: London, 1985.

ERSTES KAPITEL: URSPRÜNGE

Basham, A. L. *The Wonder that was India*. Grove Press: New York, 1959.

Carrithers, Michael B. *Der Buddha*. Reclam: Ditzingen, 1996.

Conze, Edward (Hrsg.). *Buddhist Texts through the Ages*. Harper and Row: New York, 1964.

Conze Edward (Hrsg.). *Buddhist Scriptures*. Penguin: London und New York, 1973.

Conze, Edward. *Eine kurze Geschichte des Buddhismus*. Insel: Frankfurt/Main, 2005.

Ling, Trevor. *Buddha, Marx und Gott*. List: München, 1982.

Nyânaponika (Hrsg.). *Das Wort des Buddha*. Beyerlein-Steinschulte: Stammbach, 2000.

Nyânatiloka. *Buddhist Dictionary*. Buddhist Text Society: Kandy, 1986.

Rahula, Walpola. *Was der Buddha lehrt*. Origo: Bern, 1986.

Warder, A. K. *Indian Buddhism*. Pali Text Society: Motilal Barnarsidas, New Delhi, 1980.

ZWEITES KAPITEL: INDIEN UND ZENTRALASIEN

Along the Ancient Silk Routes: Central Asian Art from the West Berlin State Museums. The Metropolitan Museum of Art: New York, 1982.

Conze, Edward. *Buddhistisches Denken. Drei Phasen buddhistischer Philosophie in Indien*. Insel: Frankfurt/Main, 2007.

Coomaraswamy, Ananda Kentish. *Geschichte der indischen und indonesischen Kunst*. Hiersemann: Stuttgart, 1965.

Kitagawa, J. M. (Hrsg.). *Buddhism and Asian History*. Macmillan: New York, 1989.

Knox, R. *Amaravati: Buddhist Sculpture from the Great Stupa*. British Museum Press: London, 1992.

Michell, G. *Penguin Guide to the Monuments of India*. Penguin: London und New York, 1989.

Rowland, B. *The Art and Architecture of India*. Penguin: London, 1971.

Whitfield, R. und Anne Farrer. *Caves of the Thousand Buddhas: Chinese Art from the Silk Route*. British Museum Press: London, 1990.

Whitfield, S. *Life Along the Silk Road*. John Murray: London, 1999.

Wood, Frances, *Entlang der Seidenstraße. Mythos und Geschichte*. Theiss: Stuttgart, 2007.

Zimmer, H. *The Art of Indian Asia*. Pantheon: New York, 1955.

Zwalf, W. *Buddhism: Art and Faith*. British Museum Publications: London, 1985.

DRITTES KAPITEL: SRI LANKA UND SÜDOSTASIEN

Gombrich, Richard: *Der Theravada-Buddhismus. Vom alten Indien bis zum modernen Sri Lanka.* Kohlhammer: Stuttgart, 1997.

Griswold, Alexander B. *Burma, Korea, Tibet.* (= Kunst der Welt in 23 Bden.; 2). Holle: Baden-Baden, 1963.

Johansson, R. E. A. *Pali Buddhist Texts Explained to the Beginner.* Curzon Press: London, 1977.

Keyes, Charles F. *The Golden Peninsula: Culture and Adaptation in mainland Southeast Asia.* University of Hawaii Press: Honolulu, 1995.

Swearer, Donald K. *The Buddhist World of Southeast Asia.* State University of New York Press: Albany, New York, 1995.

VIERTES KAPITEL: OSTASIEN

Ch'en, K. *Buddhism in China.* Princeton University Press: Princeton, New Jersey, 1973.

De Bary, T. (Hrsg.). *Sources of Chinese Tradition.* Columbia University Press: New York, 1960.

De Bary, T. (Hrsg.). *Sources of Japanese Tradition.* Columbia University Press: New York, 1958.

Griswold, Alexander B. *Burma, Korea, Tibet.* (= Kunst der Welt in 23 Bden.; 2). Holle: Baden-Baden, 1963.

Mason, Penelope. *History of Japanese Art.* Pearson Prentice Hall: New Jersey, 2005.

Stanley-Baker, J. *Japanese Art.* Thames and Hudson: London, 1991.

Suzuki, Daisetz Teitaro. *Die große Befreiung. Einführung in den Zen-Buddhismus.* Scherz: München, 2005.

Wright, A. F. *Buddhism in Chinese History.* Stanford University Press: Palo Alto, California, 1959.

Yokoi, Y. *Zen Master Dogen.* Weatherhill: New York und Tokyo, 1959.

FÜNFTES KAPITEL: DER HIMALAYA UND DIE MONGOLEI

Dagyab, Loden Sherap. *Ikonographie und Symbolik des Tibetischen Buddhismus. Die Sadhanas der Sammlung rGyud-sde kun-btus.* Harrassowitz: Wiesbaden, 1991.

Dagyab, Loden Sherap. *Ikonographie und Symbolik des Tibetischen Buddhismus. Die Sadhanas der Sammlung Sgrub-Thabs 'Dod-'Jo.* Harrassowitz: Wiesbaden, 1991.

Dalai Lama. *Die Lehren des tibetischen Buddhismus.* Goldmann: München, 2000.

Gordon, A. *The Iconography of Tibetan Lamaism.* Columbia University Press: New York, 1939.

Griswold, Alexander B. *Burma, Korea, Tibet.* (= Kunst der Welt in 23 Bden.; 2). Holle: Baden-Baden, 1963.

Peacock, John. *The Tibetan Book of Life, Death, and Rebirth.* Duncan Baird Publishers: London, 2003.

REGISTER

Hinweis: Kursivierte Seitenangaben verweisen auf Bilder und Karten.
Bezeichnungen in Pali stehen in Klammern, z. B. *anatman* (*anatta*).

„17-Artikel-Verfassung" 146
33 Himmel, Kosmologie 30

A
Abeyadana-Tempel, Bagan 80
abhaya mudra siehe mudras
Abhayaghirivihara-Schule 62
abhidharma 43, 214, 215
Acht Glück bringende Embleme *192*
Achtfacher Pfad (Mittlerer Pfad) 28
Adibuddha (Ur-Buddha) 196, *198*
Adida Phat *siehe* Amitabha
Affe 26, *88*, 194
Ahin Posh *19*
Aizen 11
Ajanta-Grotten *39, 50, 53*
    Avalokiteshvara 50
    chaitya (Schreinsaal) 20
    Klöster (*viharas*) 20
    liegender Buddha *20*
Alchi, Ladakh 202
„allsehende Augen" (Nepal) 210, *212*
Amaravati 13, 22, *32*, 48
Amidismus (Japan) 165–168 *siehe auch* Amitabha; Reines Land
Amitabha Sutra 142
Amoghasiddhi Buddha *196–197*
Amulett *19*
Ananda (Burmesischer Tempel) *2, 78*, 80
Ananda (Schüler des Buddha) 35, Thailand *61*
anatman (*anatta*) 28
Anawratha, König 73–75, 78, *80*, 83
anda (Stupakuppel) *siehe* Stupa
Angkor Thom 90, 96–99
    apsaras 98
    Avalokiteshvara 98
    Bayon-Tempel *93*, 96–98, *97, 98*
    Neak Pean *92*
    Suryavarman I., König 96
    Terrasse der Elefanten *93*, 96
    Terrasse des Lepra-Königs *98*
    Yasovarman I., König 96
Angkor Wat *93*, 96
anitya (*anicca*) 28
Anuradhapura 62, 66
    Buddha 62
    Ruwanweliseya-*dagoba* 10, *69*
    Sri Maha Bodhi *69*
apsaras 98
arahat, arhat 36, 214
Ashoka, Kaiser 44–45
    Nepal 208
    Sanchi 48
    Sri Lanka, Mission 62
Asien, Karte *7*
Aukana 68
Avalokiteshvara
    als Emanation von Amitabha 120, 197
    in China (Guanyin) 8, *26, 106, 110, 114, 117*, 120
        Dunhuang *26, 114, 117*
        Feminisierung als Guanyin 8, *122*, 128
        Kult 120
    in Indien *50, 71*
    in Japan (Kannon/Kwannon) *147, 159*
    in Kambodscha (Lokeshvara) *91*, 92, *92*
        Angkor Thom *92*, 98
    in Korea (Kwanum) *138*
    in Nepal 210

in Sri Lanka (Lokeshvara) *62, 63*
in Thailand (Lokeshvara) 85
in Tibet (Chenrezi) 8, 182, *183, 184*, 194, 196, 197
    mantra von 182
in Vietnam (Lokeshvara) *176, 179*
Ayutthaya 82, 83, 85, *85*, 86, *86 siehe auch* Thailand

B
Bamiyan *57, 58*
Bardo Thodol (*Tibetisches Totenbuch*) 186
Bayon-Tempel, Angkor Thom *93*, 96–98, *97, 98*
Bäzäklik 58
Bestattungsreliquien 35–36 *siehe auch* Stupa
Bharhut 22, 24, *24–25*
bhikshus 32 *siehe auch* Sangha, *vinaya*
bhumisparsamudra siehe mudras
Bhutan 202, *203*, 204, *204–205*
Birkenrindenmanuskripte 43–44
Blumengirlanden-Sutra (Avatamsaka-sutra) 122
Bo Juyi 127
Bodhgaya 52, 214
bodhi 22
bodhi-Baum 22, *24*, 48–49, 52, 214
Bodhidharma 121, *160*, 163
bodhisattva siehe Buddha
bodhisattvas
    Darstellungen 8
        aus Gandhara *40*
        bei den Khmer *91*, 97
        bhutanesische 204
        chinesische 8, *107, 110, 114, 115, 116, 119, 122*
        indische 24, *48–49*
        japanische *147, 155, 157, 158, 159, 165, 166*
        koreanische *138, 140, 142*
        nepalesische 210
        thailändische 85
        tibetische 8, *183*, 194
        vietnamesische *76, 79*
    im Mahayana-Buddhismus 9–10
    im Theravada-Buddhismus 10, 62, *63*, 85
    siehe auch Avalokiteshvara *und andere Eigennamen*
Borobudur 100–105, *102, 103, 104, 105*
Brahma 92
Britischer Kolonialismus 66, 77, 202
Bronzene Wassergefäße (Korea) *139*
Buchillustrationen *71, 88, 186, 187*, 212
Buddha Akshobya *196–197*, 210
Buddha Amida *siehe* Buddha Amitabha
Buddha Amitabha
    in China (Amituo Fo) 116, 118, 120, *122, 133*
    in Japan (Amida Butsu) *155, 156, 166, 167, 168*
    in Tibet *183*, 196, *196*
    in Vietnam (Adida Phat) *176, 176*, 179
Buddha, der
    als *bodhisattva* 16, 72, 80, 127
    Darstellungen 6, 8, 22–25
        aus Gandhara *16*, 19
        bei den Khmer 92
        bhutanesische 204
        burmesische *2*, 72, 75–76, *75, 76*, 80, *100*
        chinesische *26, 109, 119, 120*, 121–122, *132, 132*, 134
        ewige 121–122
        fastend *16*
        gehend *83*

in symbolischer Form 6, 8, *12*, 22–25, *192*
indische 20, 24–25, *26, 53*
japanische *153, 158, 165*
javanesische *101, 102, 105*
koreanische 145, *145*
laotische 95, *95*
meditierend *17*, *53*, 62, 74, 85, *86*, 95, 102, *132, 132*, 145, *145*
nepalesische *210, 212*
parinirvana 20, 66, *149*
predigend *109, 112, 142*
srilankische *35, 62, 66, 68, 69*
stehend *2, 76,* 109
thailändische *61, 83, 85, 86*, 95
tibetische *183, 192*
zentralasiatische *58*
Reliquien *32*, 35, 126
Erleuchtung (Erwachen) 16, 17, 95 *siehe auch* Darstellungen / meditierend
Geburt 14, *14*, 202, *209*
Jatakas 24, 153
Leben 14–25
Lehre des 26–31
Tod *siehe parinirvana*
siehe auch mudras; Reliquien; Siddhartha
Buddhaghosa 63
Buddhaisawan-Tempel *88*
Buddhanath-Stupa (Nepal) *210–211*
Buddhapada *siehe* Fußabdrücke (Buddhapada)
Buddhas *siehe* Buddha *und andere Eigennamen*
Buddhismus des Reinen Landes 55
    China 118–122
        Grottentempel von Longmen *133*
    Japan 165
        Das Reine Land von Amida 168–169
    Sutra des Reinen Landes (Sukhavativyuha Sutra) 55
    Vietnam 176
Bulguksa-Tempel 139, 144–145, *144, 145*
Burma 72–77
    Ananda-Tempel *78*, 80
    Bagan *siehe separater Eintrag*
    Baumwolltapete 72
    Britische Kolonisierung 77
    Buddha-Darstellungen 72, 74, 75–76, *76*
    glasierte Tonziegel 73, *73*
    Konbaung-Dynastie 77
    Königreich Dvaravati 73
    Königreich Mon 72, 76–77
    Kuthodaw-Pagode 77
    Mahayana-Buddhismus 73
        chakravartin Buddha 76
    Mindon, König 77
    Schrift *70*
    schriftliche Berichte 71
    Shwezigon *siehe separater Eintrag*
    Sri Lanka, Verbindungen mit 75
    Stupa (*zedi*) 76
    Tantrischer Buddhismus 73
    Theravada-Buddhismus 73, 75
    tibeto-burmesisches Volk 73
    Toungoo-Dynastie 77
    Zahnreliquien des Buddha 75, 78
    Zerrissenheit und Neubelebung 76–77
Byzanz *130*

218   REGISTER

C

Caodaismus 179
Caodong-zong 156, 176, 215 *siehe auch* Chan, Soto Zen
chaitya 20, 214
chakravartin 14, 22, 76, 98, 214
Cham (Volk) 176, 177
Chan 120–121, 192, 214
    Unterschule Caodong-zong 156, 176, 214, 215 *siehe auch* Soto Zen
    Unterschule Linji-zong 155, 176, 214, 215, *siehe auch* Rinzai-shu, *siehe auch* Son; Zen
Chandi Sewu 100
Chandragupta I., Herrscher der Maurya 44, 50
chedi 82–83, 86
China 108–135
    Amitabha (Amituo) 116, 118, 120, *122, 133*
    arhat 36
    Avalokiteshvara *siehe* Guanyin
    Chan *siehe separater Eintrag*
    Daoismus 110
    Darstellung des Siddhartha *28*
    Dunhuang-Grotten *siehe* Dunhuang-Grotten (China)
    Grottentempel Yungang *siehe separater Eintrag*
    Guanyin 8, *26, 106, 110, 114, 117,* 120
        Dunhuang *26, 114, 117*
        Feminisierung von Avalokiteshvara 8, *122,* 128
        Kult 120
    Han-Dynastie 108
        Dunhuang-Grotten 114
    Huayan zong 122
    Hun-Stämme, Invasion 109–110
    Kaisergräber 130
    Kaiyuan-Tempel *121*
    Kumarajiva 111
    Lehre des Reinen Landes 118–122
    Longmen-Grotten 108, 128, *133,* 133
    Mahayana-Buddhismus 10, 55
    Maitreya 124–125
    Manchu-Dynastie *siehe* Qing-Dynastie
    Ming-Dynastie 161, 162
    Nördliche-Qi-Dynastie
        bemalter Kalkstein-Buddha *120*
        stehender Buddha *109*
        Stiftungsstele *121*
    Nördliche-Wei-Dynastie 108–109, 133
        Buddha Prabhutaratna *109*
        Grottentempel Yungang *132*
        Guanyin *110*
        Kalksteinrelief *121*
        Longmen-Grotten 108, 133
        Shakyamuni *109*
        Taiwu, Kaiser 132
    Qing- (Manchu-) Dynastie 131, 193
        Cloisonné-mandalas *130*
        sino-tibetischer Stil 193
    Song-Dynastie *107,* 131, 160, 163
    Sui-Dynastie 110–111, 118
    Vairochana (himmlischer Buddha) 30
    Tang-Dynastie 126–131
        bemalte Seiden 130
        Dichtung 127
        Dunhuang-Grotten 115, *116,* 128, 130
        Ennin 127
        Gaozu, Kaiser 126
        Grottentempel am Berg Tianlong 128
        Guanyin *122,* 128
        Kaisergräber 130
        Kalligrafie 130
        Longmen-Grotten 128
        Malerei 130–131
        Schreine 126–127
        Siddhartha, Darstellung *127*
        Tempelkomplex Horyu-ji 126
        vergoldeter silberner Vorratsbehälter für Ziegeltee *128*
    Tibet 192–193
        sino-tibetischer Stil 131, 193
    Übersetzung buddhistischer Texte 111, *111,* 118
    Verfolgung des Buddhismus 109
    Volksreligionen, Verschmelzung mit 118
    Wei-Dynastie *siehe* Nördliche-Wei-Dynastie
    Wu Zetian, Kaiserin 111
    Xuanzang 111, *111*
    Yuan-Dynastie 131
    Zhiyi 121–122
Chogye-Schule 142
chörten 182, 193, *193,* 214
Choson-Dynastie *siehe* Korea
cloisonné 130

D

Dachkonsolen, verzierte *145*
dagoba 10, 69
Daitoku-ji, Gärten *174–175*
Dalai Lama 182, 191
Dambulla, Grottengemälde 67
Daruma *siehe* Bodhidharma
Der Abstieg des Buddha Amida 166
Devadatta 19
Dhammapada 42, 44
Dharamshala 203
Dharma 26–31
    Achtfacher Pfad (Mittlerer Pfad) 28
    anatman (anatta) 28, 214
    anitya (anicca) 28, 214
    Daseinsfaktoren 26
    duhkha (dukkha) 26, 28, 214
    karma (kamma) 16, 29, 30, 214, 215
    Mythologie / Kosmologie 30
    Vier Edle Wahrheiten 26, 28–29
Dharmapalas 190
Diamant-Sutra 71, *112–113,* 159
Dichtung
    Tang-Dynastie 127
    Zen 160–161
Die torlose Schranke 160
Dogen 156, 158
Dolpo 203
Drachenkulte 137
Drukpa 202, 204 *siehe auch* Kagyü
duhkha (dukkha) 26, 28
Dunhuang-Grotten 114–117
    Amitabha 116
    Avalokiteshvara *26, 114*
    bemalte Seiden 130
    „Bibliotheksgrotte" 115–116
    Buddha *26*
    Diamant-Sutra 112–113
    Genres 116
    Han-Dynastie 114
    Mahasthampapta 26
    Meditationskapelle *115*
    Mönchsporträt *116*
    Pelliot, Paul 116
    Seidenmalerei *116, 122*
    Stein, Sir Aurel 115
    Tang-Dynastie 115, *116,* 128, 130
    Tausend-Buddha-Grotten 114
    Wang Yuanlu 115
    Xuanzang *111*

E

Edo-Periode 162–163
Ein-Säulen-Pagode 177
Elefanten 14, 19, 22, *22,* 24, 49, *93, 96,* 179
Ellora 50
Ennin 127
Entsagung des Siddhartha 14, 16, *16*
Erste Lehrrede des Buddha („Ingangsetzen des Rades des Dharma") 16 *siehe auch* Rad des Dharma

F

Fa Ngum, König 95
Fazang 122
Fragen des Königs Milinda 42
Frische Rübe 162
Fudo Myo-O 152
Fußabdrücke des Buddha *(Buddhapada) 12,* 22
    Sanchi 49
    Sri Pada 69

G

Gandhara 40–44
    abhidharma 43
    Birkenrindenmanuskripte 43–44
    bodhisattva 40
    Dhammapada 42, 44
    fastender Buddha *16*
    Fragen des Königs Milinda 42
    heilige Wesen 8
    Medien 42–43
    Religionen 42
    Reliquienschrein *19, 42*
    Sangha 36
    Steinreliefs 42–43, *43*
    sutras 43
    Tripitaka („Drei Körbe") 43–44
    Verbreitung des Buddhismus von 57
    vinaya 43
Gaozu, Kaiser 126
Gärten 174, 175
Garuda
    Kambodscha *93, 96,* 183
    Tibet *190*
    Vietnam 177
Gebetsfahnen 182
Gelug 188, 191, 202 *siehe auch* Dalai Lama; Tibet
Gesten *siehe* mudras
ghanta (rituelle Glocke) 183, *191*
Gitterwerk-Stupas, Borobudur 102
Godan Khan 207
Goldener Tempel, Patan *212–213*
Gönnertum, staatliches und königliches
    der Buddha und 40
    im Königreich Baekje 137
    im Tang-China *128,* 130
    in Java 100
    in Theravada-Ländern 63
        Burma 75, 77
        Kambodscha 90
        Thailand 85
Große Stupa von Bharhut 22, 24, *24–25*
Große Stupa von Sanchi *siehe* Sanchi
Große Wildganspagode 111
Groß-Silla 138–139
Guanyin 26, 106, 114, 120 *siehe auch* Avalokiteshvara
Gupta-Periode 50–55
    Buddha
        Darstellungen 25
        sitzend *53*
    Chandragupta I., König 50
    Kalidasa 50
    Mahabharata 50
    Mahabodhi-Tempel 52
    Mahayana-Buddhismus 53, 55
    Malerei und Skulptur 50–53, *55*
        sitzender Buddha 53
        siehe auch Ajanta-Grotten
    Ramayana 50

Wandgemälde von Avalokiteshvara 50
Guru Rinpoche *siehe* Padmasambhava
Gyantse *200–201*

H
Haeinsa 71, 139–140
    Tripitaka Koreana 139
    Vairochana Buddha *140*
Hakuin 156
Handgesten *siehe* mudras
Handrollengemälde *162–163*
Han-Dynastie *siehe* China
Hängerollen *siehe* thangkas
Hanshan 127
harmika siehe Stupa
Heian-Periode *siehe* Japan
heilige Wesen im Buddhismus 8
    siehe auch bodhisattvas und andere individuelle Wesen
Herz-Sutra 50, 55, 155, 159
Himachal Pradesh 203
„Hinayana"-Buddhismus 9, 55
Ho Phra Keo (Tempel des Smaragd-Buddha) (Laos) 95, *95*
Hoa Hao 179
Holländischer Kolonialismus 66
Hölle 30
Horyu-ji 126, 147–149, *148*
    Bildnis *149*
    Tang-Designs 126
Hotan 56
Huayan zong 122, 138
    Korea 138
Hwarang („Blüte des Jünglings") 138

I
Illustrierte Sutra über Ursache und Wirkung 153
Indien 40–59
    Ajanta-Grotten *siehe separater Eintrag*
    Amaravati *48*
    chaitya (Schrein) 50
    Entwicklung der Mahayana-Schulen 53, 55
    Gupta-Periode *siehe separater Eintrag*
    Klöster 55
    Königreich Pala
        Klöster *202*
        Tibetischer Buddhismus *202*
    Mythologie und Kosmologie 30
    Niedergang des Buddhismus 55
    Stupa 46–49, *46, 48, 49*
    Reliefs, Sanchi 49
    siehe auch Buddha *und andere Einzeleinträge*
Indonesien 100–105 *siehe auch* Borobudur; Java

J
Japan 146–175
    Amida (Amitabha) und Amidismus 165, 168, 172
        Das Reine Land von Amida 168–169
        Der Abstieg des Buddha Amida 166
        „Sechs Daseinsbereiche" *167*
        Taima Mandara 168–169
        Westliches Paradies von Amida *172*
        siehe auch Reines Land
    Avalokiteshvara (Kannon/Kwannon) 147
    Buddhismus als Nationalreligion 149, 151
    Buddhismus des Reinen Landes 165
    Gärten 172–175, *175*
    Goldene Halle 147–149, *148*
    Heian-Periode 151–152
        Figur des Fudo Myo-O *152*
        Gärten 172
    Horyu-ji-Tempel *siehe separater Eintrag*
    Illustrierte Sutra über Ursache und Wirkung 153
    Jizo (Ksitigarbha) *157*
    Jobon-Rendaiji-Tempel *153*
    Kamakura-Periode 155, 170, *170*
    Amidismus 168
    Avalokiteshvara *159*
    Baldachin *158*
        bodhisattva-Maske *155*
    Kammu, Kaiser 151
    Kannon *siehe* Avalokiteshvara
    Kinkakuji-Palast *172–173*
    Kotokuin-Tempel *156*
    Mahayana-Buddhismus 10, 55
    Maitreya (Miroku) 147
    Malerei der Edo-Periode *162–163*
    Momoyama-Periode 170
        Daruma (Bodhidharma), Gemälde *160*, 163
    Muromachi-Periode 170
        Zen-Mönch *165*
    Nara-Periode 149, 151
        Figur des *bodhisattva 147*
        Holz-Stupa *147*
    netsuke 170
    Nichiren-Schule 168
    Rinzai-shu-Zen 155–156
        Daitokuji-Gärten *174–175*
        Gärten 174, 175
        Hakuin 156
        Herz-Sutra 155
    Ryoanji-Gärten 174
    Saihoji-Garten 174, *175*
    Shingon-Schule 152, 215
    Shintoismus und Buddhismus 146–147
    Shomu, Kaiser 151
    Shotoku, Prinz 146
    Soga-Klan 146–147
    Soto-shu-Zen 156, 158–159
        Dogen 156, 158
        Shobogenzo (Die Schatzkammer des wahren Dharma-Auges) 158
    Suiko, Kaiserin 146
    Teeschale im Raku-Stil *161*
    Tendai-shu 151–152
        Lotos-Sutra 151
        Nembutsu-Kult 152
    Todai-ji-Tempel 151
        Vairochana 151, *151*
    Tokugawa-Shogune 170
    siehe auch Zen-Buddhismus
Jataka-Geschichten
    Buddha, symbolische Bildnisse 24
    Gemälde 88
    Reliefs, Sanchi 49
Java 100–105 *siehe auch* Borobudur
Jayavarman II., König 92
Jayavarman VII., König 92, 96
Jetavana-Schule 62
Jizo *157*
Jobon-Rendaiji-Tempel (Japan) *153*
Jokhang 186

K
Kadampa-Schule 191 *siehe auch* Gelug-Schule
Kagyü-Schule 188, 202, 203, 204
    Drukpa-Unterschule 202, 204
    Karma-Kagyü-Unterschule 203
Kaiyuan-Tempel *121*
Kalidasa 50
Kalligrafie 130 *siehe auch* Manuskripte
Kamakura-Periode *siehe* Japan
Kambodscha 90–94
    Angkor 83, 90, 91, 92, 93, *93*, 96–98, *96, 97, 98*, 102
    Angkor Thom *siehe separater Eintrag*
    Angkor Wat 93, 96
    Architektur 92–93
    Avalokiteshvara, *bodhisattva* 91
    devaraja (göttlicher Herrscher) 90–91
    Jayavarman II., König 92
    Jayavarman Parameshvara, König 90
    Jayavarman VII., König 92, 96
    Khleang-Stil *91*
    Khmer 90–93
    Kloster in Ta Prohm 96
    Mahayana-Buddhismus 90
    Suryavarman, König 83
    Tempel in Ta Prohm 92
    Tempel Preah Khan 96
    Theravada-Buddhismus 90
Kammu, Kaiser 151
Karashahr 56
karma (kamma) 16, 29, 30, 214, 215
Karma Kagyü 203 *siehe auch* Kagyü-Schule
Kashgar 56
Kashyapa (Kassapa) 35
Kathmandutal 208–209
Khmer *siehe* Kambodscha
Khmer-Periode (Thailand) 85
Kinkakuji-Palast *172–173*
Kizil, Grottentempel 58
Klöster (*viharas*)
    Ursprünge 32
    siehe auch einzelne Regionen und Orte
Kloster Erdeni Dzuu *207*
Koguryo-Gräber 136
Konbaung-Dynastie 77
Konfuzianismus 109, 176
Königin Maya *siehe* Mahamaya
königliches Gönnertum *siehe* Gönnertum, staatliches und königliches
Königreich Bagan 73–81
    Anawratha, König 73–75, 78, 80, 83
    Bagan, Stadt 78–81
        Abeyadana-Tempel 80
        Ananda-Tempel 78, *78*
        Lokahteikpan-Tempel *80*
        Nagayon-Tempel 80
        Shwesandaw-Pagode *80*
        Shwezigon-Pagode 74, 75, 78, *78*, 80
    Kyanzittha, König 80, *80*
    siehe auch Burma
Königreich Dvaravati
    Burma 73
    Thailand *siehe* Thailand
Königreich Pala *202*
Korea 136–145
    Avalokiteshvara (Kwanum) *138*
    bronzene Wassergefäße *139*
    Bulguksa-Tempel 139, 144–145, *144, 145*
    Choson-Dynastie 142
        Bildnis des *bodhisattva* 140
    Drachenkulte 137
    Haeinsa-Tempel 139–140
    Huayan-Schule 138
    Hwarang („Blüte des Jünglings") 138
    Koguryo-Gräber 136
    Koryo-Periode 140–142
        Avalokiteshvara (Kwanum) *138*
        Chogye-Schule 142
        Frontispiz des *Amitabha Sutra* 142–143
        Räuchergefäß *137*
    Madhyamika-Schule 137, 138–139
    Mahayana-Buddhismus 55
        Einführung 136
    Maitreya 138
    nicht glasierte Ziegel *136*
    Periode von Groß-Silla 137, 138–139
    Schlangenkulte 137
    „Schulen der Neun Berge" 142
    Seokguram Grotte 145, *145*
    seungmu-Tanz 136–137
    Son- (Chan-/Zen-) Buddhismus 140, 142
    Tiantai-Sekte 137
    Vinaya-Schule 137–138
    Yogachara-Schule 138–139

Koryo-Periode *siehe* Korea
Kosmische Buddhas 196–7, *196 siehe auch* Amitabha *und andere Namen*
Kotokuin-Tempel *156*
Kublai Khan, Herrscher 207
Kucha 56
Kumarajiva 111, *112*
Kuppel (*anda*) 46
Kuthodaw-Pagode 77
Kyanzittha, König 80, *80*

L
Ladakh 202–203, *203*
Lamayuru *202, 203*
Lankavatara Sutra 121, 159
Laos 94–95
    Fa Ngum, König 95
    Ho Phra Keo (Tempel des Smaragd-Buddha) 95, *95*
    Luang Prabang 95
    Setthathirat, König 95
    Wat Mai (neues Kloster) 95
Lebensrad 30
leerer Thron 22
Leiden (*duhkha / dukkha*) 26, 28
Lied vom kostbaren Spiegel-Samadhi, Das 161
liegender Buddha *siehe parinirvana* 64
Linji-zong 155, 176 *siehe auch* Rinzai-shu
Lokahteikpan-Tempel *80*
Longmen-Grotten 108, *128*, 111, *133*
    Amitabha 133
    Buddhismus des Reinen Landes 133
    Tantrischer Buddhismus 133
    Vairochana 133
    Wächterfiguren *133*
Lotos 24, *107*, 109, *110, 114, 116, 119, 136, 142, 159, 168*
Lotosstellung 116
Lotus Sutra (Saddharmapundarika-Sutra) 121–122, 168–170
    Bedeutung im Mahayana-Buddhismus 55, 101
    Nichiren-Schule 168
    Tiantai/Tendai-Schule 121–122, 151
Löwen 45, *45*, 48, *69*, *93*, 122
    Essay über den Goldenen Löwen 122
Luang Prabang 95
Lumbini 14, *14*, 208
Ly-Dynastie (Vietnam) 177

M
Madhyamika-Schule (Mittlerer Pfad) 111, 137, 138–139
Madirigiriya 35, *69*
Mahabharata 50
Mahabodhi-Tempel (Große Erleuchtung) *52*
Mahakala *204*, 210
Mahamaya *siehe* Maya
Mahasangika-Schule 36
Mahasthamaprapta 26
Mahavihara-Schule 62
Mahayana-Buddhismus 9–10, 36, 55, 106–179
    bodhisattvas im 9–10
    Entwicklung 53, 55
    Texte 55
    siehe auch einzelne Länder und Texte
Maitreya
    China (Mile Fo) 118, *125, 134*
    Indien *71*
    Japan (Miroku) *147, 149*
    Korea (Miruk) 138
    Nepal 210
    Thailand *85*
    Tibetischer Buddhismus *181*, 194, 196, 203
makara 24
Malaysia 100, *100*
mandala 198–201
    als Architektur *130*, 144, *186*, 200
    japanisches 152
        Taima Mandara 168

koreanisches 144
    Sand 200
    Tibetischer Buddhismus 183, *186*, 198–201, *198*, 204
Manjushri
    China 127
    Japan 163
    Tibet 194, *194, 196, 198*
mantra 137, 152, 168
    von Amitabha 120, 168
    von Avalokiteshvara 182
Mara 16, 73, 75, 86, *95*, 214
Mathura 24–25
Maya (Mahamaya) (Mutter des Buddha) 14, *14, 15*, 208, 209
Meru (Sumeru), Berg 30, *30, 186*
Mihintale 66, 68
Mindon, König 77
Ming-Dynastie 161
Momoyama-Periode *siehe* Japan
Mönchsorden *siehe* Schulen des Buddhismus
Mönchsporträt 116 *siehe auch arahat; bhikshu*
Mönchtum 6, 11, 32, 36, 40
    Ursprünge 32
    siehe auch bhikshu, Sangha, *vinaya, und einzelne Regionen und Orte*
Mongolei 206–207
    Erdeni-Dzuu-Kloster *207*
    Mahayana-Buddhismus 10
    Tsam-Tänze *207*
„Mondesser"-Anhänger *3*
Monju *siehe* Manjushri
Mon-Kultur 72–73, 75, 76–77, 82–83
Moosgarten *174*, 175
Muchalinda 19, 83, *83*
mudras (Handgesten) 8, *8*, 152
    abhaya mudra (Ängste beseitigen) 16, *83*, 128, *147*
    anjali mudra (Ehrerbietung) 16
    bhumisparsha mudra (die Erde berühren) 8, *8, 9*, 75, *75*, 145
    dharmachakra mudra (Predigen) 53
    dhyana mudra (Meditieren) *179*
    namaskara mudra (Ehrerbietung) 16
    varada mudra (Wunschgewährung) 76, *147*
    vitarka mudra (Unterweisung) 69, *140, 147*
Muromachi-Periode *siehe* Japan
Mustang (Nepal) 203–204

N
nagas (Schlangengottheiten) 8, 55, 93 *siehe auch* Muchalinda
Nagayon-Tempel, Königreich Bagan 80
Nalanda 46, 50, 55, 191
Namu Amida Butsu siehe Nembutsu
Namu Myoho-renge-kyo 168
Nara-Periode *siehe* Japan
nats (Naturgeister) 75, 80
Neak Pean, Angkor Thom *92*
Nembutsu 152, 168
Nepal 208–213
    Akshobhya 210
    Ashoka, Herrscher 208
    Avalokiteshvara (Chenrezi) 210
    Bildnisse von Shakyamuni 210
    Buchillustrationen 212
    Buddhanath-Stupa *210–211*
    Buddhismus der Newar 209
    Goldener Tempel von Patan *212–213*
    Kaste 210
    Kathmandutal 208–209
    Klöster 210, 212
    Lumbini 208
    Maitreya 210
    mandala von Vairochana 209
    Maya, Königin 208, 209 *siehe auch separater Eintrag*
    Schreine 212
    Stupas
        „allsehende Augen" *210–211*, 210

    Tibet, Einfluss auf 193, 211
    Tibetischer Buddhismus in 203–204
netsuke 170
Newar-Buddhismus 209
Nianfo Amituo Fo 120
Nichiren-Schule 168
nirvana (nibbana) 6, 26, 214, 215 *siehe auch* Erleuchtung, Parinirvana
Nördliche-Qi-Dynastie *siehe* China
Nördliche-Wei-Dynastie *siehe* China
Nyingma-Schule 186, 190, 204

O
Ochs und sein Hirte, Der 63–164, *165*
Ostasien 106–179
    siehe auch China; Japan; Korea

P
Padmasambhava (Guru Rinpoche) 186, 190
Pali, Sprache 32, 44, 63, 70, 95
    Schriften 63, 95
Parakramabahu I., König 66
parinirvana des Buddha 6, *20*, 64, 66, 80
Patriarchen *siehe* Zen
Pelliot, Paul 116
Polonnaruwa *64*, 66, 68
    liegender Buddha 64
    vatadage 69
Portugiesischer Kolonialismus 66
Potala-Palast *184–185*, 194
Prabhutaratna Buddha *109*
Prabhutaratna-Stupa, Bulguksa 144–145
Prajnaparamita (Sutras der vollkommenen Weisheit) 55
Preah-Khan-Tempel 96
Puning-Tempel 131
purbhu (Ritualdolch) 183

Q
Qing-Dynastie *siehe* China

R
Rad des Dharma (*dharmachakra*) *1*, 13, 16, 22, *22*, 45, 48, 49, *53*, 70, *184*, 192
    dharmachakramudra 53
    „Ingangsetzen des Rades des Dharma" (Erste Lehrrede) 16, 45
Ramakian 88
Ramayana 50
Ratnasambhava 196–197
Räuchergefäße *137, 192*
Reich der Maurya 44–45
    Ashoka, Herrscher 44–45
    Chandragupta, Herrscher 44, 50
    Säule von Sarnath 45, *45*
    Stupa von Sanchi *siehe* Sanchi
Reliquien 19, 32, 36, 40, *42*, 68–69, 75, 78, *126*, 144, *172, 193*
    Reliquienschreine 19, 193 *siehe auch* Stupa
    Verehrung 32, 68
    Zahnreliquie 69, 78
    siehe auch Stupa
Rinzai-shu 155–156, 174, 175 *siehe auch* Chan; Soto Zen
Ruwanweliseya-Stupa *10*, 69

S
Saiho-ji-Tempel *174*, 175
Sakya-Schule 186, 188
Samantabhadra (Fugen) 163
samsara 6, 26, 30, 109, 215
Samye, Kloster 186, *186*, 192, 198
Sanchi 22, *22*, 45, 46, 48–49
    Ashoka, Herrscher 48
    bodhi-Baum 49
    Fußabdrücke (*Buddhapada*) 49
    Jataka-Reliefs 49
    Rad des Dharma (*dharmachakra*) 22

Torverzierungen 22, 48
weibliche Gottheiten *(yakshis)* 22, 48–49
Sangamitra (Sangamitta) 69
Sangha 32–36
    Beziehungen zu Laien 32, 35
    bhikshus (Mönche) 32
    frühe Teilungen *36*
    Gönnertum *siehe* Gönnertum, staatliches und königliches
    Gründung 32
    Monsunperiode 32
    viharas (Klöster) 32
    siehe auch Schulen *und einzelne Länder*
Sariputra (Sariputta) 35
Sarnath 14, 22, 26, 45, *45*
Schlangenkulte 137 *siehe auch* Muchalinda, *nagas*
Schriften / Texte
    Burma 71
    Sri Lanka *siehe* Sri Lanka
    Thailand 71
    Zen-Buddhismus (Japan) 159–161
„Schule der Neun Berge" 142
Schulen des Buddhismus
    Abhayaghirivihara 62
    Caodaismus 179
    Chan 120–121, 176, 192, 214
        Caodong-zong 156, 176, 214, 215 *siehe auch* Soto Zen
        Linji-zong 155, 176, 214, 215 *siehe auch* Rinzai-shu
        siehe auch Son, Thien, Zen
    Chogye 142
    Gelug 188, 191, 202 *siehe auch* Dalai Lama; Tibet
    Hoa Hao 179
    „Hinayana" 9, 55
    Huayan 122, 138
    Jetavana 62
    Kadampa 191 *siehe auch* Gelug
    Kagyü 188, 202, 203, 204
        Drukpa-Unterschule 202, 204
        Karma-Kagyü-Unterschule 203
    Madhyamaka (Mittlerer Pfad) 111, 137, 138–139
    Mahasangika 36
    Mahavihara 62
    Nichiren 168
    Nyingma 186, 190, 204
    Reines Land 165
    Rinzai-shu 155–156
        Gärten 174, *175*
        Hakuin 156
        Herz-Sutra 155
    Sakya 186, 188
    „Schule der Neun Berge" 142
    Shingon 152
    Son 140, 142 *siehe auch* Chan/Zen
    Soto Zen 156, 158–159
    Sthavira 36
    Tendai-shu 151–152 *siehe auch* Tiantai
    Thien 176, 215
    Tiantai 121–122, 137, 151 *siehe auch* Tendai-shu
    Vinaya 137-138
    Yogachara 138–139
    Zen 153–165, 176 *siehe auch* Rinzai-shu, Soto Zen
    siehe auch Mahayana, Theravada, Vajrayana
Sechs Daseinsbereiche 167
„Seelenlandschaften", Zen 162
Seidenbanner *26*, 116, *122*
Seidenmalerei *28*, *111*, 116, *116*, *122*, 130, *138*, *157*
Seidenstraße 6, 7 (Karte), 11, 44, 55, 56–59, *56*, 108, 111, 114, 176, 207 *siehe auch* Zentralasien; Dunhuang
Seokguram-Grotte 145, *145*
Setthathirat, König 95
seungmu-Tanz *136–137*
Shailendra, Königreich 100
Shakyamuni *siehe* Buddha
Shakyamuni-Stupa, Bulguksa 144

shala-Baum 22
Sherpas 203
shigajiku (Malerei mit Dichtung) 162
shila (Großzügigkeit) 127
Shingon-Schule 152, 215
Shobogenzo (Die Schatzkammer des wahren Dharma-Auges) 158
Shomu, Kaiser 151
Shotoku, Prinz 146
Shwesandaw-Pagode, Königreich Bagan *80*
Shwezigon-Pagode *74*, *75*, 78, *78*, 80
Siddhartha 6, 14–16
    als *bodhisattva* 16
    Darstellungen
        Burma *72*
        China *28*
        Tang-Dynastie (China) *127*
    Entsagen 14, 16
    Eremit 16
    Erwachen 16
    Geburt 14, *14*, *202*, *209*
    siehe auch Buddha
Sigiriya 67
Sikkim 203
sitzender Buddha *siehe* Buddha, Bildnisse
Smaragd-Buddha 88, 95, *95*
Soga-Klan 146–147
Son-Buddhismus 140, 142
Song-Dynastie *siehe* China
Songtsen Gampo, König 183, 186
Soto Zen 156, 158–159 *siehe auch* Chan, Rinzai-shu
Sri Lanka 62–71
    Abhayaghirivihara-Schule 62
    Anuradhapura *siehe separater Eintrag*
    Aukana 68
    Avalokiteshvara (Lokeshvara) 62
    Britische Okkupation 66
    Buddha-Darstellungen *61*, 69
    Burma, Beziehungen 75
    dagoba (Stupa) 69
    Dambulla, Grottenmalerei 67
    Holländische Okkupation 66
    Jetavana-Schule 62
    königliches Gönnertum; Sangha 63, 66
    Madirigiriya 35, 69
    Mahavihara-Schule 62
    Mahayana-Buddhismus 62
    Maitreya 71
    Mihintale 66, 68
    Missionierung 62
    Monumentalbildnisse *64*, 68
    Pali-Kanon, Schaffung 63, 70
        Pali-Manuskript *70*
    Parakramabahu I., König 66
    Polonnaruwa *siehe separater Eintrag*
    Portugiesische Okkupation 66
    Reliquien 68–69
    Sigiriya 67
    Sri Pada 68
    Stupa *siehe* dagoba
    Tara 62, *63*
    vatadage 35, *66*, 69
    Zahntempel, Kandy 68
Sri Maha Bodhi, Anuradhapura 69
Sri Pada 68
Stein, Sir Aurel 58, 115
Sthavira-Schule 36
Stupa 6, 35–36, 40, 45, 46–49, 92
    als Symbol des Buddha 22
    Bhutan 204
    Burma (Pagode, *zedi*) 76, 77, 78–80, 215
        Bagan 78–80, *78*, *80*, 93
        Kuthodaw (Mandalay) 77, *77*
        Shwedagon (Rangun) 75
        Shwegugyi (nahe Pegu) 73
        Shwesandaw (Bagan) *80*

        Shwezigon (Bagan) 73, 78, *78*
    China (Pagode) *121*, 130, *133*, 148
        Große Wildganspagode 111
        Kaiyuan-Tempel (Quangzhou) *121*
        Weiße Pagode (Peking) 131
    Form
        anda (Kuppel) 46, 69
        harmika (quadratische Plattform) 46, 69, 193
        Spitze (Abschlussstück) 52, 69, 83, 193
        Unterbau 69, 76
    Gandhara *19*, 42, *42*
    Indien 46
        Amaravati *13*, 22, *32*, *48*
        Bharhut 22, 24, *25*, 49
        Nalanda 46
        Sanchi 22, *22*, 45, 46–49, 49
    Japan (Pagode) *147*, 162
        Horyu-ji 148, *148*, *149*
    Java
        Borobudur 102, *102*, 105
    Kambodscha 92–93
    Korea
        Bulguksa 139, 144
    Mongolei
        Erdeni Dzuu *207*
    Nepal 210–211, *210*
        „allsehende" Augen des Buddha 193
    Sri Lanka (*dagoba, vatadage*) 35, *66*, 69, 214
        Mandalagiri (Madirigiriya) 35, 69
        Polonnaruwa *66*, 69
        Ruwanweliseya (Anuradhapura) 69
        Sri Maha Bodhi (Anuradhapura) 69
    Thailand (Pagode, *chedi*) 82–83, 214
        Ayutthaya 93
        Dvaravati 82
        Lotosknospenprofil 86
        Nakorn Pathom 82
    Tibet (*chörten*) 182, *193*, 211, 214
        nepalesischer Einfluss 193, *193*
    Vietnam (Pagode)
        Ein-Säulen-Pagode (Hanoi) 177
    siehe auch Reliquien
Sui-Dynastie *siehe* China
Suiko, Kaiserin 146
Sukhothai *83*, 85, 86
Sumatra 100–105
Suryavarman I., König
    Angkor Thom 96
    Thailand 83
Sutras 43, 55, 71 *siehe auch einzelne Sutras*
Symbolismus (Tibet) 193

T

Ta Prohm, Kloster (nahe Phnom Penh) 96
Ta Prohm, Tempel (Angkor) 92
Taima Mandara 168–169
Tang-Dynastie *siehe* China
Tantrischer Buddhismus
    Bhutan *204*
    Burma 73
    China 133
    Japan 152
    Java 100
    Tibet *siehe* Tibet
Tara
    Sri Lanka 62, *63*
    Tibet *194*, 196
Tausend-Buddha-Grotten (Dunhuang) 114
„Tausend-Buddha-Höhlen" 58
Teeschale, Raku-Stil *161*
Tempel des Smaragd-Buddha (Laos) 95
Tempel des Smaragd-Buddha (Thailand) *88*, 95
Tendai-shu 151–152 *siehe auch* Tiantai
Terrasse der Elefanten (Angkor) *93*, 96
Terrasse des Lepra-Königs (Angkor) 98

Thailand 82–89
    Architektur 86
    Avalokiteshvara (Lokeshvara) 85
    Ayutthaya-Periode 86, *86*
    Bangkok (Ratanakosin) 86, *86*
    Buddha
        gehend 86
        sitzend 85–86
        ushnisha (Weisheitshöcker) 86, *86*
    Darstellung des Ananda *61*
    Dvaravati-Zivilisation 82–85
        Muchalinda 82, 83
        Stupas (*chedi*) 82–83
    Khmer-Okkupation 83, 85
    königliches Gönnertum 85
    Mahayana-Buddhismus 85
    Maitreya 85
    Malerei 88–89
        Buddhaisawan-Tempel *88*
        Ramakian 88
        Wat Phra Keo (Tempel des Smaragd-Buddha) *88*
    Mon-Zivilisation 82
    Sangha 85
    schriftliche Aufzeichnungen 71
    Stupa (*chedi*) 86
    Sukhothai-Periode *83*, 85, 86
    Theravada-Buddhismus 82, 83, 85
    Wat Chai Watthanaram *85*
    Wat Phra Keo (Tempel des Smaragd-Buddha) *88*, 95
    Wat-Boworniwet-Tempel 85
    Wat-Pho-Tempel *86*
Theravada-Buddhismus 10–11
    Burma 73, 75
    Dvaravati-Zivilisation 82, 83
    Khmer 83, 85, 90
    Mon 82
    Sri Lanka 63
    Thailand 82, 83, 85, 88
    Vietnam 176
Tianlong, Berg 128
Tiantai-Schule 122, 137, 151 *siehe auch* Tendai-shu
Tibet 182–208
    Adibuddha (Ur-Buddha) 196–197, *196*
    „Acht Glück bringende Embleme" *192*
    Akshobya *196*
    Amitabha *196*, 197
    Amoghasiddhi *196*
    Avalokiteshvara (Chenrezi) 182, *183*, 194, 197
    Bardo Thodol (Tibetisches Totenbuch) 186
    Bildnisse 193
    Buddhismus außerhalb Tibets 202–207
    Chinesische Einflüsse 192–193
    Dalai Lama 182, 191
    Dharmapalas 190
    Drukpa-Unterschule 202
    Einflüsse in anderen Ländern 202–205
        siehe auch bestimmte Länder
    Garuda 190
    Gebetsfahnen 182
    Gelug-Schule 182, 188, 191, 202
    Guru Rinpoche (Padmasambhava) 186, 190
    Gyangze, Kloster *200–201*
    heilige Wesen 193
    heiliges Werkzeug 183
        ghanta (Glocke) 183, *191*
        purbhu (Ritualdolch) 183
        vajra („diamantener Donnerkeil") 183, *191*
    Jokhang-Tempel 186
    Kadampa-Schule 191
    Kagyü-Schule 188, 202
    kosmische Buddhas *196–197*
    Kunst 182–183
    „Lebensrad" 30
    Mahayana-Buddhismus 10, 193–194
    Maitreya *180–181*, 194, 196
    mandalas 29, 182, *198*, 198–201
    Manjushri 8, 194, *194*
    Nepalesische Einflüsse 193
    Nyingma-Schule 186, 190
    Potala-Palast *184–185*, 194
    Qing-Dynastie, Einflüsse 131
    Ratnasambhava *196–197*
    Räuchergefäß *192*
    Reliquienschrein *193*
    Sakya-Schule 188
    Samye, Kloster *188–189*
    Songtsen Gampo, König 183, 186
    Stupas (*chörtens*) 182, *193*, 211, 214
        nepalesischer Einfluss 193, *193*, 182
    Symbolismus 193
    Tantrischer Buddhismus *siehe* Vajrayana
    Tara (Dölma) *194*, 196
    Trisong Detsen, König 186
    tsha-tshas 182
    Vairochana *196–197*
    Vajrayana- (Tantrischer) Buddhismus *183*, 191–192
    Yarlung, Monarchie 190–191
    „Zweite Übertragung" des Buddhismus 191
Tibetischer Buddhismus außerhalb Tibets 202–207
tibeto-burmesisches Volk 73
Todai-ji-Tempel 151, *151*
Tokugawa-Shogunat 170
Toungoo-Dynastie 77
Tran-Dynastie (Vietnam) 177
Tripitaka (*Tipitaka*; „Drei Körbe", 43–44, 215
Tripitaka Koreana 139
Trisong Detsen, König (Tibet) 186
Tsam-Tänze *206-207*
tsha-tshas 182
Turfan 56

U

Übermittlung der Leuchte, Die und *Die Niederschrift vom blauen Fels* 160
Übersetzung von Texten 63, 110, 111, *112*, 114, 118, 120, 122, 155, 176
Ur-Buddha (Adibuddha) 196–197
ushnisha (Weisheitshöcker) 86, *86*, 215

V

Vairochana 215
    China 30, 133
    Japan (Rushana) 151, *151*
    Korea 140
    Nepal 209
    Tibet 196–197
    Zentralasien 57, 58
vajra („diamantener Donnerkeil") (Tibet) 183, *191*
Vajrabhairava 198
Vajrayana-Buddhismus 100, 180–213, 215
    siehe auch Mongolei; Tibet
vatadage 35, 66, 69
Vier Edle Wahrheiten *siehe* Dharma
Vier Zeichen 16
Vietnam 176–179
    Amitabha *178–179*
    Architektur 177, 179
    Avalokiteshvara (Lokeshvara) *176*, 179
    Buddhismus des Reinen Landes 176
    Caodaismus 179
    Caodong-Schule 176
    Ein-Säulen-Pagode 177
    Garuda 177, 179
    Hoa Hao 179
    Indischer Buddhismus, Einführung 176
    Linji-zong 176
    Ly-Dynastie 177
    Mahayana-Buddhismus 10
    Tan Long 176
    Theravada-Buddhismus, Einführung 176
    Thien (Zen) 176, 215
    Tran-Dynastie 177
    Zen *siehe* Thien
viharas 20, 32 siehe auch einzelne Regionen und Orte
vinaya 36, 43, 139, 215
Vinaya-Schule 137–138
Vollkommenheit der Weisheit in 8000 Zeilen, Die 70, *71*

W

Wächterfiguren, Longmen-Grotten *133*
Wang Yuanlu, Dunhuang-Grotten (China) 115
„Wasser-Mond-Avalokiteshvara" *138*
Wat Chai Watthanaram (Thailand) *85*
Wat Mai (neues Kloster) (Laos) 95
Wat Phra Keo (Tempel des Smaragd-Buddha) 88
Wat-Boworniwet-Tempel (Thailand) 85
Wat-Dhammikarama-Tempel (Malaysia) *100*
Wat-Pho-Tempel (Thailand) 86
Wat-Tempel, Angkor Thom 93
Weinreben 24
Weißer Reiher 162
Wu Zetian (China) 111

X

Xuanzang 50, 58, 111, *111*, 122

Y

yakshi (Naturgöttin), 22, 48–49
Yarlung, Monarchie 190–191
Yasovarman I., König 96
yidam 198, 200
Yogachara-Schule 138–139
Yuan-Dynastie 131
Yungang, Grottentempel 108, 132–133, *134–135*

Z

Zahnreliquien des Buddha 68, 75, 78
Zahntempel (Kandy) 68
zedi (Burmesische Stupa) 76, 215
Zen-Buddhismus
    Japan *siehe unten*
    Vietnam 176
Zen-Buddhismus (Japan) 153, 155–156
    bildende Künste 161–165
    Buddha Shakyamuni 155
    Dichtung 160–161
    Diamant-Sutra 159
    Gärten 174, *175*
    Herz-Sutra 159
    Künste 159–165
    Lankavatara Sutra 159
    menschliche Figuren 162, *165*
    Mönch *165*
    Ochs und sein Hirte, Der 163–164, *165*
    Patriarchenporträts 165
    Schriften / Texte 159–161
    „Seelenlandschaften" 162
    shigajiku (Malerei mit Dichtung) 162
Zhiyi 121 *siehe auch* Tiantai-Schule

DANKSAGUNG UND BILDNACHWEIS

Danksagung

Dieses Buch hätte nicht geschrieben werden können ohne Peter Bently, der nicht nur seine Fähigkeiten und sein Wissen für den Inhalt und die Richtung jedes Kapitels, sondern auch viel Zeit beigesteuert hat. Vielen Dank auch an Christopher Westhorp für seine ständigen hilfreichen Ratschläge und sein Lektorat und an Julia Ruxton für ihre umfangreiche und immer erleuchtende Bildersuche. *Tom Lowenstein*

Der Verlag möchte Tom Lowenstein und Peter Bently für ihre abgestimmte, qualifizierte und zuverlässige Arbeit an den einzelnen Kapiteln dieses Buches danken; darüber hinaus dankt er John Peacocke dafür, dass er sich die ganze Arbeit mit den Augen eines gewissenhaften Fachmannes angeschaut hat, sowie Todd Lewis für seine wertvolle Fachkenntnis zu Nepal.

Bildnachweis

Der Verlag möchte den folgenden Fotografen, Museen und Fotoarchiven für die Erlaubnis, ihr Material zu reproduzieren, danken. Er hat sich intensiv bemüht, alle Rechteinhaber zu recherchieren. Bei Ungenauigkeiten oder Unterlassungen bitten wir um Verständnis und werden dies, wenn wir darüber informiert werden, in zukünftigen Ausgaben korrigieren.

AA = The Art Archive, London
AKG = AKG-images, London
BAL = Bridgeman Art Library, London
BM = © Trustees of the British Museum, London
CR = Cultural Relics Publishing House, Beijing
JBT = John Bigelow Taylor, Highland Falls, New York
J-LN = Jean-Louis Nou
MG = Musée Guimet, Paris
MV = Mireille Vautier & Françoise Cazanave, Paris
RH = Robert Harding Picture Library, London
RMN = © Photo Agence Photographique de la Réunion des Musées Nationaux, Paris
Scala = © 1990 Photo Scala, Florence
V&A = V&A Images/Victoria and Albert Museum, London
WFA = Werner Forman Archive, London

(l = links), (r = rechts), (o = oben), (u = unten)

Seite 2 RH/Gavin Hellier; **3** JBT/MG; **9** BM; **10** Corbis/Free Agents Limited/Dallas and John Heaton; **11 & 12** BM; **14** BAL/Ashmolean Museum, Oxford; **15** AKG/J-LN; **16** BM; **17** AKG/J-LN; **18 & 19** BM; **20–21, 22, 23** AKG/J-LN; **24l** AKG/Indian Museum, Calcutta/J-LN; **24r & 25** AKG/Indian Museum, Calcutta/Nimatallah; **26** AKG/Archaeological Museum, Sarnath/J-LN; **27** AA/BM; **28** MG/RMN; **29** MG/RMN/P Pleynet; **31l&r** MG/RMN/Thierry Olivier; **33** BM; **34–35** Corbis/Lindsay Hebberd; **36** BM; **37** V&A; **38** Scala; **41** BM; **42** V&A; **43** BM; **45** AKG/Archaeological Museum, Sarnath/J-LN; **47** AA/Dagli Orti; **48l** BM; **48–49, 51, 52** Dinodia, Mumbai; **53** AKG/Archaeological Museum, Sarnath/J-LN; **54** Museum für Indische Kunst/SMPK/BPK/Iris Papadopoulos; **56** Ancient Art & Architecture, Pinner, UK; **57** Scala; **59** Museum für Indische Kunst/SMPK/BPK/Jürgen Liepe; **60–61** AKG/Gilles Mermet; **62** AKG/Archaeological Museum, Anuradhapura/J-LN; **63** BM; **64** Axiom/Joe Benyon; **65** RH/Travel Library; **67o** AKG/J-LN; **67u** RH/D Beatty; **68 & 69** BM; **70 & 71** British Library, London; **72** MV/Private Collection; **73** BM; **74** Getty Images/Stone/James Strachan; **75** Corbis/Zefa; **76** BM; **77** Alamy/Imagestate/Holzner & Lengnick; **78** AKG/Robert O'Dea; **79 & 80** RH/Gavin Hellier; **81** Achim Bunz, Munich; **82** Scala/National Museum, Ayutthaya, Thailand; **83** BM; **84** RH/Gavin Hellier; **85** RH/Bruno Morandi; **86** AA/Mireille Vautier; **87** MG/RMN/Thierry Ollivier; **88** AA/Wat Phra Keo, Royal Palace, Bangkok/Mireille Vautier; **89o** AKG/National Museum. Bangkok/Gilles Mermet; **89u** AA/Wat Phra Keo, Royal Palace, Bangkok/Françoise Cazanave; **91** MG/RMN/Thierry Ollivier; **92** Corbis/Luca I Tettoni; **93 & 94** MV; **95** AKG/Dirk Radzinski; **96, 97, 98l&r, 99** MV; **100** Alamy/Françoise Cazanave; **101** AKG/S & F Guénet Collection/François Guénet; **102** MV; **103** Corbis/Charles Lenars; **104** MG/RMN/Thierry Ollivier; **105** MV; **106–107** Nelson-Atkins Museum of Art, Kansas City. Purchase Nelson Trust, #34–10. Photo Jamison Miller; **108 & 109** AA/MG/Dagli Orti; **110** MG/RMN/Thierry Olivier; **111** MG/RMN/Jean-Yves and Nicolas Dubois; **112–113** British Library, London; **114** MG/RMN/Thierry Ollivier; **115** CR; **116** MG/RMN/Richard Lambert; **117** BM; **118** Museum Rietberg, Zurich. Gift of Eduard von der Heydt; **119** CR; **120** CR/Qingzhou City Museum, Shangdong; **121** RH/G R Richardson; **122** BM; **123** WFA/P Goldman Collection, London; **124–125** RH/Gavin Hellier; **126–127u** CR/Famen Si Museum, Fufeng, Shaanxi; **127or** BAL/Musée Guimet, Paris/Giraudon; **129** CR/Famen Si Museum, Fufeng, Shaanxi; **130** WFA/Private Collection, New York; **131** BM; **132** WFA; **133** RH/PanoramaStock; **134l** AKG/Suzanne Held; **134–135** WFA; **136 & 137** BM; **138** MG/RMN/Jean-Yves and Nicolas Dubois; **139** BM; **140** Corbis/Carmen Redondo; **141** MG/RMN/Jean-Yves and Nicolas Dubois; **143** BM; **144** Alamy/Henry Westheim; **145o** Corbis/Wolfgang Kaehler; **145u** BAL/Bulguksa (Pulguksa) Temple, Mt. Tohamsan, Kyongju, South Korea; **146** RH/Michael Jenner; **147** MG/RMN/Daniel Arnaudet; **147** BM; **148** Corbis/Archivo Iconografico, SA; **149** Corbis/Sakamoto Photo Research Laboratory; **150** Imagestate/Randa Bishop; **152** BM; **153** AA/Jobon Rendaiji Temple Kyoto/Laurie Platt Winfrey; **154** BM; **156** Getty Images/Image Bank/Grant Faint; **157** Museum für Ostasiatische Kunst (SMPK)/BPK; **158, 159, 160, 161, 162–163** BM; **164** AA/Musée Guimet Paris/Dagli Orti; **165** MG/RMN/Thierry Ollivier; **166 & 167** BM; **168–169** Askaen, Nara/Taimadera Okuin Temple; **170–171** V&A; **172– 173 & 175o** Getty Images/Stone/Orion Press; **175u** Getty Images/Ernst Haas; **177** MG/RMN/Droits réservés; **178 & 179** MG/RMN/Thierry Ollivier; **180** AKG/Irmgard Wagner; **182** BM; **183** BM; **184–185** Axiom/Ian Cumming; **187** British Library, London; **188–189** Tibet Images/Ian Cumming; **190, 191 & 192** BM; **193** JBT; **194, 195 & 196–197** BM; **198** V&A; **199** BM; **200–201** Tibet Images/Ian Cumming; **202** AKG/National Museum of India, New Delhi/J-LN; **203** Getty Images/Image Bank/Andrea Pistolesi; **205** Corbis/Lindsay Hebberd; **206** Corbis/Sygma/Michel Setboun; **207** Corbis/Dean Conger; **208 & 209** MG/RMN/Thierry Ollivier; **210–211** Corbis/Macduff Everton; **213** AKG/Gérard Degeorge.